煮酒论品牌

——中国酒业品牌管理评论——

唐文龙◎著

中国经济出版社
CHINA ECONOMIC PUBLISHING HOUSE

图书在版编目（CIP）数据

煮酒论品牌：中国酒业品牌管理评论 / 唐文龙著.
—北京：中国经济出版社，2020.8
ISBN 978-7-5136-6262-8

Ⅰ.①煮… Ⅱ.①唐… Ⅲ.①酿酒工业—品牌营销—研究—中国 Ⅳ.①F426.82

中国版本图书馆CIP数据核字（2020）第146913号

责任编辑　伏建全　王西琨
责任印制　马小宾
封面设计　中尚图

出版发行　中国经济出版社
印 刷 者　河北盛世彩捷印刷有限公司
经 销 者　各地新华书店
开　　本　710mm×1000mm　1/16
印　　张　24.5
字　　数　326千字
版　　次　2020年8月第1版
印　　次　2020年8月第1版
定　　价　78.00元
广告经营许可证　京西工商广字第8179号

中国经济出版社 **网址** www.economyph.com **社址** 北京市西城区百万庄北街3号 **邮编** 100037
本版图书如存在印装质量问题，请与本社发行中心联系调换（联系电话：010－68330607）

序言

工厂制造产品，顾客购买品牌。产品可以被竞争对手模仿，而品牌是独一无二的。产品可能很快就会过时，但一个成功的品牌却可以经久不衰。

——斯蒂芬·金（Stephen King），WPP 集团

一个成功的品牌，起点是卓越的产品或服务，同时还离不开全面完整的战略规划、富有创意的营销设计和成效显著的执行控制。伟大的产品诞生在工厂，伟大的品牌出现在市场、存在于消费者心智之中。一个强大的品牌背后，是一个具有潜在和现实购买意愿的庞大顾客群体。市场营销和品牌管理的各种活动，在本质上是一个品牌与消费者之间关系的建立、拓展、维护和提升的过程。品牌与消费者的关系有远近亲疏之分，也代表着品牌在市场上的力量有强弱之别。本书正是以品牌管理为视角，通过案例研究的形式，从多个角度看待和分析中国酒类行业的品牌营销现象，试图梳理和总结出能够促进酒类品牌管理的相关思维与运营模式。品牌管理是一个系统工程，其在特定阶段的具体模式与路径是企业响应竞争环境变化的结果，并需要在未来进行持续调整，以达成品牌不断成长的商业目标。

企业管理的挑战就在于，面对同样的外部竞争环境，不同的企业会做出不同的商业判断，进而做出相应的决

策，最终带来不一样的运营结果。选择即命运。在本书的阅读过程中，当读者碰到类似的管理情境时，不妨站在管理者的角度去试着做出决策，设身处地、细加揣摩，很有可能会获得更多的、不一样的思考和感悟。

综合来看，本书不仅对中国酒业品牌营销管理思维和模式做出了较为全面的解读和概括，同时也为读者清晰地勾勒出中国酒类行业的整体演进历史和发展脉络。全书的内容、结构设计遵循以下 3 条分析和论述主线：

（1）以案例分析为形式，讨论酒类企业的营销管理议题。全书共包括 19 个酒类品牌案例分析，其中白酒 14 个，啤酒 2 个，葡萄酒、黄酒和保健酒各 1 个，每一个被选品牌无论在市场营销或品牌管理方面，还是在推动各自所属饮料酒子品类的行业发展方面，都具有广泛的代表性；而对于在市场上表现出色的其他酒类品牌，主要通过各竞争品牌运营模式之间的横向比较加以分析和论述。

（2）以“煮酒论品牌”为形式，讨论酒类企业的品牌管理议题。在每一篇案例分析之后，均有针对特定品牌管理现象所作的专题论述，将全书的 19 个“煮酒论品牌”板块综合在一起，形成一个较为完整的品牌管理架构体系。主要的品牌管理议题包括品牌定位、品牌传播、品牌激活、品牌授权、多品牌组合、品牌延伸、品牌保护和品牌国际化等。

（3）全书在解读中国酒业市场营销和品牌管理现象的过程中，紧密结合整个社会经济的时代背景和行业发展的演变逻辑，有点有面，循序铺陈出中国酒类行业的近现代进化简史。因此书中涉猎内容较为广泛，时间跨度较大。例如，书中对主要省份的酒类生产企业板块、税收政策变化、OEM 经销商买断经营、光瓶酒、青春小酒、中国白酒 12 种香型演变等内容进行了深入分析和讨论。

在案例写作和分析过程中，作者深知企业对于特定营销战略和品牌管理模式的采用，会受到内、外部诸多因素的综合影响。为了让读者更容易把握和理解本书内容，在此还要做出 7 点特别提醒：

（1）管理层的自然更迭、突发调整或者持续动荡，往往会给企业的运营战略带来重大转变或产生重大影响，也会对原有的公司治理结构和利益分配格局进行重新洗牌，这都会在企业战略、管理模式和营销思路层面予以体现。书中虽未对特定时期、特定企业的管理层更迭做出特别说明，但读者在阅读过程中不妨做出这样的假设。

（2）在整个社会经济和市场消费层面出现的“小插曲”或突发的“小事件”，都有可能成为诱发行业和企业快速发展或深度调整的引线。例如20世纪80—90年代的财政包干体制和国企利润分配制度改革，极大地调动了地方政府和企业在增收方面的积极性，由全国各地方政府兴建和大力支持的酒类生产企业逐步成为当地利税大户。

（3）长期以来，酒类生产企业一直属于国有企业的范畴。改革开放之后，国有企业改革大致经历了放权让利、承包经营责任制、公司制改革、股份制试点、国有产权转让、国有资产管理体制改革和深化混合所有制改革等阶段，不同酒类企业在不同的历史时期采取了迥然不同的国企改革路径，这也会导致企业经营模式发生重大改变，甚至还会从根本上改写企业发展的轨迹。

（4）对于消费者来讲，酒类产品在物理层面和精神层面都可以归于嗜好品。其在口感、香气、风格层面的标准化程度较低、差异化程度较高，这也让酒类品牌超越产品功能层面，承载不同的文化基因和属性成为可能，此为酒类品牌营销的一大特点。因此，在酒类行业，谁的历史最悠久、产品最有风格、品牌最有个性、工艺最复杂、香型更正宗、窖池更古老等，都是极易引起竞争者争吵的话题，而由此引发的酒业江湖爱恨情仇故事更是不胜枚举，这也是中国酒类品牌精彩商战的重要组成部分。

（5）应对竞争和迎接挑战是商业的主题词，随之调整和做出改变是商业决策的常态化表现。案例中，特定品牌在全国化进程、品牌组合架构、产品形式、渠道建设等方面可能会出现反复，甚至推翻重来的现象，而企业的竞争优势保持和竞争策略选择也深深地刻着阶段性的烙印。请读者结合不同案例中的背景和竞争对手动向加以揣摩和权衡，以观其全貌。

（6）由于国家综合实力增强而带动的整个中国市场循序渐进式消费升级，是中国酒类行业取得良性发展的大背景。除了部分“黑天鹅”事件导致的行业短期调整，与其他众多行业一样，中国酒类行业的进化之路与整个中国经济发展在节奏上基本保持同步。此外，不同饮料酒子版块由于在市场开放、消费习惯等方面存在着不小差异，其受到国际化竞争的影响程度也不尽相同。

（7）“互联网 +”时代与移动互联时代的到来，给众多传统行业带来了崭新的运营思路和营销理念，尤其在渠道建设和品牌传播领域还颠覆了企业惯有的思维惯性和运营模式，并对营销资源的重新配置提出了新的要求。究其根本，主要是由于顾客流量聚合场景在线上线下重新分配，从而导致营销传播和渠道管理等领域发生了相应的深刻变化。与服装、图书、家电和日化产品等众多已然深度互联网化的日用消费品不同的是，酒类产品尤其是中高端产品的社交属性特质，使其消费离不开消费者在线下诸多场景中的中度、重度参与。因此多数酒类品牌采用 O2O 模式来完成营销传播和分销渠道建设的新型闭环。线上、线下营销活动之间的关系并不是非此即彼，而是相辅相成，须深度融合。诸多新兴营销模式的出现丰富了营销者的工具箱，但并没有改变市场营销的底层逻辑。

值得注意的是，书中所涉及的饮料酒子品类板块较全、酒类品牌案例数量较多、事件发生时间跨度较大，在阅读过程中不同案例论述之间的相关内容可能会存在着多种逻辑上的联系，提请读者在阅读过程中予以留意，以便于理解。在本书的写作过程中，笔者参阅了大量政策类、史料类、新闻类和学术类文献。本书图表中的数据，除部分由作者原创之外，其余如无特别说明，均根据大量公开资料综合整理获得。在此，谨对在行业记录与研究、酒类企业案例分析、市场营销和品牌管理领域的诸多前辈和同仁表示由衷的感谢和深深的敬意。除此之外，由于笔者的疏漏，可能未对相关人士的研究成果做出准确、全面的文献标注，在此特表歉意，并致以诚挚的感谢。

国内关于酒类市场营销和品牌管理的现有文献不在少数。但是，目前还没有通过全景式营销案例对全行业酒类品牌进行系统分析和讨论的著作。希望本书的出版发行，能够弥补此方面研究的不足。本书是国家社会科学基金项目《文化契合与消费者创新融合视角下老字号品牌复兴战略路径研究》（项目编号：18BJY175）的阶段性研究成果。同时，本书也是作者与云酒·中国酒业品牌研究院开展产学研深度融合研究而推出的标志性研究成果之一。通过全面的梳理和系统的论述，在读者面前呈现出一幅较为完整的中国酒类品牌营销管理图谱，并激发其深入思考，这是本书的写作初衷之一。全书写作风格活泼，而又不失严谨。希望能够为广大读者带来一次愉快的阅读体验。

2020年8月15日

推荐序一

世界上历史传承最悠久的品牌来自哪里？答案很可能是中国的酒。

五粮液得名于清末民初，至今已超过百年；剑南春见于《后唐书·德宗本纪》；汾酒贯穿中国酒文明；杜康号称“酒祖”。

中国酒业品牌，这是一个独一无二的品牌集群，它们见证了历史进程，具有强大的文化基因。时至今日，在中国酒品牌的市场运作中，我们仍能捕捉到一些非常独特的人文情怀。

于是，对于中国酒业品牌的研究，就有了不同寻常的意义，它不仅是营销层面的事情，也是观察中华民族历史文化发展的一个独特视角。

2017 年，云酒·中国酒业品牌研究院正式创立，这所机构汇集了中国酒业顶级的营销咨询专家，可以说代表着酒类智业的最高水平和最核心力量。我们的初衷，正是通过云酒·中国酒业品牌研究院这一平台，让更多的企业和品牌在思考中实践、在实践中思考，为中国酒业品牌增添活力，让更多人去认识、感知中国的酒业品牌。

本书的立意同样在此。

著名思想家惠普尔曾经说过这样一句话：“书籍是屹立在时间的汪洋大海中的灯塔。”为中国酒业引入更多的营销智慧，助力更多的酒企在激烈的市场竞争中勇立潮头，这是我们创立云酒·中国酒业品牌研究院的初衷之一，也是推出本书想要达成的重要目标之一。

本书从选题论证、案例遴选、提纲确认、初稿成形，一直到反复打磨形成终稿，前后经历了近三年的时间，真可谓是“历经磨难，方得始终”。书中，我们共选取了 19 家中国酒类企业，所选企业虽不能说代表整个中国酒类行业，但通过对所选企业的案例进行仔细甄别，其所涉的营销议题却能够真实、充分地反映中国酒类行业发展壮大过程中所需要面对的所有重大营销命题。希望本书的面世，能够为中国酒业品牌的进一步发展提供更多的外脑支持和更为丰富的营销给养。

作为云酒·中国酒业品牌研究院与行业交流的重要成果之一，本书即将付梓并与广大读者见面。此刻，我们虽心怀忐忑，却又充满期待。同时我们希望今后能够推出更多的行业研究和交流成果，为中国酒业的茁壮成长尽心出力、建言献策！

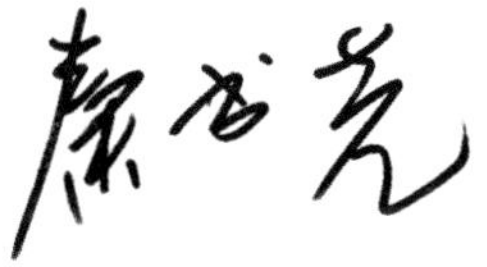

中国酒类流通协会 秘书长

云酒·中国酒业品牌研究院 理事长

推荐序二

酒是一种盛满文化的产品，也是一种全球通行的社交载体，还代表着人、自然和环境的和谐共生。可见，酒是人们实现情感表达和身份认同的人文产物，更是天地人合一的液体杰作。杯酒在手，可豪情万丈、可灵感乍现、可思绪飞扬，表情达意仅需饮下这点滴汇集而成的仙露琼浆。

美好的东西需要让更多的人来分享，市场营销工作的扎实推进可解此难题。在变幻莫测的市场上，能把你的产品销售出去，让渠道商认可你的合作模式，并让消费者深爱你的品牌，这件事情看似简单，实则背后潜藏的是品牌运营商艰苦卓绝的运营努力和巧妙构思的商业模式。酒的营销如此，其他消费品的营销也是如此。

本书不仅可以让读者有机会全面系统地把握中国酒业品牌的市场营销逻辑，还能够让从事或想要学习消费品营销的相关人士获得诸多的营销启迪和洞见。因此，对于业内人士，它可以称之为一部助其把握行业主流品牌运营的经典案例库，而对于普通读者，它又不啻为一本助其通晓营销智慧的佳作。

开卷有益，在乎用心。在此，借用俄罗斯作家尼古拉·鲁巴金曾说过的一句话："读书就是在别人的思想帮助之下，进而建立起自己的思想。"通过阅读本书，读者能够深入地了解酒和中国饮料酒市场，更能够建立起属于自己的营销认知体系。本书以酒为媒，谈论市场营销的思想、探讨品牌管理的规律、寻找市场制胜的法则，希望广大读者可以在阅读本书的过程中获益良多。

中国酒类流通协会 副秘书长

中国副食流通协会 副秘书长

云酒·中国酒业品牌研究院 秘书长

中国酒业论坛 创始人

题　记

一杯酒，一本书，一个行业。

杯中有酒海星河，书里有营销方圆。

岁月奔涌不歇，智慧澎湃激荡。

在确定与不确定之间，总有执着向前的决断。

穿越酒香弥漫的时空隧道，煮酒论品牌。

——唐文龙

目 录

CONTENTS

秦池，疯狂的“标王”

生命的绿色在杯中荡漾，

悠远的文明在回味中畅想。

梦仙境香飘万里，

八面来风，

属我秦池琼浆。

永远的绿色，永远的秦池。

——“秦池酒”电视广告语（1997 年）

“1995年，我们每天给中央电视台开进一辆桑塔纳，开出的是一辆豪华奥迪。今年，我们每天要开进一辆豪华奔驰，争取开出一辆加长林肯。”

——时任山东秦池酒厂经营厂长的姬长孔在1996年央视广告招标大会上如是说

根据白酒中主要化学成分乙醇的含量划分，含量≥ 50%vol 的为高度白酒，含量在 40%~50%vol 的为中度白酒，含量 <40%vol 的为低度白酒[①]。1987 年 3 月 22—26 日，由原国家经委、轻工业部、商业部和农牧渔业部联合组织的“全国酿酒工业增产节约工作会议”在贵阳召开。会议制订了“四个转变”方针，即“粮食酒向果类酒转变，蒸馏酒向酿造酒转变，高度酒向低度酒转变，普通酒向优质酒转变”。本次会议之后，各地酒厂纷纷响应号召，开始推出大量酒精度低于 40 度的低度白酒产品。而 1989 年第五届“全国评酒会”也鼓励低度白酒参与评比，在获奖产品名单中也出现了不少低度白酒产品。此外，低度白酒的生产由于出酒率的提高，进而达到节约粮食、降低原料与能耗成本的目的，最终使得企业在原料、能耗和生产设备投入不变的情况之下可以提高产量、生产效益和利润[②]。因此，从 1990 年开始，白酒企业面向中低档市场开发系列低度白酒的做法，已经在全国市场上呈现出了星火燎原的发展趋势。

① 沈怡方，赵彤．中国白酒六问 [J]．酿酒，2013（5）：2–5.

② 熊子书．中国白酒的低度化 [J]．中国酒，1997（1）：24–28.

鲁酒在这一时期迎来了属于自己的高光时刻，其当时的红火场面让其他省市的白酒企业难以望其项背。1986—1994年，鲁酒的产量逐年上升，特别是在中低端酒市场，鲁酒的市场份额上升了30%，而川酒下降了40%，鲁酒大有取而代之的味道①。20世纪80—90年代，在各个省市还流传着“当好县长、办好酒厂”这样一种说法。白酒厂由于投资见效快、利润较高，而且在当地财政收入中占比较高，因此普遍受到当地政府的大力扶持和青睐。也正是基于这样一种原因，在当时的全国白酒市场上，除了有五粮液、茅台、汾酒、泸州老窖、剑南春和古井贡等众多全国性品牌之外，还存在着众多区域性或者地方性的中小型白酒企业。也是在这个时期，白酒企业的经营机制发生了具有历史转折意义的巨大变化。1988年，政府放开了名烟名酒价格，市场的主动权逐渐向企业转移。五粮液、茅台等传统名酒纷纷提价，进军中高端市场。从1979年政府暂停酒类产品专卖到1988年放开名白酒定价，市场逐渐发挥主导作用。更为重要的是，1992年，党的十四大会议确定了我国经济体制改革的目标是建立社会主义市场经济体制，这极大地激发了各行各业的经营活力。在新的政策调整和市场环境之下，几乎全国所有的白酒厂都面临着如何强力启动市场的经营诱惑和竞争压力。这也是当时中国酒类行业即将要迎接的首轮真正意义上的市场经济洗礼，即以大规模广告宣传来驱动酒类品牌的高认知度，并提升产品的市场销售。

广告封王，风光无限

党的十一届三中全会的召开吹响了改革开放的号角，商业广告开始以报纸、广播和电视为突破口得以迅速恢复。1979年1月28日（时值当年

① 夏代川. 缘何川酒不敌鲁酒[J]. 中国国情国力，1996（11）：39-40.

正月初一），由上海华光啤酒厂出品的华佗牌“参杞补酒”在上海电视台投放了90秒广告，这被认为是改革开放之后中国出现的第一条电视广告。而中央电视台也于1979年3月播出了建台之后的第一则商业广告“幸福可乐”和第一则外商广告“日本西铁城·星辰表”，并于当年10月成立了广告科。1988年，中央电视台首次开设广告专栏《榜上有名》和《名不虚传》，进一步为企业打开一扇广告传播的窗口，五粮液等白酒品牌的广告开始在央视播出。进入20世纪80—90年代，随着中国通信卫星网络系统的逐步完善并实现了全国覆盖，中央电视台系列频道和各省级广播卫星电视全部实现上星传送节目，电视也逐渐成为当时企业进行广告投放的第一媒体。作为一种有效的品牌树立和市场开拓方式，在电视媒体上投放广告一时间为众多企业发现重视，尤其是在民众信息接收渠道有限的改革开放初期，如能紧握稀缺媒体资源开展宣传活动，那么对于企业的市场扩张活动来讲更是如虎添翼。“威力洗衣机，献给母亲的爱”“要想皮肤好，早晚用大宝”和“喝了娃哈哈，吃饭就是香”等广告口号就是在这一时期让人耳熟能详的，而广东太阳神在品牌形象片中喊出的“当太阳升起的时候，我们的爱天长地久”更是先声夺人。由此，中国企业也进入了凭借强势电视媒体展开大规模宣传的品牌大传播时代。市场经济春风拂面，吹动着中国白酒企业的经营思绪，也猛然激活了它们的商业神经。而本案例的主角秦池及聚光灯下的主事者姬长孔，也怀抱着改变企业命运的毅然决心，在喧嚣与躁动中大踏步地走进了中国白酒广告营销的时代洪流。

1993年初，早在1987年转业地方的退伍军人姬长孔被分配到山东省潍坊市临朐县的“山东秦池酒厂”担任经营厂长一职。之前，他已经凭借成功将两家当地的国营企业扭亏为盈而名声在外。在酒厂上任当年，姬长孔发现山东市场已经由孔府家酒、景芝等强势品牌占领，市场竞争激烈，于是便把开拓市场的目光转向了具有广泛白酒消费基础而消费能力却又较低的吉林和辽宁市场①。在沈阳，姬长孔带领市场人员，通过在电视台密集投放广告、请当地质监部门出具质量鉴定报告、空中飞艇抛洒传单、制造“秦池白酒在沈阳脱销”新闻等方式，在短时间之内迅速引发沈阳消费者的关注和热捧②。当年，姬长孔为攻打沈阳市场所花费的广告费用为50万元，这对于年销售收入不足2000万元的秦池酒厂来说也不是一个小数目。然而，正是采用了这种突破常规、猛做广告的操作手法，仅仅用了一年的时间，定位于中档市场的秦池酒就成功打开了东北市场，销售收入呈现急速上升的态势。

1985年，低度浓香白酒“孔府家酒”在山东曲阜诞生，其“39度孔府家酒”在1989年全国评酒会上获得“全国优质酒”（银质奖章）的称号，1992年被指定为北京亚运会专用酒。20世纪80年代末至90年代初，“孔府家酒”通过电视广告传播迅速打开了市场，1992年的销售收入就达到了1.3亿元，企业也产生了进军全国市场的想法。1993年，电视剧《北京人在纽约》在全国热播，趁着电视剧的余温未消，经过广告公司的包装策划，山东曲阜酒厂邀请该剧的女主角王姬作为“孔府家酒”的品牌代言人③。1994年春节期间，“孔府家酒”在中央电视台投放了30秒的《回家篇》广告，片中刘欢深情演绎的歌词为：“千万里，千万里，我一定要回到我的家。我的家，永生永世我难忘记”。王姬在片尾说出了“孔府家酒，叫人想家”的品牌口号。“家”“曲阜”和“孔府”三个元素的巧妙结合，以及春节浓烈的回家团聚情结和氛围，使得“孔府家酒”瞬间引爆市场。而这则广告也成为日后为业内外人士津津乐道的经典广告传播案例。利用强有力的电视广告传播效应，“孔府家酒”迅速从之前的强势地域性品牌成长

① 李彦君，孟韬，于印辉，鲁航．中国标王——记山东秦池酒厂破关夺隘的大手笔[J]．中国商办工业，1996（7）：16-17.

② 吴晓波．大败局I（修订版）[M]．杭州：浙江大学出版社，2013，2-5.

③ 郭珍．悲喜孔府家——鲁酒沉浮启示录[J]．中国经济周刊，2002（Z1）：42-49.

为全国性品牌，也很快唤醒了更多企业的经营新思路——希望通过大规模广告投放来快速启动市场。

“孔府宴酒”品牌诞生于1975年成立的国营山东鱼台县酒厂。早在1992年和1993年，“孔府宴酒”就通过聘请礼仪小姐为顾客提供现场品酒服务、模特车队沿街宣传，密集投放公交车广告、空中飞艇广告、电视/报纸/广播广告等手段，成功打开西安、武汉、哈尔滨、长春和沈阳等区域性市场。1993—1994年，“孔府宴酒”就已经和“孔府家酒”围绕央视新闻联播标版广告的时段购买展开过激烈的争夺，也正是通过大手笔的广告投放，让其初步尝到了通过央视快速提高品牌知名度和提升销量的甜头。

1994年，中央电视台首次对新闻联播至天气预报之间的黄金时段进行广告招标。1994年11月2日，山东孔府宴酒厂以超3000万元的投标价格击败了“孔府家酒”和“太阳神”，成为中央电视台的首届“标王”。而这一金额为当时山东孔府宴酒厂全年利税的1/3。“喝孔府宴酒，做天下文章”为当年的品牌口号。央视的强大传播效应，众多媒体对“标王”现象的热烈讨论和大量追踪报道，使得广告取得了空前的传播效应。1995年山东孔府宴酒厂实现销售收入9.18亿元，利税达到3.8亿元，顺利晋级全国白酒行业四强，俨然成了不可小觑的全国品牌。而其在1994年的销售收入仅有3.5亿元。

广告为树立品牌所起到的巨大推动作用是显而易见的。在东北市场小试牛刀获得成功的同时，又先后受到了鲁酒同门“孔府家酒”和“孔府宴酒”在较短时间内凭借大手笔的广告投放在市场上迅速崛起的鼓舞，姬长孔决定复制这一手法。1995年11月8日，山东秦池酒厂曝出黑马，以超6666万元的价格力压“孔府家酒”报出的6298万元和“孔府宴酒”报出的6398万元，摘得中央电视台第二届“标王”。本届央视招标大会，还出现了乐百氏、娃哈哈、沈阳飞龙、三株口服液、太阳神等企业的身影。广告效果立竿见影，仅1996年1月秦池的产值和利税就比上年同期增长了

660% 和 540%。1996 年，秦池推出“永远的绿色，永远的秦池”品牌口号，灌装线从两年前的 6 条增加到 37 条，销售收入也从 1995 年的 2.3 亿元爆发式增长到 9.5 亿元，紧随五粮液和泸州老窖之后，位居行业第三，利税达到了 2.2 亿元[①]。

1996 年 11 月 8 日，在广东爱多 VCD（8200 万元）、江苏春兰空调（1.6888 亿元）、广东乐百氏（1.9978 亿元）、山东金贵酒厂（2.0099 亿元）、山东扳倒井酒厂（2.0199 亿元）和山东齐民思酒厂（2.2 亿元）的疯狂轮番竞价之后，秦池更是以高出第二名约 1 亿元、令人瞠目结舌的 3.212118 亿元的价格蝉联中央电视台第三届“标王”，而这个数字正是姬长孔的电话号码。当年，五粮液在中央电视台的投标报价也仅为 1.3 亿元。此外，秦池誓拿标王的做法还有一个弦外之音：在 1995 年与秦池的央视标王之争中败北的“孔府宴酒”，次年销售收入就已经出现比较剧烈的下滑，1996 年孔府宴以 3.21 亿元的利税位居五粮液、古井贡、泸州老窖之后，而到了 1997 年其利税就已经跌出了行业前 20 名[②]。这也是促使秦池不惜代价继续夺标的原始动力之一。

市场的反应果然不出所料。秦池二度夺标换来的是雪片般的订单，到 1996 年 12 月 31 日公司新签合同金额就达到了 17.6 亿元[③]。似乎在一年之内再造一个秦池的想法，很快就会实现。从某种程度来讲，这一时期确实是鲁酒发展历史上的巅峰时刻，也是市场经济大潮到来之后，全国市场强势崛起的首家白酒地域板块（表 1）。1996 年，全国白酒企业利税超过 1 亿元的企业有 25 家，其中就包括孔府家酒、孔府宴酒、兰陵、秦池、景

---

① 平川．天价“标王”，一石惊天；百问求解，秦池探底 [J]．中国酒，1996（6）：7-8.

② 杨成刚．2006 中国糖酒年鉴 [M]．北京：中国法制出版社，2006，41-42.

③ 张忠．重金塑品牌——与秦池集团经营厂长姬长孔的对话 [J]．东方企业家，1998（2）：57-62.

芝、泰山和坊子 7 家鲁酒企业[①]。鲁酒通过大手笔广告传播在国内白酒市场异军突起，向其他白酒企业展示了一种在市场化初期的全新经营模式，解放了一贯的思维惯例，成为其他省份白酒企业竞相效仿的榜样[②]，在当时也算是给先前早已在市场上扬名立万的“全国名酒”们上了一节生动的营销课程。以“孔府家酒”“孔府宴酒”和“秦池”为代表的鲁酒品牌在通过

表 1　1996 年全国白酒企业销售收入前 20 强排名

排名	企业名称	收入（万元）	利税（万元）	产量（千升）
1	四川五粮液酒厂	236103	74704	73305
2	四川全兴酒厂	107502	31508	21966
3	四川泸州老窖酒厂	105680	55754	20245
4	安徽古井酒厂	100700	55864	64364
5	山东秦池酒厂	95023	22016	73043
6	山东兰陵酒厂	83338	22516	131989
7	山东孔府宴酒厂	80528	32068	—
8	四川沱牌曲酒厂	80038	21457	109544
9	安徽高炉酒厂	74769	29871	25248
10	山东景芝酒厂	69417	19060	34718
11	山东孔府家酒厂	67599	22688	35250
12	安徽种子酒总厂	67526	27279	42505
13	江苏洋河酒厂	64431	20605	54750
14	四川剑南春酒厂	63568	25241	28212
15	山东泰山酿酒公司	55378	14408	99520
16	山西杏花村汾酒厂	51898	26231	28002
17	贵州茅台酒厂	50984	28700	—
18	北京牛栏山酒厂	44790	—	26683
19	湖南湘泉酒厂	39428	21839	—
20	北京红星酿酒总厂	38562	—	62130

资料来源：全国白酒行业 20 家最大企业名单 [J]. **中国酒**，1997（4）：32.

① 张玉豹．升降沉浮看白酒——1996 年度利税逾亿元白酒厂家概览和思考 [J]．中国酒，1997（4）：29–31.

② 杨志琴，李林．中国白酒大反思 [J]．酿酒科技，2003（1）：17–22.

广告大战迅速赢得市场的过程中，包括五粮液在内的众多川酒品牌在“低价酒＋低度酒”的思路指引下，也开始走上反击之路。秦池现象，代表着一个不可抹杀的深刻时代印记，更代表着中国企业在汹涌市场大潮来临时表现出的不安、躁动与努力，终将被历史所记忆和回味。现今，鲁酒形成了以泰山、兰陵、景芝、孔府家、趵突泉、古贝春、扳倒井、琅琊台和花冠等企业为主的区域知名白酒品牌群体，主要盘踞在省内的中低端市场，与当初风光无限的市场表现相比，其全国化品牌之路依然任重而道远，并将在众多名白酒泛全国化的市场开发过程中承受着极大的市场竞争压力。

危机面前，大厦将倾

秦池在广告宣传和市场销售上的轰动效应，不仅获得了白酒企业、经销商和消费者的极大关注，同时也引发了媒体人士的好奇。1997 年 1 月，《经济参考报》的两位记者在经过实地调查之后，连续推出“雾里看花访‘秦池’”“川酒滚滚入秦池”“‘秦池’方式是与非”和“广告业酒气熏天”系列报道，质疑山东秦池酒厂在通过广告成名之后，现有产能无法满足市场需求进而从四川省邛崃县大量收购散装白酒，然后勾兑成低度酒，最后再以“秦池古酒”“秦池特曲”等产品形式售往全国各地[①]。经过媒体的转载发酵，一时间质疑之声席卷全国，再加上企业缺乏必要的公关操作思路而无法把控舆论导向，很快秦池的市场销售急转直下，也被迫在与中央电视台的合同期之内转卖广告时段。1997 年，秦池的销售收入跌落到 6.5 亿元，位居行业第 12 位，1998—1999 年在行业销售收入前 20 位榜单中更是难觅其踪影[②]。1998 年，姬长孔黯然神伤地离开了秦池，而当年秦池的销售

① 胡冰．秦池：“标王”的跌落 [J]．中国经济快讯，2000（30）：4-5.

② 杨成刚．中国糖酒年鉴（2003）[M]．北京：经济日报出版社，2003，104-106.

收入也进一步降低到了 3 亿元。也是在 1998 年，“孔府宴酒”的销售收入也下滑到了 3 亿元左右。

1998 年 11 月 8 日，当时中国 VCD 行业的“武林盟主”广东爱多以 2.1 亿元获得中央电视台新一代“标王”。旋即，公司聘请成龙和张艺谋推出全新的爱多形象广告，口号为“我们一直在努力——爱多 VCD”。而新晋标王的后续之旅在某种程度上也与秦池有着类似的痕迹。1995 年，伴随着“真心实意，爱多 VCD”电视广告的问世，爱多正式出道。凭借着家电产业消费升级的春风，爱多通过广告密集投放、款到发货政策和艰苦市场开拓，迅速在市场站稳脚跟并走上急速扩张之路。1996 年，爱多邀请成龙作为其品牌代言人，并推出“爱多 VCD，好功夫”品牌口号，年底向中央电视台投放 8200 万元广告费。1997 年，爱多 VCD 的销售收入从上一年的 2 亿元猛然蹿升到了 16 亿元。获得“标王”称号之后的第二年，爱多进入多事之秋，创始人权益纷争、被欠款的供应商和经销商门前逼宫、精英团队成员出走、办公楼一度被查封、欠薪员工围堵工厂等事件接踵而至，而媒体更是对此给出了不同角度的解读和报道，唱衰之声不绝于耳。1999 年 12 月，爱多进入破产程序。

两届“标王”接连折戟沙场，这引发了社会各界对标王争夺现象的热烈讨论。虽然企业在市场上的经营成败受到诸多因素的影响，但人们还是提出了这样一个问题：广告投入对品牌塑造和企业竞争力提升究竟能够带来怎样的促动作用。不知是否与秦池和爱多“称王”之后所出现的“爆雷”事件有关，巧合的是，1998 年之后，中央电视台黄金时段招标开始淡化“标王”概念。之后，步步高（1999 年、2000 年）、娃哈哈（2001 年、2002 年）、熊猫手机（2003 年）、伊利（2004 年）、宝洁（2005—2007 年）、红牛（2008 年）、纳爱斯（2009）、蒙牛（2010）和美的（2011 年）先后获得了中央电视台黄金时段招标的“标王”称号。当然，其间中国白酒品牌虽然没有摘得过央视广告招标的“标王”桂冠，但是也并没有缺席广告投放的盛宴。

此外，由于受到政策调整、经济环境变化和部分“黑天鹅”事件等一系列因素的影响（表 2），中国白酒产销量在 1996—2004 年间出现了非常严重的下滑。中国白酒行业进入了继 1989—1992 年间由于宏观经济治理整顿引发行业全面调整之后的第二轮深度调整期。至 2004 年，中国白酒行业产量下降到 303 万千升，与 1996 年的历史高点 801 万千升相比骤降了 62%。部分大型白酒企业在自身产能过剩和市场销量下降的过程中，也纷纷选择通过总经销商买断经营模式（OEM）来缓解经营压力。也是在这一过程中，为了缓解主业不畅所带来的经营压力，很多白酒企业走上了多元化的发展道路。在这一时期，中国酒类行业经历了以“品牌定位传播 + 建设深度分销网络”为主要特征的第二轮市场竞争洗礼，更多的企业通过更为精准的品牌定位树立起了良好的市场形象。而主动走出去搭建适合自身的分销网络也成了众多酒类企业的共同选择，诸如深度分销和盘中盘等日后为行业津津乐道的渠道终端运营模式也在这一时期呈现出遍地开花的局面。

表 2　1996—2004 年影响中国白酒行业的大事件

时间	主要事件及其对中国白酒行业的影响
1996 年	1996 年 1 月 15 日，《光明日报》在头版发表专栏文章“我们喝掉了多少粮食？”，引发了社会各界对于白酒高粮耗问题的广泛讨论
	1996 年 3 月的“两会”期间，时任总理李鹏在与山东代表团座谈时指出：“我们能不能在全社会倡导少喝白酒？逢年过节、朋友聚会，喝点果酒……”
	国家 23 个部委联名做出提议：“今后公宴不喝白酒，改用果酒，以后进一步发展成不喝白酒和进口酒”
	《酒类广告管理办法》出台，其中规定：电视节目每套每天 19~21 时黄金时段，播放的白酒广告不得超过 2 条；报纸、期刊每期的广告不得超过 2 条，且不得是头条
	公安部颁布十项禁酒令
	“云南省曲靖市会泽县假酒中毒案”爆发。不法分子采用食用酒精兑制劣质散装白酒进行销售，最终造成饮用者死伤事件，严重打击了消费者对白酒产品的信心

续表

时间	主要事件及其对中国白酒行业的影响
1997 年	国家税务总局下发《关于以白酒为酒基勾兑配制一律按白酒纳税的通知》
	亚洲金融危机开始蔓延，包括白酒在内的很多国内行业受到了明显的冲击
1998 年	“山西朔州假酒案”爆发，殃及包括汾酒在内的整个山西产区，沉重地打击了山西白酒和其他产区的名优白酒在全国市场的销售。同时，也促成了国家对白酒实施生产许可证管理
	1998 年 1 月 1 日起，对粮食类白酒（含薯类白酒）的广告宣传费一律不得在税前扣除。凡已扣除的部分，在计算缴纳企业所得税时应作纳税调整处理
	行政事业单位业务招待，限制名烟名酒消费
1999 年	由于媒体误读而导致的“新工艺白酒风波”，使得当时已经占到 70% 以上全国市场份额，采用液态法、固液结合法生产的新型白酒遭到了重创
2001 年	白酒企业广告费用投放额度不得超过其销售额的 2%，超过部分不能在所得税前扣除
	从 2001 年 5 月 1 日起，调整酒类产品消费税计税办法——粮食白酒、薯类白酒计税办法由从价定率计税办法调整为实行从量定额和从价定率相结合的复合计税办法
2002 年	取消对白酒上市公司先征后返 18% 所得税的税收征收优惠政策
2003 年	《广播电视广告播放管理暂行办法》出台，其中规定：每套电视节目每日播放的酒类广告不超过 12 条，其中 19~21 时之间不超过 2 条
2004 年	“白酒甜蜜素事件”对大量知名白酒品牌的市场销售产生了严重影响

资料来源：胡春霞，蒋丽丝，林园远 .《习“旧”图新，政策变迁史与行业景气度——食品饮料周报》[R]. 国泰君安证券，2012-10-11.

时过境迁，我们一直在路上

2005 年，中国白酒行业出现了重拾增长的明显势头。口子窖、郎酒等原先安于区域市场运营的白酒品牌开始摩拳擦掌，走上了开发全国市场的道路。此外，泸州老窖 1573 和水井坊等定位于高端或者超高端市场的品牌开始出现。市场消费好转和全国化、高端化的发展动能再次点燃了众多白酒企业的广告投放热情。虽然其间湖南卫视“超级女声”和浙江卫视“中国好声音”等综艺选秀节目引发的地方卫视收视狂潮导致人群观视分流，但对于立志全国化、高端化的白酒品牌来讲，品牌传播的制高点依旧是央视。例如2009年，洋河为了获得“2010年第十四届CCTV青年歌手电视大赛”的独家冠名权，支出广告费达到了7909万元。直到2011年和2012年，贵州茅台和四川剑南春分别以4.98亿元和6.08亿元夺得下一年度的中央电视台“标王”，使白酒企业貌似疯狂的大手笔广告投入操作手法又重新汇聚了大众的目光。而央视对白酒广告投放规则的调整（从2012年1月1日起，招标时段只选12家白酒企业；央视一套19：00~21：00之间只播出两条白酒广告），也加剧了白酒品牌对于央视黄金广告资源争夺的激烈程度（表3、表4）。2012年央视广告招标，白酒企业的广告投放总额度超过19亿元，占到招标总额的15%[①]。

表3　2012年央视黄金资源广告招标白酒品牌现场中标金额

企业名称	中标金额（亿元）	同比增长
茅台	4.9778	240%
西凤	3.2122	新上榜
习酒	3.0037	新上榜
劲酒	2.5553	–42%
剑南春	2.2999	362%
郎酒	1.9998	3%
汾酒	1.8900	3%
四特酒	1.6471	86%
古井贡	1.5000	200%
洋河	0.8300	–44%
五粮液	0.8009	–80%
衡水老白干	0.7389	新上榜
迎驾贡酒	0.3012	新上榜

① 史燕君．抢标王白酒争喝“高”[N]．国际金融报，2011–11–14（06）．

表 4　2013 年央视黄金资源广告招标白酒品牌现场中标金额

企业名称	中标金额（亿元）
剑南春	6.08
五粮液	4.99
茅台	3.52
洋河	3.12
汾酒	1.61
古井贡	0.7999
水井坊	0.7799
四特酒	0.4399

在 2012 年 11 月 18 日举行的“2013 央视黄金资源广告招标会”上，前十名中标企业当中，白酒企业不仅以 42.08 亿总中标额度位列各行业之首，而且位列单个企业投标额前三位的均为白酒品牌：茅台、剑南春、五粮液。此外，西凤酒、劲酒和今世缘在央视的广告投放额分别为 3.42 亿元、3.17 亿元、3.15 亿元。就在第二天（2012 年 11 月 19 日），21 世纪网曝出“白酒塑化剂事件”并迅速发酵，引发了媒体和公众对于多数名优白酒产品质量的质疑。但是，白酒品牌营销技能和危机公关水准已经不可同日而语，因一条新闻或者事件击垮一个企业的事情没有再次出现。但紧接着中央八项规定明确提出了限制“三公”消费的政策，这对中高端酒类产品的市场销售形成了泰山压顶态势。2012 年，中国白酒产业在达到阶段性高点之后，进入了改革开放以来的第三次深度调整时期，历时 4 年。

从“2014 年黄金资源广告招标现场招标大会”开始，中央电视台不再公布具体的现场招标预售金额，以至于人们对于“标王”的喧嚣讨论只限于预估和揣摩的层面，“标王”现象似乎也远离了人们的视线。倒是宁夏懿丰曾经曝出过冷门。2014 年 11 月 18 日，宁夏懿丰投资控股集团有限公司以 1.18 亿摘得《舌尖上的中国》（第三季）独家冠名权益，意欲向全国市场宣传“法国柏阁葡萄酒品牌”，在瞬间吸引人们注意力的同时也令人充满期待。而从 2016 年开始，以白酒为代表的中国酒类行业开始走出深度调整的阴霾，开始了新一轮的快速增长。

2016 年 9 月 20 日，“CCTV 国家品牌计划”正式面世，即从 2017 年 1 月 1 日起，以中央电视台为核心的央视线上线下媒体资源将正式为入围企业推出立体式的品牌传播活动。从此，众多白酒品牌在央视层面的广告投放与“CCTV 国家品牌计划”结缘（表 5）。此外，2016 年量价齐升局面重现中国白酒行业，通过在中央电视台投入高额广告进而抢夺消费者注意力的做法再次席卷主流品牌阵营。例如在“2017 年 CCTV 国家品牌计划”中，“洋河”和“红星”的中标金额分别为 3.917 亿元和 2.88 亿元；在“2018 年 CCTV 国家品牌计划”中，入选 TOP 品牌和行业领跑者的标底价分别是 4.8 亿元和 3.5 亿元，而其中不乏白酒品牌的身影。

表 5　入选“CCTV 国家品牌计划”的酒类品牌

历届国家品牌计划	入选的中国酒类品牌
“2017 年 CCTV 国家品牌计划”	6 家酒类品牌入选。“茅台”和“洋河”入选 TOP 合作伙伴，“红星二锅头”“劲牌”“郎酒”和“鸿茅药酒”入选行业领跑者
“2018 年 CCTV 国家品牌计划”	6 家酒类品牌入选。“茅台”“洋河”和“郎酒”入选 TOP 品牌，“红星二锅头”“海南椰岛”和“鸿茅药酒”入选行业领跑者
“2019 年 CCTV 国家品牌计划”	6 家酒类品牌入选。“茅台”和“郎酒”进入特邀 TOP 品牌行列，“洋河”入选 TOP 品牌行列，“泸州老窖”和“劲牌”进入特邀领跑品牌行列，“古井贡”入选领跑品牌行列

2019 年 1 月，由于“CCTV 国家品牌计划”这一广告用语涉嫌以“国家”名义来销售商业广告资源，在市场上产生了为企业背书的不良效应并容易对消费者造成误导性理解，中央广播电视总台（由原中央电视台、原中国国际电视台、原中央人民广播电台和原中国国际广播电台于 2018 年组建而成）被国家市场监管总局“点名”并责成相关政府部门对其依法立案调查。因涉嫌违反《广告法》《反不正当竞争法》《消费者权益保护法》，

中央广播电视总台放弃了“CCTV 国家品牌计划”项目，继而于 2019 年 8 月推出了全新的“2020 年 CCTV 品牌强国工程”项目来推介央视黄金广告资源，该项目将购买央视全媒体广告资源的广告主分为“强国品牌”“TOP 品牌”“领跑品牌”和“国资典范品牌”四个等级。在最新的“2020 年 CCTV 品牌强国工程”榜单中，我们依然可以清晰地看到茅台、五粮液、洋河、汾酒、郎酒、古井贡酒、泸州老窖、口子窖、劲酒和红星等知名酒类品牌的身影。虽然我们早已先后进入了互联网络、移动互联时代，但是以央视为首的传统强势电视媒体还在酒类企业的“打品牌、树形象”活动中占据着举足轻重的地位。“新瓶装旧酒”，酒类品牌携手央视再出发。

在众多酒类企业的营销费用中，广告投入一直占据着不小的比重。而广告投放金额和媒体组合分布又能够折射出社会经济和产业周期的不同发展阶段特征。在此，我们以酒类企业在央视的广告投放动向为例，虽不能反映品牌运营之全貌，但还是能捕捉到不同企业在围绕品牌建设和行业座次等方面展开争夺的明确轨迹。在这个时期，酒类企业的整体营销环境还发生了一系列的变化：广告投入作为实现大范围传播的手段虽然被行业主流品牌广泛认可，但在实际操作的过程中变得更为理性；在之前没有跟上竞争脚步的名优酒类品牌开始焕发活力，通过系统的营销工程发力市场开发与建设；以高端、超高端酒类品牌的崛起为标志，整个中国酒类行业出现了明显的市场分化趋势；几乎所有饮料酒子品类都在面临着激烈的国际竞争，“走出去、请进来”的合纵连横方式逐渐成为行业的常态化竞合手段；互联网络时代、移动互联时代的先后到来，冲击和改变着酒类企业原先的商业逻辑，并重新塑造着行业竞争格局。中国酒类行业正在经历着以“品牌形象树立 + 渠道护城河 + 大单品打造 + 全球化竞争思维”为主要特征的第三轮竞争洗礼，并一直持续至今。

广告，品牌建设之冰山一角

在品牌建设的过程中，一项重要的任务就是让目标消费群体知晓你的品牌。通过传媒长时间、高频次的宣传建立广泛品牌知晓度，是一种为企业普遍采用的有效方法。而每一次的广告宣传，都是对品牌关系和品牌资产的一次长期投资。美国著名广告大师约翰·沃纳梅克（John Wanamaker，1838—1922）曾说过这样一句话："我知道我的广告费有一半浪费了，但遗憾的是，我不知道是哪一半被浪费了。"这句话告诉我们，企业的广告投放只有达到了某个临界点之后，才会逐步显现出较为强大的传播效应。企业为了让品牌获得消费者的关注，既要消除传播过程中的竞争性噪音，还要让品牌拥有在消费者面前多次展露的机会，投放广告甚至花费巨额资金投放广告似乎也成了众多企业树立品牌的一个必选项。此外，只要广告投入能够使销售收入、净利润和市场份额稳步提高甚至爆发性增长，那么企业就会坚定不移地采用这种运营手段。同时这也是很多行业在树立品牌和打造形象方面的惯用招数之一。而食品饮料、金融保险、汽车、家电、日化、酒类、药品和服装等与人们生活和工作场景息息相关的消费品行业，历来都是各类媒体广告投放的金主大户。有的企业的年度广告投入金额甚至超过净利润水平，时至今日，这种现象早已是司空见惯了。

以央视"标王"为例，通常媒体报道最多的广告投放者是现场中标额度最高的企业。而不少企业在招标会之前就与央视签订了金额不等的年度广告投放协议，协议金额可能还要远远高于招标现场的中标额。例如，郎酒在央视2012年广告招标会现场的中标金额虽然仅为1.9998亿元，但是如果再加上之前与央视续签的4亿元广告投入，央视年度总广告投入实际上已经达到了6亿元，相比上一年度的广告投放金额增长了近一倍。此外，地方的省市级电视台广告、网络广告、户外广告、平面广告和终端广告均不可缺少，可以想象白酒品牌的年度广告费投入真的是一个巨额数字。

1994—1997 年，就在“孔府家酒”“孔府宴酒”和“秦池”为“标王”之争打得不可开交的时候，在中央电视台的广告主名单中也不乏五粮液、剑南春等全国知名白酒品牌的身影，只不过与来自山东的三家区域性白酒品牌轰动全国的“标王”广告效应相比，它们看起来则更为理性一些。当年，就连五粮液获得“中国酒业大王”的新闻热度都无法盖过鲁酒标王夺冠所产生的爆炸性效应。在这个时期，除了鲁酒之外，豫酒和徽酒板块的白酒企业也通过大手笔广告宣传的方式站立潮头，涌现出张弓、仰韶、赊店、宋河、高炉家、双轮池等一批名噪一时的品牌。此外，由湘泉集团于 1988 年推出的“酒鬼酒”还树起了文化营销大旗，在 20 世纪 90 年代中期曾成为中国高端白酒阵营的一员，其至今仍是湘酒板块的一枚旗帜型品牌。虽然在这一时期中国白酒行业出现的“标王”大都昙花一现、命运多舛，但这一现象并不能抹杀广告传播在品牌树立过程中所起到的巨大作用。继以鲁酒为代表的部分白酒企业在“标王现象”中先后折戟，“五粮醇”“金六福”和“浏阳河”等品牌在 1998 年之后开始进入市场，其获得广泛市场关注和消费认可的主要方式也是大手笔的媒体广告投放。

可以说，对广告宣传在品牌建设过程中的积极作用持有否定态度的做法并不明智，切不可因噎废食。就连 2012 年之后凭借“青春、时尚、文艺范儿”引爆市场的江小白，主要手段之一也是靠现象级的巨量品牌传播，只不过传播的主阵地换成了互联网络上的自媒体和社交媒体。而 2015 年 6 月 11 日在微信朋友圈推送的“洋河微分子酒·‘微’你而生”广告，被视为微信朋友圈的第一条白酒广告。同年，为了配合在央视各频道和各大视频网站以“海天梦想，中国力量”为口号的阅兵主题品牌传播攻势，洋河还在微信推出 H5 版本的朋友圈广告，引发了广泛关注和认可。可见，特定时期受众注意力和行踪所形成的流量聚合转变路径，反映的只是人们在不同媒体或场景中停留驻足的时间分配出现了迁移和改变，企业需要关注和捕捉的是广告受众对于信息接收模式与阅读/表达习惯的时空转换逻辑，并据此开展品牌传播活动。简而言之，明确品牌的目标群体是谁，知道他们在哪里聚集，确定用怎样的方式和内容与他们沟通，这是品牌传播必须遵循的黄金法则。

根据各大白酒品牌历年年报中所披露的销售费用，如果按照广告宣传费用占公司整体销售费用约50%的比例来测算，2012—2018年，五粮液的年度广告投入费用大体维持在10~15亿元的水平，部分年度还可能会高达20亿元左右。而贵州茅台、泸州老窖和洋河在2017—2018年的年均广告费用也达到了10亿元以上。2012—2018年，古井贡和山西汾酒的年均广告宣传费用分别为4.8亿元、5.2亿元。

白酒品牌广告费用所呈现出的周期性的高投入做法，其实也是企业对经济环境、政策环境、消费环境变化而做出的一种积极主动的商业回应。只不过，我们需要认识到孤注一掷的大手笔广告只能带来短期的受众关注和销量上涨，而要获得和保持长期的竞争优势，还需要企业在人力资源、生产运营、质量控制、原料设备采购、技术储备与革新、财务规划、渠道建设、市场培育等方面投入更多的精力。在传播红利消失之后，比拼的仍将是企业的综合实力。一个企业在市场上的成功，是整个商业系统的成功。凭借某一方面的先发优势可以带来短期成功，如果后续没有其他模块的持续完善与支持，最终也只会囧态百出。

品牌建设是一项系统工程。广告宣传只是品牌传播的一小部分内容，而品牌传播又只是品牌管理的一小部分内容。广告只能算作品牌管理系统工程的冰山一角，冰山在海面之下所蕴含的巨大体量才是真正考验企业综合竞争力的硬核指标。

金六福，“福”文化传播的旗手

新年到，福星到。

福气到，财气到，喜气到。

福星到，好运到不完。

喝福星，交好运。

——“金六福·福星”电视广告语（2007 年，葛优代言）

1949 年之后，我国先后经历了新民主主义时期、社会主义所有制三大改造、批判资产阶级法权和“割资本主义尾巴”运动，中国工商业经济完全实现了国有化，非公有制经济比重几乎为零[①]。改革开放初期，国家主要面临两大问题：（1）如何解决广大农民的温饱问题；（2）如何解决长期以来以重工业为发展侧重点而导致生活消费品严重紧缺的问题。为此，在农村实行了家庭联产承包责任制，而在城市则鼓励个体私营经济的恢复和发展，并取得了突破。《中华人民共和国宪法》（1982 年）和《中华人民共和国宪法修正案》（1988 年），先后从根本上肯定和确立了个体经济和私营经济的合法性。1992 年，党的十四大首次将个体经济、私营经济和外资经济纳入社会主义市场经济体制的所有制结构中[②]。1978—1991 年，民营经济主要遵循满足消费市场短缺和解决就业需求的发展路线，主要集中在“吃、穿、用”三个领域[③]。对中国酒类产业而言，1979 年国家取消酒类专卖制度、1988 年国家放开 13 种名酒价格和 1992 年社会主义市场经济体制的初步确立，不仅为白酒生产企业在经营体制上松了绑，还推动了民营经济的迅速发展，并成为酒类产品流通和销售的崭新力量。此外，部分原先的国营糖酒副食公司在国有企业改制浪潮中先后转变为民营企业，也成为中国酒类行业流通领域的重要力量之一，其中的一些企业还演变为现今的大商、超商。

在这个过程中，资本实力不等的民营经济主体纷纷以灵活的经营机制和快速的市场反应能力为突破口，先后进入酒类产品的经销、代理、批发

---

① 高德步．中国民营经济的发展历程 [J]．行政管理改革，2018（9）：40–47.

② 邢中先．新中国成立 70 年来民营经济发展：历程、经验和启示 [J]．企业经济，2019（1）：13–19.

③ 全国工商联课题组．民营经济 40 年发展历程和经验研究报告 [N]．中华工商时报，2018–12–27（03）.

和零售领域，再加上社会主义市场经济体制的确立推动了人才自由流动、资本获得途径多元化、物流基础设施建设、广告传媒环境改善和更多流通零售新业态出现等，中国酒类产业也走上了更为健康的发展道路。之后，还在法律法规和政策体系层面，为民营企业在产权保护和市场准入等诸多方面提供了更为健康开放的运营空间。例如，2004 年福建吉马集团参股北京龙徽葡萄酒有限公司，并成为后者的第二大股东；2007 年浙江商源集团全资收购新疆楼兰酒业有限公司；华泽集团，从 2001 年开始对全国各地各类酒厂的投资、并购；2013 年党的十八届三中全会还进一步提出鼓励包括民营经济在内的非公有制经济积极参与到国有企业混合所有制改革的浪潮中。这都为整个民营经济在中国酒类行业中扮演更为重要的角色提供了坚实的政策与体制保障。

金六福的创建人吴向东，正是在这样一个由逐渐深入的改革开放进程而带来的政策红利大背景之下，以敏锐的商业眼光和独特的运营模式，确立了金六福在中国酒类行业的市场地位并取得了商业成功。金六福在品牌崛起的过程中，借助五粮液巨大的企业品牌背书效应、大规模的广告宣传和扎实的市场渠道建设，在较短时间之内获得了市场的认可，并随着竞争环境的变化不断调整企业的经营思路。与此同时，它还不断挥动资本长袖，通过投资收购的方式逐渐建立起了一个横跨多个酒种的庞大酒类集团。

代理商转型，“金六福”横空出世

1996 年，吴向东创立长沙海达酒类食品批发有限公司，主要从事酒类产品在区域市场的分销业务。由于先前没有任何酒类品牌经销经验，吴向东最初想要拿下五粮液主品牌的代理权未果，公司只是成了五粮液 OEM 买断经营品牌“川酒王”的湖南省代理商。在区域市场操盘“川酒王”的过程中，吴向东遵循了这样一种运营逻辑：先通过广告宣传建立品牌知名度，然后再招募下级代理商，并为下游代理商提供各种市场销售支持活动。一年之后，吴向东成为“川酒王”在湖南市场的销售冠军[①]。1997 年，吴向东成为“川酒王”的全国总代理，并在部分省内外市场搭建起了销售网络。1998 年初，由于受到诸多假冒酒类产品的影响，吴向东停止了“川酒王”的销售代理。然而，“川酒王”在湖南市场的销售火爆现象引发了吴向东的思考——“无厂房 + 无设备 + 无产线”且完全将生产委托给知名品牌企业五粮液公司却可以取得市场成功，自己是否可以通过复制这一模式而在白酒市场上有所斩获。很快，他就有了自创白酒品牌的想法——打造另一个属于自己的“川酒王”。经由傅军（现新华联董事局主席）的协调与引荐，吴向东和五粮液公司达成了 OEM 买断经营协议[②]。而新华联集团有限公司也顺理成章地成为金六福的原始股东之一。

1998 年 8 月 26 日，海达公司在国际分类第 33 类申请注册“金六福”商标，之后顺利完成商标注册。1998 年 12 月 10 日，第一瓶五星金六福酒从五粮液酒厂的 6 号生产车间下线。就这样，日后在中国白酒市场上屡有建树的“金六福”带着五粮液公司的光环问世了。至此，吴向东从五粮液公司系列酒产品代理商转身变成了可以操盘自创品牌的运营商。与其他酒类品牌相比，含着金钥匙出生的“金六福”凭借大手笔广告投放和分销网络建设迅速提升着其在中国白酒领域的行业地位，扩张着自己的商业版图。

专注“福”文化，塑造独有品牌属性

“无酒不成席”“酒逢知己千杯少”，这些约定俗成的说法充分反映了酒在中国人的餐饮聚会中所起到的强大润滑作用，千百年来酒已经成了国

① 党永嘉．后来者金六福 [J]．21 世纪商业评论，2010（3）：57–61.

② 黄君发．还原金六福 [J]．当代经理人，2006（2）：54–61.

人寄托和抒发情感的有效社交载体。金六福就是这样一个品牌，它有效地提炼并广泛传播“福”文化品牌属性，并希望将自身独有的品牌文化内涵融入中国民众的各种日常喜庆消费场景，让其产品成为中国喜庆文化、福运文化的社交载体。用金六福公司的话来讲：“幸福对于每一个人来说是一种理想，而对于我们来说是一项事业。”金六福的“福”文化代表着中国民众对于美好生活的向往、追求和期盼[①]。而金六福从问世的第一天起，就紧紧围绕“福”文化打造属于自己的独特品牌属性。

1998 年，金六福酒上市伊始就迅速推出了“好日子离不开它，金六福酒”的品牌口号。亲切的诉说口吻和具有好头彩的品牌名称，再加上巨额的广告投放，金六福酒很快就给市场留下了深刻的印象。当时，以“孔府家、孔府宴、秦池”为代表的鲁酒军团在疯狂广告大战之后暂时偃旗息鼓，以金六福和浏阳河等市场新贵为主体则继续接力，整个白酒市场迎来了又一轮在广告宣传上针对消费者的信息轰炸。尤其在民众信息获取渠道相对单一的年代，通过电视、电台和报刊等媒体进行大规模、高频次的品牌宣传活动，仍然是一种切实有效的“空袭”市场战术。这一策略在现今依然奏效，只不过随着移动互联时代的到来，企业的媒体投放更加具有针对性，且更为碎片化。

体育活动虽然与白酒品牌营销活动之间好像无法产生天然的紧密关联，但是金六福和浏阳河都找到了两者之间巧妙的结合之处。而且，在此方面也不乏先例，早在 1994 年四川全兴酒业就通过赞助方式成立过“全兴足球俱乐部”。21 世纪初，一系列的体育事件紧紧抓住了全国民众的眼球，这也让金六福开始考量是否可以通过借势热点体育事件来促升品牌关注度，最大化品牌传播效果。为此，金六福与广告策划公司合作开展了有节奏、高密度的品牌传播系列活动。

① 黎广. 中国酒业旗舰金六福逆市飞扬——吴向东谈金六福 [J]. 中国酒，2003（5）：11-14.

2001年，北京申奥成功，举国欢腾，金六福打出“金六福，中国人的福酒”的品牌口号。2001年，国足教练米卢率领中国队在世界杯亚洲区预选赛中出线，举国瞩目。金六福酒邀请米卢作为品牌代言人，推出“喝福星酒，运气就是这么好”的品牌口号。一时间，强大的媒体传播和以“福”为名的品牌形象塑造运动让金六福这一品牌很快响彻大江南北。2002年，金六福连续4年成为五粮液公司系列酒品牌的销售冠军。其间，金六福还推出过“为湖南干杯”和“为大庆干杯”等为开发特定省级、市级市场的系列产品。2004年，中国奥委会授予金六福酒业“第28届雅典奥运会中国体育代表团合作伙伴”称号，并选定金六福为“第28届雅典奥运会中国体育代表团唯一庆功酒”，金六福顺势推出了“奥运福，金六福”品牌口号。其间，“金六福，中国人的福酒”已经成为消费者普遍接受的品牌属性。之后，金六福围绕民俗喜庆场景，突出传播“福”文化，陆续推出了“春节回家，金六福酒”“中秋团圆，金六福酒”“我有喜事，金六福酒”和“国有喜事，金六福酒”等系列品牌传播活动，将各种喜庆消费场景与金六福酒进行紧密捆绑。一直到今天，金六福酒都以年为周期，结合民众的喜庆、福运消费场景进行了多轮次的深度品牌传播。

除了围绕“福”文化持续进行品牌宣传之外，更为重要的是，金六福能够围绕每次的主题宣传活动，充分实现了整合营销传播效应。2004年12月，在临近春节的时候，金六福在全国范围内启动“春节回家·金六福酒”立体式品牌传播活动，主要形式包括：（1）从2004年12月起，金六福在全国25个电视台投放《春节回家》广告片；（2）在全国78个城市的车站、飞机场和码头等回家必经之地设立灯箱、户外大型广告牌、公交车身广告和车窗后贴等广告，投放“春节回家·金六福酒”户外广告；（3）2004年12月18日至2005年2月8日，金六福在全国推出了“发短信，赢机票”消费者互动活动[1]；（4）金六福赞助湖南卫视春节晚会；（5）在零售终端通过堆头展示、POP 等主题促销活动，形成“空中 + 地面”的立体式传播。正是通过类似的“空中 + 地面”大范围、高密度品牌传播和主题促销活动，让金六福的“福”文化品牌属性得以在消费者心中生根发芽，并在消费市场上形成蔓延之势。

从 1998 年第一瓶金六福酒诞生之日起，公司就将中档白酒市场作为主攻对象，与众多知名名优白酒品牌的目标市场形成了有效区隔和错位竞争。而在这一时间节点前后，更多人走出家门所带来的餐饮消费升级为所有的酒类产品提供了新的销售契机，这也是当时诸多酒类企业将餐饮渠道作为重点开发对象之一的根本性原因。2000 年，金六福销售额突破 9 亿元，初步建立起遍布全国主要市场的销售网络，进入了业绩狂飙期。2001 年，金六福实现 14 亿元的销售收入。2003 年，金六福销售额达到 18 亿元。2004 年销售收入就突破了 20 亿元。2008 年，金六福更是实现了超过 60 亿元的销售收入。而在 2008 年，贵州茅台和五粮液的销售收入分别为 82 亿元、79 亿元，金六福仅仅用了十年的时间，便成了中国白酒行业名副其实的前三甲。

此外，2001 年至今，金六福先后邀请米卢（2001 年）、蔡卓妍（2006 年）、葛优（2007 年）和王宝强（2014 年）成为品牌代言人，助力品牌传播，围绕公司所主导的“六福”体系（图 1），从中国传统文化和民众心理积淀层面入手，试图打造属于中国人的“新民俗”[2]，逐级夯实着品牌的“福”文化基因。

---

① 北京蔚蓝远景品牌整合机构. 金六福《春节回家》的公关传播 [J]. 公关世界，2006（7）：35-36.

② 刘洋. 金六福品牌策略“以福为本”[J]. 中国防伪报道，2010（1）：31-34.

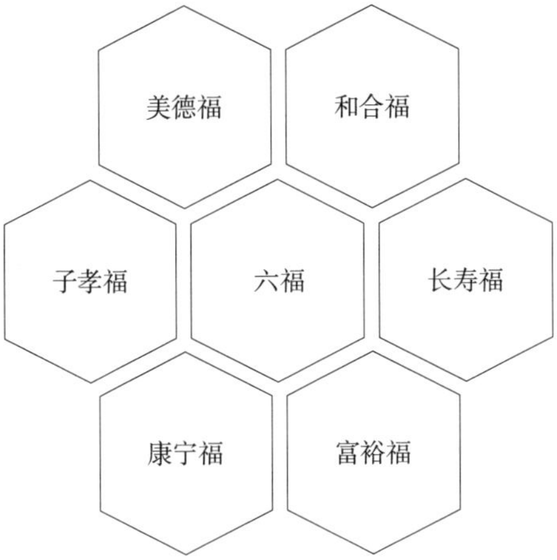

图 1　金六福的“福”文化体系

一直以来，如何能够让消费者在“第一时间”感受到金六福的“幸福、喜庆、好运、吉祥”，是金六福围绕“福”文化开展各种营销传播活动的关键所在①。2017 年之后，金六福酒的广告成功植入《回家的路有多远》《如果爱》《爱国者》《合伙人》等影视剧，同时推出新的品牌口号“中国福酒，金六福”。随着移动互联时代的到来，人们随时随地参与话题讨论、传播海量信息成为可能。金六福除了以“福”为主题，不断变换品牌传播形式外，品牌传播的侧重点也从单向大规模密集轰炸式的广告宣传，逐渐向“互动 + 公益”品牌主题活动靠拢。2011 年，金六福启动“春节回家互助联盟”，为春运减压，帮助老乡回家。2015 年 5 月 20 日，启动“金六福 · 勇敢结婚”大型公益行动，借助“结婚加油站”“六福奇缘相亲会”等互动环节，鼓励年轻人喊出勇敢结婚的誓言。“2015 全家福行动”配合“幸福大篷车”全国巡展之旅，向全社会发出“春节回家拍张全家福，把家人带在身边再出发”的公益呼吁。2016 年春节期间，为了配合金六福“2016 全家福行动”而推出的微电影《一张拼出来的全家福》更是凭借其温情的

① 史令喜．金六福，品牌幸福体验的营销公式 [J]．销售与市场（评论版），2010（8）：99–100.

故事情节使受众在情感上产生了强烈共鸣，从而刷屏社交媒体和国内主流视频网站。2019 年，公司还在全国 100 多个重点城市、区县启动“金六福·我的婚礼”主题互动活动。

在中国民俗文化中，“福”可以说无处不在。结婚生子、乔迁新居、升迁提拔、开业庆典、生日祝寿、节日拜访、亲友聚餐、求学中榜……在诸多的人生重大时刻，人们往往还会通过各种数字、图案和辞令等形式图个喜气、讨个彩头，同时期许着福运能够源源不断地来到自己身边。可以这样说，“喜庆”和“福运”已经成为根植于中华民族灵魂深处的一种吉祥基因，贯穿着民众的日常生活、工作和消费场景。金六福以“福”文化为重心，结合时代的演进，围绕个人、家庭、民族、国家、人类和世界不断完善和丰满着品牌形象①。而金六福品牌也在“福”文化的既定传播路线指引下累积着越来越大的品牌价值和品牌资产②。以“福”为名，金六福通过系统的整合传播，为品牌注入了强大的文化内涵，最终在高手林立的中国酒类品牌中成为“福文化”的代言人。

资本引路，攻城掠地的收购

从 2001 年开始，湖南省金六福酒业有限公司长袖善舞，充分应用资本的力量，开始在中国酒类市场上陆续展开一系列投资和并购活动。2002 年，五粮液公司单方面决定更改产品的包装设计，导致金六福公司损失超过 5000 万元，这一举动坚定了金六福公司着手自建生产基地的决心。2001—2012 年，吴向东先后通过收购、参股或者控股方式进驻 17 家酒类生产企业（如表 6 所示）。2006 年，在对金六福所收购的酒业板块进行整合的基

① 曾朝晖. 金六福，以福的名义销售 [J]. 公关世界，2005（2）：10–12.

② 宋雪莲. 福文化传播成就金六福酒“百亿品牌”[J]. 中国经济周刊，2006（2）：42–43.

础上，华泽集团有限公司（以下简称“华泽集团”）成立。2007 年，华泽集团通过资本收购，拥有了港股上市公司平台——香港金六福投资有限公司。2009 年，通过股权收购，吴向东获得公司 60% 的股权，成为华泽集团的绝对控制人[①]。2016 年，公司更名为“金东集团”，下设华泽酒业集团、华致酒行和金东投资三个板块。

表 6　金东集团参股或控股的酒类生产企业

序号	年份	企业名称	投资占比	涉足领域
1	2001	香格里拉酒业股份有限公司	100%	葡萄酒
2	2002	广东德庆无比养生酒业有限公司	100%	保健酒
3	2003	湖南湘窖酒业有限公司	99%	白酒
4	2003	香格里拉（秦皇岛）葡萄酒有限公司	75%	葡萄酒
5	2003	烟台香格里拉玛桑酒庄有限公司	100%	葡萄酒
6	2004	安徽临水酒业有限公司	100%	白酒
7	2005	四川邛崃金六福崖谷生态酿酒有限公司	100%	白酒
8	2006	山东今缘春酒业有限公司	100%	白酒
9	2006	湖南雁峰酒业有限公司	99.01%	白酒
10	2008	江西李渡酒业有限公司	100%	白酒
11	2008	桂林湘山酒业有限公司	85.69%	白酒
12	2008	黑龙江省玉泉酒业有限责任公司	70%	白酒
13	2009	吉林省榆树钱酒业有限公司	100%	白酒
14	2009	陕西省太白酒业有限责任公司	51%	白酒
15	2009	贵州珍酒酿酒有限公司	100%	白酒
16	2011	香格里拉酒庄（德钦）葡萄酒有限公司	100%	葡萄酒
17	2012	酩悦轩尼诗香格里拉（德钦）酒业有限公司	33.30%	葡萄酒

2012 年，新品“绵柔金六福”上市，此举标志着金六福公司开始自产中高端酒类产品。2016 年，金六福进一步推出全新子品牌“一坛好酒”。2018 年 12 月，金六福围绕“一坛好酒”巨额投放 3.8 亿元广告费，启动大规模“高速、高铁”户外品牌传播活动。此外，“一坛好酒”还通过赞助

① 李鲁辉．金六福：资本酿酒 [J]．新理财，2009（11）：45–46.

或者冠名的方式，进行了密集性的事件营销：搭载商业火箭“双曲线一号”进入太空，参加“美酒俏佳人”全球选拔赛、赞助北京音乐竞技节目《中歌会》、“喝一坛好酒，看一本好书”荐书赠酒活动、“一坛好酒赠军人”活动、“一坛好酒杯”全球陶绘大赛和“一坛好酒赠老兵”活动等。目前，金六福旗下拥有金六福、六福人家、福星、福酒、一坛好酒等系列产品，分别由五粮液公司贴牌代工和金六福在四川邛崃投资的酿酒公司进行生产。

2019 年，“金六福 · 一坛好酒”更是提出将陆续推出七大经典白酒香型产品矩阵的升级思路。届时，中国白酒行业将会产生一个横跨多种香型的“超级品牌运营商”，而这也会对“一坛好酒”品牌的包容度和影响力提出更高、更严苛的要求。

此外，金六福的创始人吴向东在推出自有品牌、投资 / 收购酒类企业的同时，还搭建起了直接面向 C 端的全国性酒类连锁零售平台。2005 年，吴向东成为五粮液公司年份酒的代理商。在复制金六福营销思路没有取得理想效果之后，吴向东开始转而建设适合中高端酒类产品的连锁销售平台——华致酒行，并将公司自有品牌和代理品牌统一放置在这一平台上，最终形成了一个完整的产、销闭环商业模式。2018 年，“华致酒行”“华致酒库”连锁门店超过 1000 家，包含连锁门店在内的直供网点已突破 7000 余家。华致酒行连锁系统在 2019 年实现销售收入 37.38 亿元，净利润达到 3.18 亿元，增幅分别达到 37.38%、41.23%。

凭借对区域性强势品牌的持续收购和连锁销售平台的搭建，华泽集团形成了集生产酿造、产品销售、营销策划、市场推广等为一体的综合性酒业集团。2019 年，根据全国工商联发布的“中国民营企业 500 强榜单”，金东集团排名第 370 位，连续六年登上此榜单，而本轮榜单入围企业的营业收入门槛为 185.86 亿元。

寻找能为品牌注入个性的文化基因

酒，究竟在向消费者售卖什么？对此，英国帝亚吉欧集团原CEO保罗·华尔士（Paul Walsh）先生曾经有过这样一段精彩论述："没有了品牌，再高档的酒也只是一瓶变了味道的水。"可以看出，酒，尤其是高端酒，售卖的绝不是产品本身所具备的功能，而是某种能与消费者产生通感移觉的社会文化属性。以中国特有的蒸馏酒品种白酒为例，其主要化学成分为乙醇和水，两者含量合计占比98%左右，剩余约2%的成分是由不同酿酒制造工艺所形成的能够决定白酒风格与个性的各种微量呈香、呈味物质。如果仅从产品的物理层面来看，遵循不同酿造工艺的众多白酒品牌，其产品之间的差异或停留于口感层面，或停留于消费偏好层面，而要在市场上对难于言表的产品差异化进行有效区隔恐怕是难上加难。这个时候，唯有被赋予了意义的品牌才是让消费者形成充分差异化认知的竞争武器，也是撑起产品价格和社交属性的有力支点。而品牌所富含的这些意义，只能通过人为的方式潜心挖掘、巧妙赋予和广泛传播，才能让其与品牌合二为一。其中，文化作为能够将消费者认知和品牌属性连接起来的有效因子，为企业在品牌差异化和意义赋予层面提供了施展拳脚的广阔空间。

早在1992年，美国心理学家戈尔德伯格（Goldberg）在总结前人大量研究的基础上，提出了大五（Big Five）或五人格模型（Five-factor Model），指出广泛存在于每个人身上的五种人格因素：开放性（Openness）、尽责性（Conscientiousness）、外倾性（Extroversion）、宜人性（Agreeableness）和情绪稳定性（Neuroticism）。之后，"大五"人格模型除了被广泛用于人格测试，也成了品牌人格维度研究最根本的理论源泉[①]。具有鲜明个性、人

---

① 王保利，江思恩，孙巍．国外品牌人格研究述评[J]．心理科学进展，2009（5）：1033-1040.

格特点的品牌可以增加消费者对品牌的认同，从而改变消费者的态度和行为[①]。在中国，品牌个性维度可以用“仁”“智”“勇”“乐”“雅”五个维度来表达（表7）。而很多品牌也正是通过对品牌个性维度的梳理分析、创意转化和准确表达，让自己变成了“一个具有鲜明个性的人”，最终成功实现了与目标群体的深度沟通。

表7　中国的品牌个性维度

五大维度	特质描述词汇
仁	平和的、和谐的、仁慈的、环保的、家庭的、温馨的、经济的、正直的、讲义气的、忠诚的、勤奋的、务实的，等等
智	专业的、权威的、可信赖的、沉稳的、成熟的、专家的、领导者的、负责任的、严谨的、创新的、有文化的，等等
勇	勇敢的、威严的、果断的、动感的、奔放的、强健的、新颖的、粗犷的，等等
乐	欢乐的、吉祥的、乐观的、自信的、积极的、酷的、时尚的，等等
雅	高雅的、浪漫的、有品位的、体面的、气派的、有魅力的、美丽的，等等

资料来源：黄胜兵，卢泰宏．品牌个性维度的本土化研究 [J]．南开管理评论，2003（01）：4-9.

简单来说，品牌也像人一样具有个性，会表现出像人一样的人格特质。如果一个品牌提炼出了某种人格化的个性，那么通常就能够让消费者联想到该品牌使用者的年龄、性别、性格、社会阶层等人口统计方面的特质。而品牌名称、广告口号、代言人、传媒选择、包装和终端业态等都能够向消费者或多或少地透露出有关品牌个性的信息。

品牌个性往往与产品的功能层面无关，与消费者的认知和联想相关。品牌个性可能关乎某种象征意义、可能代表某种情感诉说、可能能帮助消费者进行自我表达。中国酒文化历史悠久、博大精深，可供企业选择的历史文化因子可谓数不胜数：历史事件、民间传说、诗词歌赋、酿造工艺、

① 傅俊清，王垒．品牌人格研究述评 [J]．心理科学，2004（2）：347-349.

古法窖池和酒坛器皿等。当然，历史文化只是文化因子的一部分，我们认为只要是能够丰富品牌内涵、凸显品牌个性的文化要素都可以纳入酒类品牌的文化营销范畴。

赋予品牌丰富而具有特色的文化属性，也是长期以来众多中国酒类品牌惯用的营销手法，大体可以分为5类：（1）绑定物质、非物质文化遗产，为品牌附加历史文化，例如酒窖、酿酒工艺的发掘和保护等；（2）借助中国传统价值观念，倡导特定生活方式，例如金六福、小糊涂仙和舍得等；（3）突出浓厚地域特色文化，例如酒鬼酒、香格里拉和老村长等；（4）聘请代言人，借用其名人文化特质，例如郎酒特曲与孟非、陈宝国与古越龙山、王刚与牛栏山、冯小刚与剑南春等；（5）关联超级IP，借用其文化因子，例如小郎酒赞助浙江卫视《中国好声音》、洋河梦之蓝冠名《国家宝藏》和《经典咏流传》、五粮液赞助北京卫视《上新了·故宫》、青花汾酒赞助央视《朗读者》，等等。

文化为品牌赋能。为品牌注入文化因子，就是给予其个性、赋予其灵魂。支撑品牌及其溢价的是品牌背后所富含的深厚社会文化属性。社交属性越强的产品，往往要求其品牌具有的文化属性越深厚。善于讲故事的品牌，一定会从文化层面多做文章；善于一直讲故事的品牌，一定能够在文化层面为品牌注入多维度的属性，进而形成超级IP。尤其是对于中高端酒类产品来讲，消费者购买的远不是一杯含酒精的饮料，而是以下8种品牌人文属性：（1）所蕴含的酿酒技艺；（2）所讲述的创始人故事；（3）所链接的名人轶事；（4）所见证的重大历史时刻；（5）所拥有的原产地域风土；（6）所代表的时间记忆；（7）所区隔的身份识别；（8）所折射的生活方式。一个品牌占有以上8种人文属性的多寡，反映了该品牌所蕴含的文化属性的深厚程度，也能够体现其文化特质是否具备较强甚至独一无二的不可替代性。在商业道路上走得久远的品牌，肯定在广度和深度方面具备积淀深厚的文化属性。品牌文化需要挖掘、开发、赋予、传播，更需要传承和更新。流行文化、时尚文化和家国文化等只要具有普世价值观念，能够引发目标群体情感共鸣的人、事和物，都可以成为酒类品牌丰富品牌内涵、塑造品牌个性的有效载体和象征符号。一个深具文化个性的品牌，能够让消费者毫不费力地将它从同品类的竞争对手中挑出，而理由很简单——只是因为与众不同的品牌最能够打动消费者的心。

浏阳河，跌宕起伏“九道湾”

浏阳河，

中国人的喜庆酒。

想唱就唱，想喝就喝。

今年拜年，浏阳河酒。

——“浏阳河酒”电视广告语（2007 年，“超女”集体代言）

"浏阳河，弯过了几道弯，几十里水路到湘江……"当你听到这首脍炙人口的经典民歌时，你想到的是一位伟人？一条河流？还是……相信很多人同时还想到了来自湖南的一个知名白酒品牌——浏阳河酒。通过巧妙嫁接伟人文化，浏阳河酒为品牌注入了深厚的历史底蕴和文化内涵，最终在市场上获得了强大的号召力[①]。凭借"名人、名歌、名河、名酒"构建起品牌文化传播体系的浏阳河酒，借助五粮液公司的品牌背书，曾经在中国白酒市场上过关斩将，迅速成长为市场新贵品牌，还被称为中国二线白酒品牌的"当家花旦"之一。而"湘酒"也一直是中国白酒行业的重要组成板块之一。在历届全国评酒会上，来自湖南的德山大曲、浏阳河小曲和白沙液曾获得"国家优质酒"称号，而武陵酒更是获得过"全国名酒"的至高荣誉。进入 20 世纪 90 年代以来，以酒鬼酒、浏阳河酒和金六福酒为三驾马车的白酒品牌成为湘酒板块的典型代表，在全国市场也曾有过呼风唤雨的辉煌时期。

以金六福、小糊涂仙和浏阳河为代表的运营商，凭借其在市场开发、营销传播和品牌塑造领域拥有的优势资源，通过与在生产能力和质量控制等方面具备优势的白酒企业展开 OEM 合作，并为品牌附加强有力的文化价值（金六福酒紧贴"福文化"、小糊涂仙酒嫁接"糊涂文化"和浏阳河酒渲染"伟人文化"），进而取得了令人瞩目的市场成就。与传统的白酒市场运营法则相比,这种全新的模式在当时被人们形象地称为"金小浏现象"[②]。在这三个白酒新贵品牌中，金六福和浏阳河选择了当时的"中国酒业大王"五粮液公司，在委托其进行贴牌生产的同时，还能在产品包装和品牌传播

① 陈风. 浏阳河，还要弯几道弯？[J]. 企业研究，2004（7）：44–46.

② 杨青山. "特长生存法则"成就"金小浏现象"[N]. 中国经营报，2005-09-26（09）.

过程中坐享“五粮液公司出品”字样所带来的行业大咖背书红利。运作小糊涂仙酒的云峰酒业另辟蹊径，选择了来自“茅台镇”的一家代工生产企业，在很大程度上近距离地沾染上了由贵州茅台所创造出的巨大产区光环效应，并在早期推出“茅台镇传世佳酿”的品牌诉求，使得品牌在短时间之内集聚了人们的目光，同时还极大地提升了市场对其产品质量的认可度。

在 1998—2003 年的中国白酒行业调整期，以 OEM 经销商买断经营模式为代表的“金小浏”成了整个行业发展过程中的一个亮点。而原先运营家电渠道的云峰酒业团队更是将终端运营的操作思路引入白酒行业，成为早期在市场上启动餐饮终端“盘中盘”模式的代表性品牌之一。而且，这一运营商群体统一避开了名酒稳稳占据的高端市场，将目标对准中档白酒市场。此外，以金六福、浏阳河、小糊涂仙为代表的品牌，其背后的操盘手均为渠道商，这一群体之所以进入酒类品牌运营商阵营，还有一个大的社会经济背景——1992 年政府提出以社会主义市场经济体制为改革目标，鼓励商品流通渠道领域多种所有制结构共存，且中国零售业开始对外资开放，之后超市、连锁店、专卖店、便利店、购物中心和仓储式超市等新型零售业态如雨后春笋般在全国市场快速涌现，消费者购买行为和场所的逐渐转变也促使品牌商、渠道商做出及时的商业回应，即需要搭建起新时期的酒类分销网络。凭借距离市场较近的先天优势，这类运营商在区域市场开拓方面具备天生的敏感度，这也保证了它们能够取得前期的市场成功。随着贴牌代工企业和品牌运营商之间竞合关系的演变，金六福酒和浏阳河酒在后续与五粮液公司的合作模式上主动或者被动地选择了两条截然不同的发展路径：前者取道继续合作，后者选择分道扬镳。不同的商业选择，遭遇了不一样的运营修行。

联手五粮液，老树发新芽

1956 年，当地政府在整合旧酒坊的基础上，建成了国营“浏阳县酒厂”，主要生产“浏阳河曲酒”，销售区域集中在湖南、湖北和江西等区域。1984 年和 1989 年，“浏阳河”牌小曲酒还连续获得两届“全国评酒会”的国家银质奖章。1993 年，酒厂更名为“浏阳市酒厂”。1991 年，在糖酒副食领域拥有丰富运营经验的彭潮在长沙创建“湖南中商公司”，并陆续成为茅台、五粮液、泸州老窖等知名白酒品牌的区域总代理商，后来还成了五粮液旗下“五粮春”系列酒在湖南市场的总代理，曾取得过最高年销售额将近 3 亿元的业绩。在代理知名酒类品牌的过程中，眼光独到的湖南中商公司嗅出了中国酒类市场所蕴含的巨大商机，也由此逐渐产生了自己运作品牌的想法。而此时，五粮液公司在产能过剩和业绩增长乏力的双重压力之下，也想借助强势区域经销商的力量来取得突破。

1997 年，以亚洲金融危机为导火索，国有企业亏损较为严重，政府对此提出了国有企业自 1998 年开始实现三年脱困的目标，希望在“抓大放小”的总原则指引下进一步推动现代企业制度建设并实现战略性重组。1998 年，湖南中商公司参与了国有企业“浏阳市酒厂”的改制，以 4000 万元的价格买断了“浏阳市酒厂”的相关资产和“浏阳河酒”商标，并设立“湖南浏阳河酒业有限公司”。原先就萌生过自己运营品牌的想法，再加上通过收购成为“浏阳河酒”注册商标的持有人，彭潮实现其商业梦想的条件逐渐趋于成熟。之后，湖南浏阳河酒业有限公司与五粮液公司签订了为期 8 年的“浏阳河”品牌联合开发协议。按照双方达成的合作协议：五粮液公司负责“浏阳河”品牌系列酒的生产加工，湖南浏阳河酒业公司负责品牌推广和市场营销，双方按照约定的比例进行利润分配[①]。可谓是英雄所见略同，浏阳河酒与同样来自湖南的金六福酒，几乎是同时选择了与五粮液公司进行品牌联合开发的 OEM 总经销买断经营模式，而且都将自己的目标市场锁定在了中档市场。

借助“五粮液公司出品”所提供的强大品牌背书效应，浏阳河酒坚定地树立起了进攻全国市场的信念，也走上了从区域性白酒品牌向全国性品牌的发展道路。只不过，与金六福和五粮液的联姻不同，金六福属于为双方合作开发市场而创立的全新品牌，而浏阳河是早已创立的品牌，凭借五粮液公司的光环进一步在市场打开了巨大的上升空间，加之民营资本参与国有企业改制之后释放出了更大、更灵活的经营活力。因此，浏阳河与五粮液公司之间的品牌联合开发模式，在双重意义上都具有“老树发新芽”的意味。

借力事件营销，一炮而红

1998 年 10 月，浏阳河酒上市，并巧妙地对全国传唱度较高的《浏阳河》民歌进行老歌新唱，推出广告宣传片，向市场传播“伟人、民歌、名河”的品牌文化内涵[②]。很快，在“唱中国民歌，喝中国名酒”“蕴红日东升，酿五粮新贵”等品牌口号的强势传播和渲染之下，更多的消费者开始接受和认可浏阳河酒。

此后，浏阳河酒还借助一系列的事件营销，将品牌推升到了一轮又一轮的新高度。例如，2000 年，“浏阳河酒”借助其被指定为“第 27 届奥运会中国体育代表团专用庆功酒”这一事件，迅速通过各类权威媒体将“浏

---

① 曹昌，李永华．浏阳河借壳疑云：资本市场“酒醒”后的深寒 [J]．中国经济周刊，2014（21）：38–41.

② 许广声．浏阳河：老歌新唱，好酒出巷 [J]．大经贸，2008（7）：62.

阳河酒，冠军的酒”这一品牌口号在全国范围内广泛地传播，此举也被认为是开启了中国白酒体育营销的先河；2002年，浏阳河酒成为“中国金鹰电视艺术节金鹰节唯一指定专用白酒”；2002年，浏阳河酒成为“中国足协中国之队白酒业唯一指定赞助商”；2003年，浏阳河酒成为“十届全国人大一次会议指定专用白酒”和“全国政协十届一次会议指定专用白酒”；2004年，浏阳河酒首次亮相博鳌亚洲年会，连续三年被指定为宴会和贵宾礼品酒；2004年，浏阳河酒成为“世界旅游小姐年度皇后大赛庆典用酒”。频繁的大手笔赞助营销事件和广告宣传，让更广范围之内更多的人认识了浏阳河酒品牌，也为公司带来了丰厚的商业回报。

除此之外，浏阳河酒还善于将社会上的热点人物所蕴含的强大关注度转化为品牌流量，通过邀请其成为品牌代言人来为品牌传播摇旗呐喊，助威造势。2000年底，为了配合“浏阳河酒，冠军的酒”品牌传播，浏阳河酒邀请湘籍奥运冠军刘璇、熊倪、龚智超、杨霞作为品牌形象代言人。借助原先的“红色文化”和之后的“冠军的酒”，浏阳河酒在较短的时间之内走向了全国市场①。2005年湖南卫视的“超级女声”可谓风靡大江南北。2006年1月，在中国农历春节前夕，浏阳河酒邀请何洁、纪敏佳、黄雅莉、叶一茜和陈西贝五位超女集体代言；2006年，又邀请谭维维、许飞、刘力扬等新一届的五位超女集体代言浏阳河酒。浏阳河酒借势两届超女的集体代言，推出了贺岁广告“想唱就唱，想喝就喝。今年拜年，浏阳河酒”。这既给消费者留下了深刻的印象，也进一步奠定了浏阳河酒在全国市场中的竞争地位。

在与五粮液合作期间，湖南浏阳河酒业公司通过大规模品牌传播和精细化的渠道建设，取得了长足的发展。浏阳河酒以湖南市场为根据地，迅速向全国扩张，并先后推出“浏阳河”“金世纪”“红太阳”“喜洋洋”和

---

① 李光斗. 浏阳河，演绎“插位营销”[J]. 中外管理，2006（3）：82–83.

“青花瓷”五代产品。1999 年，浏阳河酒实现 2000 万元的销售额，并在 2002 年和 2006 年销售收入分别突破 10 亿元和 20 亿元。至此，浏阳河酒仅用短短 8 年的时间，赫然成为中国白酒市场的新贵品牌。

断奶仍单飞，曲终人未散

“祸兮福所倚，福兮祸所伏”，正如一枚硬币皆有两面。不拥有酿酒生产基地而又取得巨大市场成功的浏阳河，与五粮液公司展开 OEM 联姻合作，借势名酒企业背书光环的同时，也为自身未来的发展埋下了隐患[①]。2007 年，浏阳河酒和五粮液公司为期 8 年的买断经营合同到期，而合作双方却各自抱着不同的想法。在双方新的合作方案谈判过程中，五粮液提出两个选择：（1）五粮液以 OEM 方式为浏阳河酒提供酒类产品，但出厂价格需要上涨；（2）如果浏阳河酒不接受 OEM 产品的出厂价格上涨，五粮液公司将拒绝与其继续通过贴牌方式展开合作[②]。而就在 2006 年，浏阳河酒还对外宣布了两件大事：（1）首次对外披露公开上市计划，意欲利用资本市场做大做强企业；（2）与浏阳市政府签署投资协议，拟在浏阳市建设一个国家级的大型白酒生产基地——浏阳河国际名酒城，项目总投资额高达 27.5 亿元。此举也被普遍认为是浏阳河酒计划摆脱五粮液公司掣肘，进而实现“单飞”的前奏。

果不其然，为了摆脱产品生产和价格制定方面受制于人的不利局面，浏阳河酒选择与五粮液公司终止合作，而寄希望于通过向资本市场融资来为企业的扩张提供资金，并通过自建生产基地来补齐产能缺失的短板。然而，事情的发展并不比预想的要好。2006 年，浏阳河酒谋求单独上市未果。

---

① 蔡恩泽. 浏阳河酒：“弯过几道弯”[J]. 现代企业文化，2015（6）：66-67.

② 姜洪武. 浏阳河酒跌下神坛 [J]. 经理人，2015（7）：56-59.

2009—2014 年，浏阳河酒拟先后通过借壳通葡股份、大元股份和皇台酒业实现上市，均未成功。在此期间，各路资本期望借助浏阳河酒业以谋求商业收益，但各方利益的频繁博弈均未取得实质性突破，反而使得浏阳河酒业出现了一连串不和谐声音：核心营销骨干集体离职进而导致公司销售业绩大幅滑落、与 PE 公司签署业绩对赌协议失败而导致公司控股权旁落、分销渠道成员信心不足而缩减代理规模等①。再加上失去了“五粮液公司出品”的背书效应，浏阳河酒的销售也受到了不小的影响，2008—2010 年公司的营业收入从 13 亿元下降到了 7 亿元。

2006—2014 年，浏阳河酒业面临着市场业绩下滑和生产基地建设资金缺口较大的双重压力，再加上冲击资本市场未果所消耗的时间、人力和财力，公司遭遇到了前所未有的经营困境。虽然从 2007 年开始，浏阳河酒业逐渐剥离了部分多元化产业部门，但是仍然没有从根本上扭转经营劣势。例如，2011 年，浏阳河酒业为了缓解财务危机而引入机构投资者，当时公司旗下拥有 1 家酒厂、6 家 OEM 厂商、经销商 1 万余家，促销员 6000 余名、销售收入在 7 亿元左右。2012—2015 年中国白酒行业的深度调整，更是让浏阳河经历了长久的经营痛楚。根据大元股份于 2014 年 1 月发布的一份公告，浏阳河酒业 2012 年实现营业收入 1.8 亿元，实现净利润 1379 万元。根据皇台酒业所披露的信息显示，浏阳河酒 2012 年、2013 年分别实现营业收入 1.69 亿元、2.15 亿元，分别实现净利润 126.56 万元、1298.82 万元。

“浏阳河国际名酒城”于 2009 年正式动工，项目共分三期，第一期工程已于 2012 年竣工投产，具备 3.6 万千升白酒的年生产能力，三期工程全部完成之后，可以实现年产 10 万千升白酒的目标。这一投资浩大的生产基地项目不仅吞噬着浏阳河酒业的现有现金流和利润，还产生了新的巨大的

---

① 郑元春．悲情浏阳河 [J]．中国经济和信息化，2014（12）：74-76.

资金缺口。2014 年和 2015 年还先后被曝出“浏阳河酒资金链断裂”和“浏阳河国际名酒城停产”的传言。管中窥豹，可见一斑。浏阳河酒在与五粮液公司“断奶单飞”之后所碰到的经营挑战可谓不小。

当然，浏阳河酒围绕体育营销和娱乐营销的品牌传播活动并没有停止，公司也一直在积极进行着产品结构调整和市场重建方面的工作。例如 2012 年湖南湘涛队被正式冠名为“湖南浏阳河队”，2013 年和 2014 年，浏阳河酒业先后冠名郭富城长沙演唱会和宋祖英北京跨年演唱会。2016 年下半年凭借 2010 年、2015 年新产品低调回归湖南市场。2019 年初，浏阳河酒业公开宣布，公司希望通过“红方”和“浏阳河小曲”两大系列产品重磅回归湖南市场，并开始进一步梳理公司的产品结构（表 8），重新塑造浏阳河酒的整体品牌形象。2019 年 7 月，“浏阳河红方产品”正式上市，“浏阳河小曲手工酒庄”启动，这些动作都标志着浏阳河酒开始在新的时期展现出新一轮的竞争力。

表 8　浏阳河酒的产品组合

品牌层级	主要产品
核心品牌	三湘一曲 · 52 度浏阳河特曲
战略性品牌	年份酒系列、绵雅系列、青花瓷系列、生态年份酒系列、正品新世纪系列和精品系列
运营商品牌	私藏系列、小城说系列、久久红系列、鸿运系列、积极二锅头系列、红双喜系列、老酒系列、金点福系列、伟人情怀系列、合家欢系列、情缘系列和绵柔窖酒系列

“名歌、名人、名酒”一直是浏阳河酒致力打造的品牌个性和文化内涵。借助“名歌”和“名人”效应，可以赋予浏阳河酒更丰富的品牌内涵，而要扎扎实实地做出“名酒”却要求浏阳河酒在产品的研发设计、市场网络建设、消费市场培育方面投入更多的时间、精力和资金。经历过跌宕起伏的浏阳河，正以崭新的姿态走在品牌突围和回归主流的路上。

突发事件岂能成为压倒品牌的最后一根稻草

“雪崩时没有一片雪花是无辜的”。这句话出自波兰诗人斯坦尼斯洛（Stanislaw Jerzy Lec，1909—1966）的诗集《更凌乱的思绪》（More Unkempt Thoughts），其原意是“雪崩时，没有一片雪花觉得自己应该负有责任”（No snowflake in an avalanche ever feels responsible.）。此句诗词经网友改编之后具有了更为广泛的传播性。一件事情的发生，尤其是负面的突发事件，往往是诸多因素共同作用的结果，其中每一个因素似乎都没起到决定性作用，但是又与整个事件的发生脱不了干系。

在企业运营的过程中，经常会遭遇各式各样的危急时刻，经过媒体广泛报道之后，负面消息人尽皆知，导致消费者对该品牌信任度降低或者拒绝再次购买该企业的产品或服务。常见的由内部因素导致的危机形式有：（1）产品质量缺陷给消费者造成人身伤害、财产损失；（2）管理层成员意外身故、贿赂等丑闻；（3）自然灾害或者人为疏忽造成企业财产重大损失；（4）虚假宣传引发企业欺诈诉讼行为；（5）财务造假、偷税漏税等引发监管调查；（6）生产和流通过程出现污染环境问题；（7）盘剥员工引发“血汗工厂”质疑，等等。此外，还有一些是由外部因素导致的企业危机，例如原材料/关键零部件急剧短缺、法律法规的出台与修订、产业政策的调整、战略联盟的解体、竞争者战略的转变、渠道成员的倒戈和厂商价格的倒挂等。以上都是能够给企业带来重大经营风险的事件或事故，只不过类似突发事件给企业造成的危害程度有高低之分。总体来讲，企业危机将会挑战消费者与品牌之间的信任关系。如若处理不当或者任由危机蔓延，消费者与品牌之间的信任关系将会出现裂痕，甚至会被击溃得荡然无存。

改革开放以来，以 1984 年政府放开酿酒用粮调拨和降低白酒产品税为标志，中国白酒行业迎来了1984—1988年以产量扩张为主要特征的快速发展时期。之后，中国白酒行业先后经历了三次全行业调整，主要表现为:（1）1989—1992年，由政府对宏观经济调控而出现的“价格闯关”，导致行业大面积亏损。本阶段，白酒企业在名酒价格放开之后遭遇了第一场真正意义的市场化“考试”，在涨价和降价之间做出不同艰难抉择的企业在日后被划分进了不同的竞争阵营。此外，情势逼迫之下，众多酒厂开始主动走出家门联系业务，且第一次有了自己建立分销渠道的想法。1992年，市场经济的春风吹活了众多白酒品牌的运营理念，以鲁酒、豫酒、徽酒等为代表的二线地产酒品牌和“全国名酒”品牌开始发力营销建设，与时代共舞，而打广告、树品牌、改包装、提价格和建渠道等也成为新的竞争力形成路径。（2）1998—2003年，因亚洲金融危机、“假酒案”和计税办法等政策调整引发了全行业产销量持续下跌。其间，很多知名白酒企业走上OEM经销买断经营模式或者多元化发展道路，以缓解经营压力。此外，厂商联动、深度分销、盘中盘等形式的新型渠道开发模式也在此阶段大显身手。之后适逢中国经济黄金十年的到来推动了消费升级，白酒企业集体开启高端化路径，不少日后成为行业大单品的品牌产品在这一时期集中涌现，品牌全国化也成了众多白酒企业的共同选择。（3）2013—2016年，三公消费限酒和塑化剂事件诱发了行业深度调整，白酒企业纷纷通过砍条码、去库存、控产能、降价格等手段极大地改善了市场供求关系。此外，原先关注政务、商务等高端公务消费的白酒企业销量大幅下滑，茅台公司推出贵州大曲和赖茅、泸州老窖推出窖龄酒、五粮液公司推出五粮特曲等中端产品以应对消费环境变化。

2016年以来，随着国内供给侧改革、去产能化和环保治理等宏观政策的发布和严格执行，以及国际市场大宗商品价格强劲上涨，工业品、农业品等领域的成本持续上升，从产业链上游迅速传导到中下游，进而引发几乎所有下游的消费品行业成本上涨和人工成本上升。具体到中国酒类行业，在这一时期企业的能源动力成本、包装物料成本、酿酒原料成本、物流运输成本、人力资源成本以及渠道促销成本等均在上升，最终导致产品价格的持续走高。同时，庞大的基建需求又对酒类消费形成强劲拉动。在白酒头部品牌的带领下，2016—2019年，产品出厂价格普遍持续上涨。当然，在此期间，白酒行业的持续提价行为并不是一个孤立事件，大到住房和家电等，小到调味品和榨菜等众多行业的产品都出现了明显的价格上涨。2016年行业在企稳之后进入存量调整、挤压式增长阶段，行业发展向头部企业集中的趋势愈发明显，品牌IP化不仅是行业热词，还成为企业重点关注、开发的对象，且企业深度导入数字化运营也成为本阶段的转型思路之一。

对中国白酒行业而言，每一次由外部因素导致的行业调整，都会出现市场需求不振导致销售收入大幅下滑、渠道库存和资金压力较大导致价格出现倒挂、厂商通过限量稳价/控价来维护价格体系、企业通过调整产品结构和渠道模式转变经营思路等现象。现今，2019年中国白酒行业头部企业在各种经营指标屡创新高之后进入增长疲惫期，又逢2020年初新冠疫情的突然爆发，在商务接待、宴席和礼品市场消费受到严重冲击之后渠道库存压力骤显，价格盘的稳定性遭遇严峻考验，整个白酒行业再次走到面临重大调整挑战的关口。虽然整个酒类消费的基本面并没有发生根本性的改变，但是新冠疫情持续时间的长短还是会对行业的现有价格体系和竞争格局产生不可忽视的重大影响。

品牌在市场上的竞争力，集中体现在它总能比竞争对手更好地满足目标消费群体的需求，以及获得高于行业平均水平的超额利润。而能够帮助企业形成品牌竞争力的来源有很多（图2），反之亦然。品牌竞争力需要诸多关键商业体系的合力支撑，而不是仅凭某一方面就能“金鸡独立”。“站在风口，猪都能飞起来”和“退潮之后，才知道谁在裸泳”这两句话合起来看，充分说明将“品牌是否真正具备竞争力”这一命题放在更长的时间跨度上来衡量应该是更为科学合理的方法。

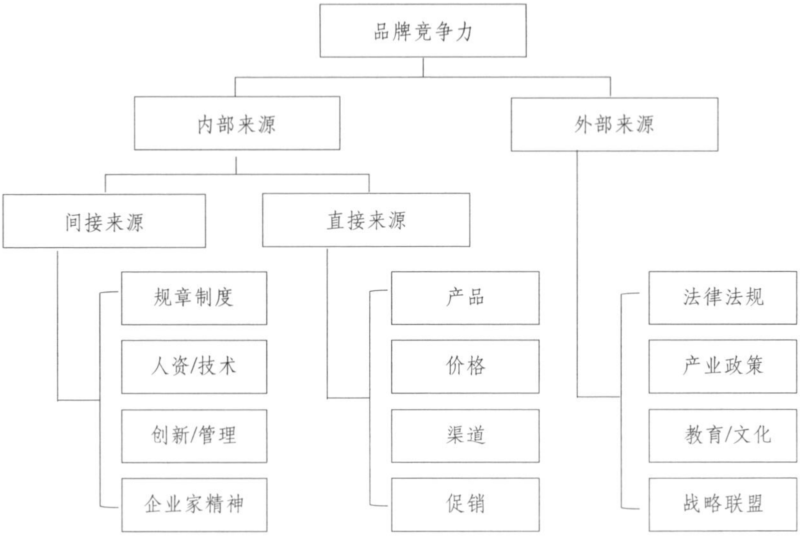

图 2 品牌竞争力的来源

资料来源：许基南. 品牌竞争力研究 [D]. 南昌：江西财经大学，2004.

偶然事件中潜藏着必然性。钱钟书先生在小说《围城》中曾这样写道："天下就没有偶然，那不过是化了妆的、戴了面具的必然。"在一个突发性事件面前，有的企业能够起死回生、重上巅峰，有的企业会元气大伤、苟延存活，而另外一些企业可能直接被淘汰出局、挥别市场。压倒骆驼的绝非最后一根稻草之力，而是所有稻草合力之下的必然结果。各种因素经过长时间的累积、叠加共同促发了某一事件，而每个因素都参与其中、无法置身其外。品牌建设是一个系统工程，牵一发而动全身，落一子而满盘活。因此，在遭遇危险与面对机遇的时候，企业的商业判断和应对智慧就成了决定其能否"渡劫"成功的护身法宝。

茅台，一骑绝尘的“飞天”传奇

遥远的酱香，

百年的传承，

谜一般的河谷，源远流长。

酿造醉美时光，

国酒茅台，香飘世界百年。

——“贵州茅台酒”主品牌广告语（2015 年）

1949年，中国白酒年产量仅为10.8万千升。20世纪50—70年代，由于白酒行业消耗粮食较多，其生产和销售受到国家的严格管制。20世纪80年代，随着粮食供应的增加，国家逐渐放开生产管制，白酒企业进入产能集中扩张的发展时期。1984年，国家不再针对白酒生产企业调拨粮食，酒厂以市场价格采收酿酒所用粮食原料①。1996年，中国白酒产量从1980年的215万千升快速增长到801万千升，创历史最高纪录。当然，白酒年产量的暴涨还与统计方法的变换有密切关联：1994年起白酒产量统计方法由原先的“先将商品酒折度为酒精含量55%的产品，再行计算产量”变为“商品酒不再折度，直接计算产量”②，此外，白酒原酒在全国范围内的流通也导致了不同产区或者企业之间重复统计的现象。之后，在亚洲金融危机、政府限制粮食白酒产量增长、公务消费对白酒的限制、消费税政策调整、白酒广告投放设限、取消白酒上市公司所得税返还等一系列环境政策因素的影响之下，中国白酒行业陷入一轮深度调整期。2004年，中国白酒产量骤降到303万千升。1997—2004年白酒产量持续下降，除了受当时行业深度调整的影响之外，还与2001年“在从价税基础上加征从量税”这一消费税政策调整导致大量企业出现避税行为相关。

2005年之后，在消费升级的推动之下，中国白酒行业迎来了新一轮持续高速增长期，中、高端白酒更是快速发展。2006年粮食白酒和薯类白酒的消费税税率分别从原先的25%、15%统一调整为20%，税率的大幅调整对高端白酒的发展起到推波助澜的作用，白酒产量也由此开始了新一轮的增长。在此期间，白酒消费随着固定资产投资的加速而引发了一轮消费高

---

① 胡春霞，张楷浠．以史为鉴，观行业未来趋势——白酒行业深度报告系列之一[R]．北京：国泰君安证券，2012-05-15.

② 杨志琴．中国白酒大反思载[J]．酿酒科技，2003（1）：17-22.

潮，政务、商务中高端消费成为支撑 2005—2012 年中国白酒行业重归增长并极速扩张的主要推动力[①]。2012 年，中国白酒产量达到 1153.16 万千升，再次创历史新高（图 3）。

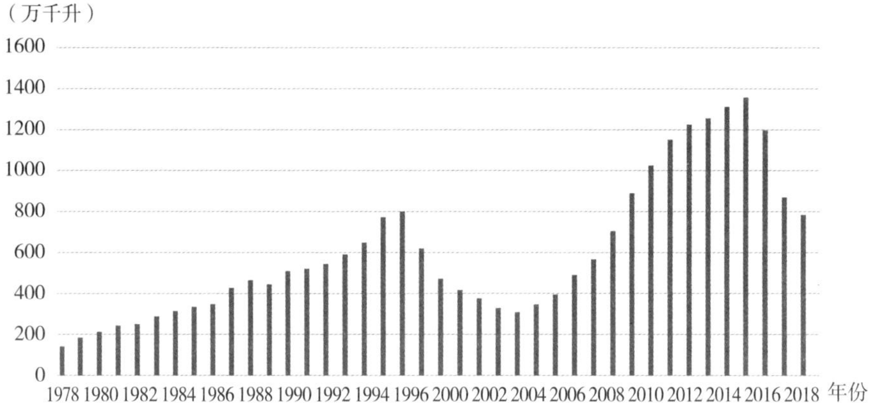

图 3 1978—2019 年中国白酒行业产量

注：长期以来，我国酿酒行业产品统计以“吨”为计量单位。根据国家统计局对酒类产品计量单位的修订规则：从 2004 年 1 月 1 日起，发酵酒精（折 96 度，商品量）、饮料酒、白酒（折 65 度，商品量）、啤酒、葡萄酒的计量单位统一采用国际通用的容积单位：千升。现今，贵州茅台、五粮液、古井贡酒等企业在发布相关数据时仍根据惯例以“吨”为单位。关于不同时期、不同饮料酒种类、不同企业的饮料酒产销量数据，本书统一采用“千升”为计量单位，但未做相应换算，提请读者注意。各个主流酒种在不同计量单位之间的换算标准为：一吨白酒约为 1115 升（折 65 度）、一吨啤酒约为 988 升、一吨黄酒约为 962 升、一吨葡萄酒约为 998 升。

2012 年底，中央出台八项规定和塑化剂事件爆发，直接导致中国中高端酒类产品销售出现断崖式下跌。在经过 2013—2016 年的新一轮深度调整之后，从 2016 年下半年起中国白酒行业重拾升势，一直延续至今。2016 年，全国规模以上白酒企业完成酿酒总产量 1358.36 万千升，实现销售收入、利润总额分别为 6125.74 亿元、797.15 亿元。到 2019 年，白酒企业酿

① 张建锋. 消费中国：白酒激荡七十载 [J]. 财经，2019（22）：222-227.

酒总产量虽然降低至786万千升，利润总额却达到1404亿元。其中，以贵州茅台为代表的企业在高端、超高端市场上的表现尤为抢眼。

1949—2020年，在70余年的滚滚洪流里，中国酒类行业发生了翻天覆地的变化。在各个酒种百花齐放的中国酒类市场上，斗转星移、城头变幻，贵州茅台以特有的逻辑和姿态，为我们演绎了一个一飞冲天、一骑绝尘的品牌奇迹。

城头变幻，酒王易主

1949年之后，为了规范各种酒类产品的名称，原先的高粱酒、白干、老白干、烧酒、烧锅酒、蒸酒等烈性谷物蒸馏酒有了一个统一的行业标准化用语：白酒，其中的“白”特指其透明无色的产品感官特性。1949—1955年，全国各地的酿酒老作坊陆续被整合重建为地方国营酒厂，中国现代白酒企业的雏形相继出现。1952—1989年，在相关政府部门和行业协会的共同推动下，共举办了5届全国评酒会。第一届全国评酒会结束之后，为探寻各地名白酒的成因，政府部门牵头派出专家组先后到各地的名白酒厂实施试点。1956年，泸州老窖大曲与茅台的酿造工艺还被列为《1956—1967科学技术远景规划纲要》中的重点研究课题。随后，“烟台试点”（1955年）、“永川试点”（1958年）、“泸州老窖试点”（1957年、1964—1966年）、“汾酒试点”（1964—1965年）、“茅台试点”（1964—1966年）、“西凤试点”（1964—1965年）和“涿县试点”等具有历史意义的试点实施，为全国白酒生产能力和质量水平的根本提升奠定了坚实的基础①。这也促成了浓香型、酱香型和清香型白酒酿造技术和工艺在全国范围之内的推广普及。

① 李大和. 中国白酒“三大试点”研究回顾[J]. 酿酒科技，2017（6）：17-28.

在计划经济时代，酿酒所用原料由国家统一划拨，成品酒的价格由政府统一制定，产品销售由当时的国营副食糖酒公司实行统购统销。消费者从市场上购买白酒产品，“政府评奖 + 专家组品评”所起到的背书作用是巨大的。1989 年之前，中国市场上的白酒以 50 度以上的高度酒为主要产品形式。根据 1992 年 12 月 5 日国务院下发的《国务院关于停止对企业进行不必要的检查评比和不干预企业内部机构设置的通知》（国发〔1991〕65 号，已于 2016 年宣布作废），其中规定：“各地区、各部门和社会团体对企业的各种评比和评比性检查，包括各种升级、评优及各类专项奖等活动，要立即停止进行”。之后，“全国评酒会”不再举办，这也使得先前获得过“全国名酒”荣誉称号的品牌成为中国白酒行业极其稀缺的资源。因此，不同时期的“中国酒王”从“全国名酒”（全国评酒会金质奖章获得者，如表 9 所示）名单中诞生也就不足为奇，而要成为“酒王”主要依靠的是持续有效地扩张产能、分销渠道网络建设和品牌营销管理驱动、销售业绩提升等路径。当然，在此期间还有过一个小插曲。2007 年，在商务部牵头下的第六届“中国名酒”评定初选名单曾作出公示，36 个白酒品牌、20 个啤酒品牌和 11 个葡萄酒品牌进入榜单，旋即河南宝丰、湖北黄鹤楼和贵州董酒向法院请求确认商务部该行政行为是否违法，后该评选活动被叫停。

表 9　历届“全国评酒会”上获得“全国名酒”称号的白酒品牌

	举办时间	获奖产品 / 金质奖章获得者
第一届 全国评酒会 （北京）	1952 年	汾酒（65 度）、茅台酒（55 度）、西凤酒（65 度）、泸州大曲酒（65 度）。俗称“中国四大名酒”
第二届 全国评酒会 （北京）	1963 年	五粮液（60 度）、古井贡酒（65 度）、泸州老窖特曲（60 度）、全兴大曲酒（59 度）、茅台酒（55 度）、西凤酒（65 度）、汾酒（65 度）、董酒（60 度）。俗称“中国老八大名酒”

续表

	举办时间	获奖产品 / 金质奖章获得者
第三届 全国评酒会 （大连）	1979 年	茅台酒（55 度）、汾酒（60 度）、五粮液（60 度）、剑南春（50 度、52 度、60 度）、古井贡酒（53 度）、洋河大曲（55 度、62 度、64 度）、董酒（60 度）、泸州老窖特曲（60 度）。俗称“新八大名酒”
第四届 全国评酒会 （太原）	1984 年	茅台酒（55 度、53 度）、汾酒（64.5 度、65.5 度）、五粮液（61 度、59 度）、洋河大曲（55 度、53 度）、剑南春（59 度、61 度）、古井贡酒（59 度、61 度）、董酒（58 度、60 度）、西凤酒（64.5 度、65.1 度）、泸州老窖特曲（59 度、61 度）、全兴大曲酒（57 度、59 度）、双沟大曲（52 度、55 度）、特制黄鹤楼酒（61 度、63 度）、郎酒（55 度、53 度）。俗称“十三大名酒”
第五届 全国评酒会 （合肥）	1989 年	茅台酒（53 度）、汾酒（65 度、53 度、38 度）、五粮液（60 度、52 度、39 度）、洋河大曲（55 度、48 度、38 度）、剑南春（60 度、52 度、38 度）、古井贡酒（60 度、52 度、38 度）、董酒（58 度、38 度）、西凤酒（65 度、55 度、39 度）、泸州老窖特曲（60 度、52 度、38 度）、全兴大曲酒（60 度、52 度、38 度）、双沟大曲（53 度、46 度、39 度）、特制黄鹤楼酒（62 度、54 度、39 度）、郎酒（53 度、39 度）、武陵酒（53 度、48 度）、宝丰酒（63 度、54 度）、宋河粮液（54 度、38 度）、沱牌曲酒（54 度、38 度）。俗称“十七大名酒”

第一代“中国酒王”：汾酒

在酿酒粮食较为紧缺的年代，汾酒由于名酒出酒率高、产量大、成本低、品质好而备受政策支持和消费者欢迎。1979 年，汾酒产量为 3200 千升。在 1984 年酿酒用粮放开管制、产品税率降低的大背景下，汾酒在 1985 年以 8000 千升的年产量成为全国最大的名优白酒生产企业，能够占到当时全国 13 种名白酒产量的 50%。1986 年，汾酒厂的产量突破 1 万千升，1991 年的时候达到 2.5 万千升。1987 年的时候，山西汾酒厂实现利税 8831 万元，而彼时的贵州茅台酒厂和宜宾五粮液酒厂的利税分别为 1391

万元、2209万元。1990年汾酒厂的利税更是达到了2.1亿元。1988—1993年，汾酒的主要经济效益指标连续6年稳居中国白酒行业之首，也由此被业界称为“汾老大”。在汾酒的带领下，清香型白酒曾经占到全国白酒年产量的70%。1988年国家放开名烟名酒价格之后，汾酒、泸州老窖、古井贡等品牌采取了先涨价后降价的策略，希望既要做“名酒”更要做“民酒”，也由此错失了品牌向高端转化的阶段性良机。在这一时期，汾酒得益于产能扩张，却失意于产品提价，由此品牌张力受到了极大的限制。1994年，酒王接力棒传到了五粮液手中。而1998年汾酒无辜遭受“山西朔州假酒案”的殃及，更是减缓了汾酒公司追赶竞争对手的步伐。汾酒在1993年营业收入达到6亿元之后进入了下行轨道，一直到2003年才恢复到6亿元的水平之上。但此时的市场竞争格局早已不同往日。汾酒称王的年代，也是清香型白酒的市场消费鼎盛时期。现今，汾酒作为中国清香型白酒的绝对领导者，仍然是中国酒类行业的常青树。

第二代“中国酒王”：五粮液

进入20世纪80年代之后，五粮液酒厂加快了产能扩张的速度和规模。继1986年产量突破1万千升之后，1994年五粮液酒厂的产能达到了9万千升，销售收入也获得了大幅增长。同时，为了缓解数次产能扩建而导致的较大的中低端基酒产能过剩压力，五粮液公司首开中国白酒行业OEM买断经营品牌模式，释放过剩产能的同时也为公司带来了新的销售收入来源，并由此释放出了众多品牌运营商区域市场开拓和分销渠道建设的市场红利。此外，再加上尖庄、火爆等中低端产品多年持续放量增长，五粮液公司的销售呈现爆发式的增长。1994年五粮液销售收入跃居白酒行业首位。经过1989—1998年持续几轮行之有效的产品提价，五粮液主品牌的终端零售价格先后超过泸州老窖、汾酒和茅台等主流竞争对手，成功转向中高端市场。1999年，五粮液与葡萄酒、黄酒一起被摆上建国50周年的国庆宴席，这是继 1988 年国家礼宾制度改革禁止在国宴上使用烈性酒之后，白酒再一次登上国宴餐桌。由此，五粮液还启动过“国酒五粮液”的品牌宣传系列活动。2003 年，在白酒税制改革之后，五粮液坚定地顺势提价，稳固了当时高端白酒的王者地位。“产能 + 提价 + 渠道”是五粮液公司能够称王的关键词。2009 年，五粮液还成为中国白酒上市公司中第一家营业收入突破 100 亿元的企业。五粮液崛起之后，从泸州老窖的手中接过浓香型白酒的大旗，又进一步推动了整个浓香型板块在中国市场的持续增长，该香型的白酒至今仍占据着中国白酒年产量约 70% 的份额。

第三代“中国酒王”：茅台

与汾酒和五粮液等企业相比，茅台受到酿酒原料种植面积、基酒生产周期较长、出酒率较低、特定地理酿造微生物环境等因素的限制，导致产能无法在短期之内快速扩张，再加上特殊消费渠道和特定消费人群所带来的“国酒茅台”光环加持，以至于其市场扩张之路的理念形成和开发力度要缓慢许多。例如，茅台陈年酒就长期以“茅台特需酒”的形式专供外交部、人民大会堂和钓鱼台国宾馆等部门，作为特殊用酒用于对外接待[①]。从这个角度来看，茅台的封王之路走得显然要漫长一些。1991 年，贵州茅台酒厂产量不足 2000 千升，销售收入为 1.64 亿元[②]，在行业内并不算突出。1998 年，由于亚洲金融危机引发的行业和市场环境变化，之前在党政军企等公务团购市场做得顺风顺水的茅台公司不得不转向市场化运营，开始启动“专卖店 + 经销商”的渠道开发模式，之后又陆续开发出中低度茅台酒（43 度、38 度和 33 度，现已收缩为 43 度产品）、茅台王子酒和茅台迎宾酒等系列酒。一贯低调行事的贵州茅台，在市场化理念的指引下以迅雷之

① 季克良．国酒茅台特殊工艺的极致体现——告诉您一个真实的“陈年茅台酒”[J]．国际人才交流，2005（12）：48-51.

② 郑伯侠主编．贵州茅台酒厂 [Z]．中国轻工业年鉴，1992 年．

势开启了攀越巅峰之旅。2002—2012年，品牌高端化、产品涨价潮几乎已经成了整个白酒行业的代名词，而持续密集的产能扩张也成为贵州茅台公司在这一时期的主旋律之一，“贵州茅台酒”的年产量从1998年的5000千升扩张到2004年的1万千升，如表10所示。与五粮液公司高中低端齐头并举的产能扩张路径不同，贵州茅台公司着重关注的是高端酒产能提升。2005年，贵州茅台的净利润首次超过五粮液。2007、2008年，53度飞天茅台的市场零售价格和出厂价格先后超过52度水晶瓶装五粮液。继2008年贵州茅台的营业收入首次超越五粮液之后，2013年其营业收入再次超越五粮液，之后更是走上了一骑绝尘的狂飙之路，至今稳稳占据着中国酒类行业的绝对龙头位置（表11）。此外，茅台称王之后，还带来了业内外资本对于酱香型白酒板块的投资、并购和扩产热潮。2018年，贵州省白酒企业的产量全国占比为3.5%，而实现的利润总额全国占比却高达43%。

表10 1950—2019年“贵州茅台酒”基酒产量

单位：千升

年度	产量	年度	产量	年度	产量	年度	产量	年度	产量
1950	20	1964	222	1978	1068	1992	2089	2006	13839
1951	20	1965	247	1979	1143	1993	2281	2007	16865
1952	75	1966	312	1980	1152	1994	3390	2008	20431
1953	72	1967	321	1981	1052	1995	3979	2009	23004
1954	163	1968	338	1982	1181	1996	4365	2010	26284
1955	209	1969	355	1983	1189	1997	4468	2011	30026
1956	274	1970	232	1984	1320	1998	5072	2012	33600
1957	283	1971	375	1985	1266	1999	5074	2013	38452
1958	627	1972	550	1986	1267	2000	5397	2014	38745
1959	820	1973	606	1987	1331	2001	7317	2015	38700
1960	912	1974	665	1988	1300	2002	8640	2016	39313
1961	347	1975	700	1989	1729	2003	9257	2017	42829
1962	363	1976	746	1990	1880	2004	11522	2018	49672
1963	325	1977	758	1991	1959	2005	12540	2019	49922

资料来源：根据微博公众号“茅粉事务所”（maofen009）2019年10月4日信息整理。

表 11　1998—2019 年贵州茅台与五粮液经营业绩

单位：亿元

年份	贵州茅台		五粮液		年份	贵州茅台		五粮液	
	营收	净利润	营收	净利润		营收	净利润	营收	净利润
1998	6.28	1.47	28.14	5.60	2009	96.70	43.12	111.29	32.45
1999	8.91	2.16	33.09	6.49	2010	114.33	50.51	155.41	43.95
2000	11.14	2.51	39.54	7.68	2011	184.02	87.63	203.51	61.57
2001	16.18	3.28	47.42	8.11	2012	264.55	133.08	272.01	99.35
2002	18.35	3.77	57.05	6.13	2013	309.22	151.37	247.19	79.73
2003	24.01	5.87	63.33	7.03	2014	315.74	153.50	210.11	58.35
2004	30.10	8.21	62.98	8.28	2015	326.60	155.03	216.59	61.76
2005	39.31	11.85	64.19	7.91	2016	388.62	167.18	245.44	67.85
2006	49.03	15.45	73.86	11.70	2017	582.18	270.79	301.88	96.74
2007	72.37	28.31	73.29	14.73	2018	736.39	352.04	400.30	133.84
2008	82.42	37.99	79.33	18.30	2019	854.30	412.06	501.18	174.02

资料来源：五粮液、贵州茅台招股说明书及历年年报。

根据《茅台集团“十四五”发展规划（2021—2025 年）》，茅台酒和系列酒的年产量均要达到 5.6 万千升，习酒年产量要达到 5 万千升。而 2019 年，茅台酒主品牌的年基酒生产量基本已经达到了现有产能的极限水平 5 万千升。贵州茅台公司的业绩如要在较长时间之内获得持续增长，除了在现有基础之上释放未来仅有的 6600 千升茅台酒扩建产能红利之外，系列酒品牌将进一步加码，从而继续扛起持续增长的大旗。贵州茅台公司年产量如表 12、图 4 所示。

表 12　2016—2019 年贵州茅台生产量

单位：万千升

	总产量	茅台酒	系列酒
2016 年	5.99	3.93	2.06
2017 年	6.38	4.28	2.10
2018 年	7.02	4.97	2.05
2019 年	7.50	4.99	2.51

资料来源：贵州茅台 2016—2019 年年报。

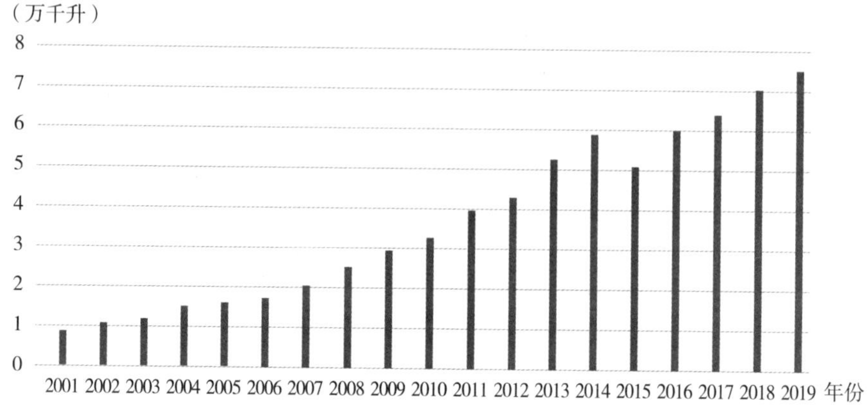

图 4　2001—2019 年贵州茅台酒股份有限公司生产量

资料来源：贵州茅台 2001—2019 年年报。

第四代“中国酒王”，花落谁家

清香型、浓香型和酱香型白酒龙头轮流坐庄，摘得了不同时代的“中国酒王”桂冠，也引领了三大白酒香型在市场上的消费风潮。下一个中国酒王究竟是谁？将是所有人都在期待的未知数。但有一点可以确定的是，从汾酒、五粮液和茅台的封王路径来看，产能扩张、价格控制、渠道建设和品牌营销是酒王进阶之路上所有企业的必选项。根据《外商投资产业指导目录（2015 本）》显示，原先的名优白酒、黄酒生产由中方控股的限制性条款已经取消。另外，根据从 2020 年 1 月 1 日起施行的《产业结构调整指导目录（2019 年本）》，自 2005 年起，一直被列入限制类目录的“白酒生产线”被删除，这一方面顺应了白酒酒庄酒、工坊精酿啤酒和黄酒的行业发展趋势，另一方面还释放出一直被严格管制的白酒生产许可证数量有望放开的积极讯号。在允许行业现有产能进行大规模扩张和生产领域彻底对外资放开的政策大背景之下，未来中国白酒行业可能会出现以下三种发展趋势：（1）国内外资本对白酒品牌的大规模整合收购而形成新的白酒巨头；（2）中国白酒品牌通过在国际市场展开大规模收购行为来实现其全球品牌运营商角色的转变；（3）白酒生产许可牌照的放开催生出新一轮的产能扩张，进而再次导致整个行业出现产能过剩，最终可能引发行业的再次深度调整。届时，谁又能够在中国白酒行业的下一轮竞争洗牌中夺魁称霸？对于这个问题，我们交给时间来回答。

“中国酒王”VS 行业定价权

无论哪家企业成为未来的“中国酒王”，除了在营业收入层面要问鼎行业宝座之外，其净利润、销售量、市场占有率等指标也要在各自的细分市场上“可圈可点”。除此之外，未来的“中国酒王”还要具备一个非常显著的能力，那就是要像现今的贵州茅台公司一样牢牢把控着整个行业的定价权。而只有为市场提供不可替代的产品 / 服务体验或者品牌精神文化认同，才能够将行业的定价权牢牢地掌控在自己手中。“中国酒王”的数次易主实际上也是定价权在龙头企业之间转移交接的过程。例如，2013 年行业调整期间，五粮液公司逆势提价不成导致渠道价格倒挂，最终年度业绩表现不佳而将“中国酒王”的桂冠拱手让予贵州茅台公司。53 度贵州茅台酒与 52 度水晶瓶五粮液的历年出厂价变化如表 13 所示。

表 13　2000—2019 年“53 度飞天茅台酒”和“52 度经典五粮液”出厂价格

单位：元 / 瓶

年度	茅台	五粮液	年度	茅台	五粮液
2000	185	249	2010	563	509
2001	218	249	2011	619	659
2002	218	249	2012	819	659
2003	268	330	2013	819	729
2004	268	330	2014	819	609
2005	268	343	2015	819	659
2006	308	368	2016	819	739
2007	358	418	2017	819	739
2008	439	438	2018	969	789
2009	499	469	2019	969	889

注：以当年 12 月 31 日的出厂价格为准。

2000年之后，53度飞天茅台酒进入了一轮持续提价和产能扩张的周期，同时伴随的是贵州茅台公司分销渠道体系的建设和完善：（1）1998年之前，“坐商”模式。在此阶段，贵州茅台公司由于长时间以来形成的政务商务特供团购渠道属性，再加上茅台酒产量一直处于供不应求的状态，基本上沿着“批条+生产”的模式运营，市场化程度严重不足。（2）1998—2004年，初启“专卖店+经销商”渠道模式。始于1997年的亚洲金融危机让贵州茅台公司原先的销售模式陷入困境，公司首次建立起自己的销售队伍，并先后启动以“专卖店+经销商”和“专卖店+区域总经销+特约经销商”为模式的分销渠道建设工作。（3）2005—2012年，加码“团购+直营”渠道，直分销体系雏形阶段。2005年，在行业高端化趋势愈发明确的背景下，贵州茅台公司提出在保持现有“专卖店+经销商”分销渠道模式不变的基础上，针对军区、政务和大型企业集团大力开展团购定制业务。此外，贵州茅台旗下的贵州茅台销售有限公司还于2012年开始在全国设立自营公司，至此茅台直营渠道模式正式确立。也是在这个过程中，53度飞天茅台酒在2012年的市场零售价曾创出了2500元/瓶的历史记录。（4）2013—2017年，复合渠道模式成型阶段。2012年中央出台八项规定明令禁止公款消费高档酒以及白酒塑化剂风波，直接导致了中国白酒行业的深度调整，包括茅台在内的高端酒市场零售价格应声回落而且幅度很大，茅台进入“限量保价”阶段，要求53度飞天茅台的零售价不低于1519元/瓶。而2013年贵州茅台公司为了维护产品价格体系，对违反其最低限价令的3家经销商做出处罚，由此还遭到政府部门的反垄断调查，最终被处以2.47亿元的罚金。2013年和2014年，贵州茅台先后两次通过降低经销商门槛的方式来扩张分销网络，以缓解经营压力。2015年中国白酒销量开始缓慢复苏，2016年下半年价格重拾升势，茅台公司先后经历了“控量挺价、稳步控价”两个阶段，其间启动茅台云商App并与线下的专卖店、直营店、特约经销商和总经销商形成O2O闭环模式。此外，2016—2017年公司建立起系统化的经销商量化考核指标，并据此对部分经销商做出处罚或追究违约责任。（5）2018 年至今，渠道深度整合阶段。从 2017 年开始，53 度飞天茅台酒的批发价和终端零售价再次开启疯狂上涨模式，2019 年中秋节期间，部分地区的零售价格已经突破了 3000 元 / 瓶，而公司从 2018 年开始提高飞天茅台出厂价，并为该产品设定的零售指导价由原先的 1299 元 / 瓶上涨到 1499 元 / 瓶，为了抑制市场价格疯涨，茅台由此进入“提价放量、强力控价”阶段。另一方面，一直以来经销商渠道所产生的收入占比过高和渠道商所获利润丰厚，并由此出现了与经销权获批紧密相关的严重贪腐现象。在市场控价面临巨大压力和渠道经销权贪腐行为有待严厉整治的双重作用之下，贵州茅台公司进入了深度整合分销渠道的新阶段。

茅台公司显然已经深刻意识到了情势的严峻性。2018 年，公司首次大规模裁减经销商数量，取消了通过违法违规手段获得经销权或者暗中抬升茅台酒价格的 437 家茅台酒经销商资格，使得国内各类经销商数量降至 2987 家。公司还决定，酱香系列酒的经销商规模还会增加和调整，而茅台酒将不再新增专卖店、特约经销商、总经销商。2019 年，贵州茅台公司的国内经销商数量进一步减少到 2377 家，其中茅台酒和酱香酒系列酒经销商分别减少了 137 家、503 家。截至 2020 年 3 月底，国内经销商的数量再次减少到 2061 家，营销网络优化力度空前。与此同时，公司开始通过控制不同渠道的产品投放量和增加新的直营渠道，来抑制 53 度飞天茅台酒价格的非理性疯涨。2019 年，公司制定了新的直营渠道方案并在该渠道加大产品投放量，招标 8 家全国性或者区域性商超卖场和电商平台作为合作伙伴，包括：（1）华润万家、物美科技和康成投资为首批中标的全国性商超直营商；（2）贵州华联综合超市、贵阳星力百货和贵州合力购物为首批中标的贵州本地商超直营商；（3）天猫和苏宁易购为首批中标的全国性综合电商直营平台。此外，还和好市多（COSTCO）上海店联合开展销售，以直接向终端投放的方式有效遏制产品价格的非理性上涨。2020 年春节前夕，贵州茅台进一步与覆盖全国14个省市的19家区域性卖场展开终端渠道直供合作业务，公司于2020年6月再次与16家区域KA卖场、4家酒类垂直电商平台和2家烟酒连锁零售商签订直销协议。也是在这个过程中，贵州茅台公司形成了比较完善的直营渠道体系：团购客户、自营店、大型全国性或区域性商超、第三方电商平台、茅台自营电商、重点城市机场和高铁站的专卖店 / 专卖柜。2019年贵州茅台直销业务实现的营收从上年的43.76亿元增长到72.49亿元，占比8.49%。未来，为了维护市场价格的稳定，茅台在直营渠道的产品投放量很有可能会持续增加①。

除此之外，现今茅台酒作为高端、超高端产品，除了具有消费品和奢侈品属性之外，还深具金融属性，即购买茅台酒还能够为消费者提供资产保值升值的财务价值。只不过在热钱不断涌入和推动下的茅台酒，投资收藏火热的现象是否可以持续仍是未知数，它也可能像一颗定时炸弹一样随时引爆。因此，茅台酒的稳价、控价策略如何有效落地就成为防止价格泡沫瞬间爆裂而引发行业踩踏现象的关键所在。毕竟，保价和限价都是为了防止价格崩盘。而且，2019年茅台公司控制并限制产品价格急速上涨的各种组合拳行为，已经成了中国酒类行业前所未有的一种独特现象。另一方面，高端、超高端白酒的稀缺性导致这部分产品面向的消费群体规模相对较小，饮料酒产品本身的消费属性（即除了极少数具备独特收藏价值的稀缺产品，绝大多数酒被“开瓶”只是一个时间变数，需要在适饮期被喝掉）又在一定程度上削弱了其投资收藏的保值增值性。因此，高端、超高端白酒市场容量扩张和产品价格上涨的可持续性是否成立，很有可能是导致中国白酒行业再次经历深度调整的导火索之一。以53度飞天茅台酒为代表的高端酒的价格变动作为中国白酒市场下一步会如何发展演进的风向标之

① 黄婧．贵州茅台（600519）：业绩增速处于合理区间，营销体系逐步理顺[R]．国开证券，2019-10-18.

一，其动向走势也受到行业和市场的极大关注。

品牌瘦身，厉兵前行

也许是受到五粮液从1994年开始开发系列酒品牌引发业绩持续大增的触动，在当时行业大调整的背景下，贵州茅台集团从1999年开始也加入了开发或者重启系列酒品牌的洪流。背靠强大企业品牌光环，集团旗下的各个子公司纷纷开发系列酒，到2017年共开发了214个品牌，涉及2389个产品。以1998年贵州茅台集团收购贵州习酒公司为开端，贵州茅台股份公司还陆续推出了包括王子酒和迎宾酒等在内的酱香系列酒品牌。贵州茅台集团对于系列酒的开发，在促动业绩增长的同时，也带来了较为严重的“滥开发”现象，因而稀释了茅台的品牌资产。茅台集团采取了及时收手、猛踩刹车的态度，并走上了清理系列酒子品牌的道路。

2017年9月，贵州茅台集团发布全新的《品牌管理办法》，在系列酒品牌开发、产品外包装装潢设计、广告宣传用语等方面做出了更为严格的规定（表14）。经此一役，贵州茅台集团的系列酒品牌“瘦身”到了59个品牌406款产品[①]，至2018年4月共削减163各品牌和2068个产品。2019年，茅台集团进一步发布《茅台集团关于全面停止定制、贴牌和未经审批产品业务的通知》，其中规定：“从2019年2月18日起，中国贵州茅台酒厂（集团）有限责任公司旗下各品牌子公司要全面停止包括茅台酒在内的各子公司定制、贴牌和未经审批产品所涉业务，在未经集团允许的情况下，就地封存，不再生产和销售。”清理集团旗下子公司所开发的系列酒子品牌的总体目标为：2019年之内各个子公司仅保留5个品牌和50个条码，习酒公司、技术开发公司、保健酒业公司、健康产业公司、葡萄酒公司、

① 牛绮思. 茅台“瘦身”砍掉155个品牌[J]. 中国经济周刊，2017（39）：13.

生态农业公司和酱香酒公司7家酒业子公司将陆续停用集团标识和集团名称。同时，茅台定制酒公司全面暂停业务。此外，鉴于设立于2013年的贵州茅台酒厂（集团）白金酒有限责任公司在广告宣传等方面的违规操作严重损害了茅台品牌的声誉，不再授权其使用集团的知识产权。短时间之内的轮番重拳出击，显示出了贵州茅台集团治理品牌授权乱象的坚定决心。然而，以2018年贵州茅台集团全年14.7万千升的白酒产量来计算，如果去除股份公司7.02万千升和习酒公司3.88万千升（2.88万千升酱香型白酒和1万千升浓香型白酒）的产量，集团旗下其他子公司的系列酒品牌年产量依然高达3.8万千升。

表14　贵州茅台集团系列酒品牌削减目标

项目	主要内容
系列酒品牌销售任务	每个品牌年任务销售量不得低于500千升或者销售收入不得低于1000万
开发品牌保证金制度	每个品牌缴纳保证金100万，涉及多家分销商的，每家分销商缴纳30万
系列酒品牌开发数量	每家子公司保留的品牌数不超过10个，每个品牌的条码数不超过10个。七大子公司合计被保留品牌数为60个，其中酱香酒公司11个、习酒公司10个、技开公司10个、保健酒公司10个、白金酒公司6个、生态农业公司7个、循环经济产投公司6个
定制类产品开发标准	个性化定制要求为普通、特需贵州茅台酒1千升以上起订；酱香系列酒个性化定制要求为10千升以上起订；除股份公司以外其他酒类子公司产品定制规则为上一年度或者本年度年销售额达到5000万的品牌，才能开展定制业务
系列酒品牌年度考核	完成年度任务且无重大品牌违规行为的为合格级；完成年度任务60%以上且无重大品牌违规行为的为培育级，完成年度任务60%以下或发生重大违规行为，或发生违规行为未按要求整改的，为不合格级

资料来源：根据2017年贵州茅台集团《品牌管理办法》整理。

在这个过程中，贵州茅台股份公司也在重新梳理各个子品牌之间的关系，并推出全新的品牌组合，形成了超高、高端和中端市场全线覆盖的品牌布局。为了应对 2013 年开始的行业调整，贵州茅台公司开始向市场开放经销权，同时为了保证经销商的利润，还于 2014 年分别推出“茅台生肖酒”“茅台定制酒”等非标茅台酒开发业务。非标茅台酒通过生肖、酒瓶颜色、酒体容量等元素变化，以及区域市场定制专销、特殊事件纪念或者特定客户定制等方式与普通飞天茅台酒加以区分。由于非标茅台酒的出厂价和零售价均高于 53 度飞天茅台酒，且受到投资、收藏、品鉴市场的深度欢迎和认可，也能够为贵州茅台公司和经销商带来更为丰厚的利润。现今，非标茅台酒已成为“贵州茅台酒”主品牌旗下除 53 度飞天 / 五星茅台酒之外的重要力量，也是贵州茅台公司面向高端、超高端、奢侈品市场的代表性产品，能够占到总营收的 30%~40%。现今，茅台、五粮液、郎酒、泸州老窖和汾酒等知名酒类品牌围绕已经在市场畅销多年的大单品纷纷推出系列非标品，此种既能帮助畅销大单品稳固价格体系又能提高营收和利润的做法已经成了一种较为普遍的行业现象。

与此同时，2014 年“贵州茅台酱香酒营销有限公司”成立，专门负责除“贵州茅台酒”之外的所有酱香系列酒品牌的整合运营（表 15）。之后，茅台酒主品牌和酱香系列酒品牌进入了快速扩张的“双轮驱动”时代，其中系列酒的表现尤为突出，如表 16 所示。2018 年，茅台王子酒系列产品的销售收入达到 38 亿元，成为茅台公司除茅台酒主品牌之外的第一大单品[①]。2019 年，茅台公司的酱香系列酒销售收入达到 95.42 亿元，其中茅台王子酒实现销售收入 37.80 亿元，赖茅酒将近 20 亿元，汉酱和贵州大曲的销售收入均突破了 10 亿元，而王茅酒的销售收入也达到了 3.6 亿元。酱香系列酒品牌已经成长为贵州茅台股份公司的新生力量。根据新浪财经上市公司研究院的测算，2019 年，普通飞天 / 五星茅台酒、非标茅台酒和酱香系列酒总营收占比分别为 45%、40% 和 11%。

① 钟雯，李铁. 茅台王子酒 20 周年纪念酒上市 [J]. 中国酒，2019（8）：72-73.

表 15　贵州茅台酒股份有限公司旗下的非标茅台酒和酱香系列酒品牌

"贵州茅台酒"主品牌的系列非标品		
推出时间	非标茅台酒	产品形式
1986 年	珍品茅台酒	以 1986 年推出"珍品茅台酒 · 1704 年"为标志，之后陆续推出"陈年""方印""曲印""大曲印""木珍"和"纸珍"等珍品茅台酒
1997 年	茅台年份酒	1997 年推出 30 年、50 年"茅台年份酒"；1998 年推出 80 年"茅台年份酒"；1999 年推出 15 年"茅台年份酒"。之后，"茅台年份酒"成为贵州茅台酒面向超高端市场的典型非标品之一
1997 年	茅台纪念酒	1997—2020 年，围绕香港回归、澳门回归、神舟五号发射、国庆 50 周年、北京申奥、中国足球圆梦世界杯、中国入世贸、北京奥运、改革开放三十年、中国海军首艘航空母舰、辛亥革命 100 周年、孔子诞辰 2561 周年、新中国成立 60 周年、建军 80 周年、茅粉节、"一带一路"等重大国家大事，陆续推出了一系列的纪念酒
2014 年	茅台生肖酒	2014—2020 年、推出马、羊、猴、鸡、狗、猪和鼠六款"茅台生肖酒"，每款生肖酒均有主题语并由知名艺术大师作画。这六款生肖酒的市场年投放量分别为 300 吨、500 吨、800 吨、800 吨、1500 吨、1500 吨。茅台生肖酒通过传统渠道和电商渠道公开发售
"贵州茅台酒"主品牌的系列非标品		
推出时间	非标茅台酒	产品形式
2014 年	茅台定制酒	2014—2018 年，国酒茅台定制营销（贵州）有限公司针对个人、企业、名人和区域定制推出非市场流通的"茅台定制酒"——以 3 斤装、6 斤装、8 斤装、10 斤装和 100 斤装为主，瓶身颜色也由白色变为蓝、金、黑和红等颜色，该业务已于 2019 年 2 月暂停。此外，总代理商开发、包销的"定制茅台酒"由贵州茅台酒销售有限公司负责销售管理，可以在市场公开流通。目前，该非标茅台酒的市场年投放量在 1000 吨左右
2018 年	精品茅台酒	推出"精品茅台酒"，此款产品为之前的"国宴专用茅台酒"。2003 年，公司为国宴场景消费开发"贵州茅台酒（国宴专用）"，2017 年该专用酒名称一度曾改为"匠心茅台酒"，2018 年改为"贵州茅台酒（精品）"。目前，该非标茅台酒的市场年投放量在 1000 吨左右。精品茅台酒主要以经销商的团购渠道进行销售

续表

"贵州茅台酒"主品牌的系列非标品		
推出时间	非标茅台酒	产品形式
2018 年	喜宴茅台酒	1975 年，出口装的飞天茅台酒正式标注 53%VOL，并确定成为标准酒精浓度。1988 年，内销装的五星茅台酒将酒精浓度统一确定为 53 度。1986 年，首款低度茅台酒"39 度茅台酒"试制成功。1991—1997 年，43 度、38 度和 33 度茅台酒先后试制成功。经过市场检验和公司选择，公司最终确立以 53 度、43 度茅台酒为主打的产品组合。2018 年，公司推出适合各种喜庆宴请场景的两款产品：43 度"喜宴茅台酒"中国红和优雅白，零售价分别为 999 元 / 瓶和 989 元 / 瓶
"一曲三茅四酱"酱香系列酒品牌		
上市时间	系列酒品牌	品牌口号
1999 年	茅台王子酒	"茅台王子酒，王子尊天下""厚德品质，尊天下"
2000 年	茅台迎宾酒	"茅台迎宾酒，迎宾迎天下""酱人匠心，赢天下"
2007 年	仁酒	"仁酒，人长久""仁者，天地之心""和谐茅台，以仁为本"
2011 年	汉酱	"千载经典，盛世汉酱""品味千年历史，畅饮壮志豪情"
2015 年	贵州大曲	"心有珍贵，时时回味；贵在有你，贵州大曲"
2015 年	赖茅	"岁月凝聚的味道，茅台酱香·赖茅酒"
2018 年	华茅	"饮酒思源，传承至善""华茅，从源头品味经典"
2018 年	王茅	"百年荣光，敬新生；人生正好，喝王茅"

表 16　2015—2019 年茅台酒和系列酒业绩表现

	茅台酒			系列酒		
	营业收入（亿元）	销售量（千升）	毛利率（%）	营业收入（亿元）	销售量（千升）	毛利率（%）
2015 年	315	19691	93.62	11	7826	52.89
2016 年	367	22918	93.50	21	14027	53.55
2017 年	523	30206	92.82	58	29903	62.75
2018 年	654	32464	93.74	81	29774	71.05
2019 年	758	34562	93.78	95	30083 升	72.20

资料来源：根据贵州茅台酒股份有限公司 2015—2019 **年年报及相关公开资料整理。**

值得注意的是，包括贵州茅台在内的很多酒类品牌，都曾为特定党政机关、部队、大型企业和社会团体等推出过"特供""专供""特制""特需”和“专用”等产品。例如茅台酒就曾有“人民大会堂特供陈酿”“全国人大会议中心招待专供”和“全国政协宴会特供”等产品形式，俗称“酱瓶特供茅台酒”。2012 年之后，随着八项规定、六项禁令、军队禁酒令等政策的陆续推出和严厉执行，以及国家工商管理总局等部门连续几轮全面清理整治含有“国宴”“专供”和“特供”等字样的产品，从 2017 年起，各种针对中央和国家机关各部门及所属行政事业单位、大型国有企业等的“特供酒”“专供酒”基本从市场上绝迹，而市面上留存的这类产品也转而与其他非标茅台酒一道成为收藏拍卖市场炙手可热的投资品。

股坛封王，傲视全球

自 2001 年在资本市场上市以来，贵州茅台酒股份有限公司无论在可持续赢利能力和大额现金分红方面，还是在股票价格方面，都是“神”一般的存在。2001—2019 年，贵州茅台累计实现净利润 2089.97 亿元，累计现金分红 965.46 亿元，远远超过其上市募集资金 22.44 亿元，被资本市场誉为最慷慨的“现金分红王”之一。2017 年 4 月 10 日，根据彭博新闻社（Bloomberg News）发布的消息，以 4 月 7 日的收盘价 392.87 元 / 股计算，贵州茅台的市值（4935.22 亿元人民币）首次超越全球第一大酒业集团帝亚吉欧（Diageo，旗下主要品牌如表 17 所示）在伦敦交易所的市值（574.6 亿英镑，约合 4914.38 亿元人民币），成为“世界酒王”。2018 年 1 月 10 日，贵州茅台以 785.71 元 / 股的价格收盘，市值超越一直稳居全球奢侈品市值霸主位置的路威酩轩集团（LVMH）。2018 年 1 月 15 日，贵州茅台的股价在盘中触及 799.06 元 / 股，创历史新高，总市值首次突破 1 万亿元。2019 年之后，贵州茅台在资本市场更是平步青云、渐入佳境。2019 年 6 月 27 日，贵州茅台股价盘中触及 1001.00 元 / 股，股价首次站上 1000 元。2020 年 4 月 16 日，贵州茅台的市值超越可口可乐，登上全球食品饮料市值榜首。继 2020 年 7 月 6 日公司市值首次突破 2 万亿元之后，贵州茅台在 7 月 13 日又以 1787.00 元 / 股的盘中价格再创新高。现今，贵州茅台的市值稳居全球烈酒品牌之首，完成了股坛封神的传奇之旅。

表 17　帝亚吉欧（Diageo）旗下的品牌组合

饮料酒种类	品牌名称
威士忌系列	尊尼获加（Johnnie Walker）、珍宝（J&B）和温莎（Windsor）等品牌
伏特加系列	斯米诺（Smirnoff）、诗珞珂（Cîroc）、坎特一号（Ketel One）等品牌
其他酒系列	百利（Baileys）、添加利（Tanqueray）、摩根船长（Captain Morgan）、健力士（Guinness）和水井坊等品牌

2018—2019 年，“贵州茅台酒”主品牌（53 度飞天茅台酒、53 度五星茅台酒、年份茅台酒和茅台纪念酒等非标品）分别实现销售收入 654.87 亿元、758.02 亿元，依然是在全球酒业创造出最高销售收入纪录的“超级大单品”。以贵州茅台 2019 年的业绩计算，公司平均每天实现营业收入 2.34 亿元，日均盈利高达 1.13 亿元，其盈利能力令所有竞争对手眼红心热，难以望其项背。

根据帝亚吉欧公司 2019 财年年报（2018 年 7 月至 2019 年 6 月）数据显示，公司实现营业收入为 128.67 亿英镑（约合 1130 亿元人民币）、净利润为 31.60 亿英镑（约合 268.6 亿元人民币）。与之相比较，贵州茅台的业绩也毫不示弱，尤其在净利润方面更是表现出色。此外，法国保乐力加集团（Pernod Ricard）2019 财年的营业收入为 91.82 亿欧元（约合 722 亿元人民币）。现今，贵州茅台无论在净利润还是在市值领域都稳居全球酒类行业第一的位置。根据《茅台集团 2020 年工作报告》所披露的信息显示，2019 年，贵州茅台集团实现营业收入 1003 亿元、净利润 460 亿元、税收 416 亿元，均创历史新高，而其在 1999 年还只是一家营业收入仅为 10.48 亿元的“小企业”。无独有偶，四川五粮液集团 2019 年的营收也突破了千亿元，两家酒业巨头同时携手中国酒类行业进入了全新的千亿时代。

“国”字称号的是与非

在国际交往中，宴请是诸多外交礼宾活动的重要环节之一。宴请大致可以分为宴会、招待会（冷餐会）、茶会（酒会）和工作进餐等形式。而谈到宴会，还可以根据规模的大小分为国宴、正式宴会、便宴和家宴，其中以国宴最为正式和隆重①。简单来讲，国宴是国家元首或政府为招待国宾、其他贵宾或在重要节日为招待各界人士而举行的正式宴会。1949 年之后，贵州茅台酒曾出现在众多场次的国宴上，并作为具有中国特色的烈性酒之一款待国内外重要来宾，由此茅台酒还有了“国宴用酒”“国酒茅台”的称谓。虽然按照 1988 年国务院礼宾制度改革的规定，为遵循国际惯例，国宴用酒一律不再使用烈性酒，但是茅台酒作为长期出席国宴的白酒座上宾之一，在市场上仍拥有着巨大的品牌影响力。从 1996 年起，茅台公司就开始在产品包装、促销品设计、专卖店/直营店门头字号和广告宣传中大规模地使用“国酒茅台”的品牌传播口号，经过长时间的传播这一口号可谓深入人心。为了让企业的品牌传播更具说服力和影响力，贵州茅台集团还先后申请注册过“国酒茅台”和“茅台国宴”商标，甚至还在 2015 年出资拍摄了一部名为《国酒》的影片。

从 2001 年开始，贵州茅台集团多次向国家工商管理总局商标局申请注册“国酒茅台”商标。2012 年 7 月 20 日，“国酒茅台”商标进入初审公告阶段。3 个月公告期内，商标局收到来自五粮液、汾酒、剑南春、水井坊、舍得、郎酒、双沟和中粮酒业等众多知名白酒企业、经销商和律师事务所提交的异议书。2016 年，商标局做出该商标不予注册的决定，接着进

① 金正昆，吕昕. 继承、规范与创新：新中国外交礼宾制度的建立 [J]. 社科纵横，2013（6）：86-96.

入商标异议评审阶段，经过商标评审委员会的初次裁定和复审，“国酒茅台”商标于2018年5月被裁定：不予核准注册。理由如下：“国酒茅台”这一商标中的“国酒”文字带有“国内最好的酒”“国家级酒”的质量评价含义，该文字成为茅台集团注册商标的组成部分独占使用，易对市场公平竞争秩序产生负面影响①。最终，该商标注册争议以贵州茅台集团向法院提起行政诉讼，尔后立即申请撤回而结束。2019年，贵州茅台集团宣布“国酒茅台”商标在2019年6月30日正式停用，并对微信公众号、网站、专卖店门头、产品包装和广告宣传等存在“国酒茅台”或者“国酒”字样的地方进行更换、更新。

而在另外一条战线，“茅台国宴”商标注册争议也在经过了长时间的纠葛后辗转进入了尾声。2019年9月，北京知识产权法院驳回了贵州茅台集团就“茅台国宴”（2002年申请注册，商标局决定不予注册之后进入商标异议评审阶段，商标评审委员会经审查认定该商标不予注册）商标异议的诉讼请求。驳回理由如下：（1）“国宴”意为国家元首或政府首脑为招待国宾或在重要节日招待各界人士而举行的隆重宴会。“茅台国宴”若作为商标注册，容易使相关公众认为茅台的相关产品为国宴专用酒，从而对其品质、等级等特点产生误认。（2）将包含“国宴”的诉争商标注册在酒类商品上并享有专有使用权，对其他同业经营者亦有失公平，对公共利益易产生一定的负面影响②。至此，围绕“国酒茅台”和“茅台国宴”的商标注册争议终告一段落。

商标是一种法律意义层面的标志、标识或者标记。具有将一家企业与竞争对手的产品和服务区隔开来的功能，还能够避免消费者混淆、维护企

---

① 关于第8377491号“国酒茅台”商标不予注册复审决定书（商评字[2018]第0000095669号）。国家工商管理总局商标评审委员会，2018年5月25日。

② 中国贵州茅台酒厂（集团）有限责任公司与国家工商行政管理总局商标评审委员会一审行政判决书（[2016]京73行初6389号）。北京知识产权法院，2019年3月25日。

业商誉[①]。以“国”字为称号的商标隐含着政治、文化和情感色彩，能够提供极大的品牌附加值[②]。事实上，在中国白酒行业，还有更多的企业争取过“国”字号商标的注册（表18)。白酒品牌如果能够与“国”字号商标相捆绑，一方面可以为自身的产品品质做出强有力的背书，另一方面还能够为产品的高端化、高价格提供充足的理由。从迎合一轮又一轮的消费升级趋势来看，白酒品牌均沾“国”字号的做法似乎并没有什么不妥，但从品牌建设本身来看，商标注册固然重要，如若不成，那么从企业文化、产品品质、品牌内涵、消费服务、分销渠道等方面下手来促进品牌建设系统工程的升级，更应该是所有白酒品牌长期的努力方向。

表18　中国白酒企业曾申请过的“国”字号注册商标

申请时间	商标名称	申请人名称
1993年02月17日	国源	江苏今世缘酒业股份有限公司
1997年08月11日	国窖	泸州老窖股份有限公司
1998年10月27日	国池	四川泸窖酒业（集团）有限公司
2000年10月20日	国井	山东国井控股集团有限公司
2000年07月06日	国典	中国贵州茅台酒厂（集团）习酒有限责任公司
2000年03月02日	国台	贵州国台酒业股份有限公司
2001年04月06日	国仙	泸州老窖股份有限公司
2001年10月30日	国壮	四川省宜宾五粮液集团有限公司
2001年11月21日	国液	泸州老窖股份有限公司
2001年09月13日	国酒茅台	中国贵州茅台酒厂有限责任公司
2002年10月11日	茅台国宴	中国贵州茅台酒厂有限责任公司
2003年09月03日	国缘	江苏今世缘酒业股份有限公司
2003年07月07日	国酒之源	深圳市赖永初酒业经销有限公司
2004年02月16日	国宾汾	山西杏花村汾酒厂股份有限公司
2004年11月22日	国井坊	四川全兴股份有限公司
2006年12月19日	国酒	宁夏香山酒业（集团）有限公司
2008年03月03日	国密董酒	贵州董酒股份有限公司

① 姚泓冰．“国酒茅台”商标注册的法律问题 [J]．中华商标，2013（1）：33-37.

② 赵青．“国酒茅台”商标背后的白酒江湖 [J]．法人，2017（2）：72-73+96.

续表

申请时间	商标名称	申请人名称
2008年11月26日	国酒汾酒	山西杏花村汾酒厂股份有限公司
2009年09月04日	国宾酒	山东国宾酒业有限公司
2010年11月01日	国井	山东扳倒井股份有限公司
2010年04月29日	国酒世家	贵州赖世家酒业有限责任公司
2010年10月15日	国粹茅台	中国贵州茅台酒厂（集团）有限责任公司
2011年04月27日	国酒之都	中国贵州茅台酒厂有限责任公司
2011年07月18日	国酒1949	贵州省仁怀市茅台镇天财酒业销售公司
2011年05月16日	西凤国脉凤香	陕西西凤酒股份有限公司
2011年11月28日	国酒赖茅	贵州国珍宴酒厂
2011年11月10日	国宴汾酒	山西杏花村汾酒厂股份有限公司
2012年03月22日	国粹赖茅	贵州盛世国粹酒业有限公司
2012年08月14日	国井御酒	山东扳倒井股份有限公司
2012年07月30日	国酒国井	山东扳倒井股份有限公司
2012年06月21日	国酒五粮液	四川省宜宾五粮液集团有限公司
2012年10月23日	国藏	国藏酒庄有限公司
2014年03月11日	国宾郎	泸州国之美酒业有限公司
2014年03月20日	国宴酱酒	贵州贵都酒业有限公司
2016年08月03日	国酒香	贵州国酒香酒业股份有限公司
2016年05月04日	国宴汾	山西国宴汾酒业有限公司
2017年07月13日	国酒秘鉴	贵州省仁怀市茅台镇华贵酒业（集团）有限公司
2018年03月20日	国藏汾酒	山西杏花村汾酒厂股份有限公司
2018年08月02日	国酒大师	贵州醉美酒业有限公司

资料来源：根据国家知识产权局商标局网站商标综合查询结果整理。

五粮液，枝繁叶茂的“酒业大王”

天地精华，

民族精神，

世界精彩。

中国的五粮液，

世界的五粮液。

——“五粮液”主品牌电视广告语（2017 年）

“酒是粮食精。”自古以来，酿酒行业的兴衰和政府对粮食生产的调控政策息息相关。1988 年 7 月 16 日，国务院印发《国务院关于做好放开名烟名酒价格提高部分烟酒价格工作的通知》(国发〔1988〕44 号)，决定放开十三种名烟和十三种名酒价格，同时提高部分高、中档卷烟和粮食酿酒的价格。长期以来，五粮液酒厂的产品由政府统一划拨，也是在这一年，酒厂争取到了 50% 的产品自销权[①]，并取得了销售收入 1.89 亿元和利税 0.81 的好成绩，分别比 1985 年增长了 8.79 倍和 8.22 倍，还顺利进入了四川省百强企业名单[②]。政府放开了对全国名白酒原先由政府统一制定价格的管制，一方面可以起到限制酿酒用粮的作用，另一方面还能够弥补酿酒用粮由平价改为市场议价供应给白酒企业造成的成本压力，此外这也是当时价格体制改革工作的一部分。随后，国家物价局公布了茅台、五粮液、剑南春、泸州特曲、汾酒、郎酒、古井贡酒、西凤、全兴大曲、洋河大曲、董酒、特制黄鹤楼、双沟大曲十三种全国名白酒价格调整的方案和要求。

1989 年，为应对放开价格之后的通胀风险和抢购浪潮，国家决定对宏观经济进行治理整顿。就白酒价格来讲，十三种名白酒的价格一度上涨到让多数消费者难以接受的程度，相关政府部门也做过适度的干预，包括汾酒、泸州老窖等部分名白酒品牌将价格降下来之后选择了“名酒变民酒”的路线。而五粮液、茅台等品牌在经过数轮价格起伏之后，依然坚持持续提价的策略，一举打破了全国名酒长期处于同一价格地带的市场竞争格局。选择即命运，这导致了众多名优白酒品牌在日后发展路径上的分化，也才有了后来

---

① 范德宽，李国民．成功与辉煌之路——宜宾五粮液酒厂高速、超常规发展探秘 [J]．四川党的建设（城市版），1995（11）：16–17.

② 王国春．十年辉煌质量路——五粮液酒厂深化质量管理的“六个一”战略 [J]．质量管理，1996（2）：27–30.

的“汾酒”“泸州老窖”等企业对于回归高端主流品牌的期盼与努力。

五粮液公司从1985年开始走上了大规模产能扩张的道路，到20世纪90年代中期其产能已经可以在当时的白酒市场上傲视群雄了。五粮液主品牌清晰的价格提升策略和持续的产能快速扩张，在扩大市场销售的同时，也为其带来了新的运营难题。浓香型白酒的特定酿造工艺限制——在同批次基酒中能用来生产五粮液特优级名酒的只占到10%~15%的比例，持续产能扩张会产生大量的中低端基酒，这也是浓香型白酒企业在走高端路线的同时，特别强调中高端并行进而实现两条腿走路的重要原因之一。企业要实现更多高端酒的销售，就得同时消化掉更高比例的中低端酒产能①。由此，就催生出了五粮液系列酒子品牌的创新型运营模式——“OEM品牌开发模式”，借助全国性和区域性经销商的市场开发力量，既提升销售收入，又能够消化过剩产能，而这一做法也恰恰决定了现今五粮液公司在中高低端市场的整体竞争优势和母子品牌战略持续不断调整的纠结与反复。2017年之后，五粮液公司在以“大国浓香，中国酒王”为口号的全新品牌定位战略指引之下，针对多品牌组合频频发力，欲再创辉煌。

产能持续扩张，成就“中国酒业大王”

1959年，“中国专卖公司四川省宜宾酒厂”正式更名为“国营宜宾五粮液酒厂”，酒厂先后使用过“交杯”牌、“红旗”牌和“长江大桥”牌注册商标。改革开放之后一直到20世纪90年代初，五粮液酒厂主要生产“五粮液”和“尖庄”两个品牌的产品，并依托全国各省市级的糖酒公司、糖酒批发站等传统国营流通渠道开展分销业务。1958—2002年，五粮液公司利用政府拨款和自筹资金先后进行了五次产能扩建（表19），尤其是在

① 黄薇. 贵州茅台系列报道之二（公司篇）：看得见的持续增长[R]. 中投证券，2008-11-14.

20 世纪 80 年代中后期的持续大规模产能扩张更是为公司日后行业位次的跃升提供了坚实的保障。1984—1994 年，五粮液公司累计实现利税 13 多亿元，1990—1994 年销售收入增长了 5.6 倍[①]。在 1999 年，五粮液公司的年生产能力就达到了 15 万千升（包括五粮液主品牌和系列酒品牌）。到了 2002 年，五粮液公司的年生产能力进一步达到了 30 万千升。2002 年之后，产能扩张速度稍有减缓，但在 2014 年左右达到了 40 万千升的水平。而根据公司的最新规划，2017 年五粮液公司通过技改项目扩充产能，到 2020 年，纯粮基酒产能要从先前的 20 万千升扩充到 30 万千升，要确保五粮液主品牌产品在 2020 年达到 3 万千升的市场投放量。

表 19　五粮液公司 1958—2002 年的五次扩建

时间	扩建后的产能（千升）
1958 年	1141
1979 年	4440
1986 年	10000
1992—1994 年	90000
1995—2002 年	300000

也是在五粮液公司进入大规模扩张产能的过程中，1979 年取消酒类专卖制度和 1988 年政府放开名酒价格等政策红利逐步释放，市场经济的脚步离企业越来越近。随着整个社会经济发展和体制改革深化，一条全新的赛道摆在了所有白酒企业面前。“顺势而谋，寻机而动”，五粮液紧紧抓住了这次可以改变企业命运的契机。1989 年，五粮液第一次提价，零售价格超越了当时浓香型白酒领军品牌泸州老窖；1994 年，五粮液第二次提价，全年业绩超过了当时中国白酒销量第一的汾酒；1998 年，五粮液第三次提价，零售价格超过了具备“国酒”光环效应的茅台。简而言之，持续的产

① 黄许童．五粮液酒厂实现第二次飞跃 [J]．公关世界．1996（1）：6–7.

能扩张和坚定的价格提升让五粮液公司以雷霆之势登上巅峰。1995 年，在北京举行的第 50 届国际统计大会上，宜宾五粮液酒厂凭借 1994 年位列全国同行业第一的两项指标——销售总额 12.61 亿元和利税总额 4.02 亿元，被大会中国组委会、国家统计局、中国企业评价中心联合授予了“中国酒业大王”称号，从此有了名震四方的江湖地位。1994—1998 年，五粮液连续 5 年在产销量和利税方面牢牢占据着行业第一的位置，是毫无争议的中国“酒业大王”，如表 20 所示。1998 年，五粮液集团实现利税 12.4 亿元，比排名第二的湖南湘泉集团高出了 6 亿多元。而此时，贵州茅台公司才刚刚开启分销渠道的建设工作，山西汾酒公司还挣扎在被“朔州假酒案”殃及的阴霾中。2000 年，五粮液集团的利税达到 22.01 亿元，此时排名第二的茅台集团也仅有 8.76 亿元，而上一轮的酒王山西汾酒以 2.05 亿元的利税排名行业第九[①]。可以说，正是凭着十分明显的领先优势，五粮液集团一度在中国酒类行业形成了一峰独秀的局面。

表 20　五粮液 1988—1998 年产量效益

时间	产量（千升）	利税（万元）	利润（万元）
1988 年	5841	4450	3030
1989 年	7704	5287	1934
1990 年	9121	8062	3000
1991 年	9895	13577	6871
1992 年	11661	20338	10885
1993 年	13873	35955	22035
1994 年	18760	40238	25166
1995 年	50730	54154	36227
1996 年	73305	74704	45123
1997 年	114225	114288	63827
1998 年	121820	124700	72000

资料来源：平川．好大的一颗“树”——五粮液集团品牌成功运作探源 [J]．中国酒，1999（03）：20-22.

① 1998—2000 中国白酒利税 20 强企业 [J]．酿酒科技，2002（3）：70.

OEM，拉开“总经销制 + 买断经营”序幕

20 世纪 90 年代初，中国市场经济体制的确立为整个社会经济发展注入了强大的活力，各行各业都呈现出解放思想、一试身手的创新式经营思想和模式。而此时白酒行业的厂商关系也在发生着巨大的变化——经销商由于比白酒厂离市场更近，也想要通过一种全新的合作方式来找到更适合市场的酒类产品。而在当时，白酒低度化已经在中国市场成为一种潮流。1994 年，福建省邵武市糖酒副食品总公司经过市场调查，得出了这样一个结论：作为一个单独的细分市场，低度优质白酒的消费市场逐渐成熟。因此，福建省邵武市糖酒副食品总公司希望能够与名优白酒生产厂进行联合开发，在遭到几家名优白酒厂的拒绝之后，其最终与宜宾五粮液酒厂达成了合作协议，双方将共同开发一种既适合普通消费场景又能凸显一定档次的中档白酒——35 度“五粮醇”。双方的市场联合开发方式如下：（1）双方通过新设立子品牌的形式联合开发市场，“五粮醇”商标由宜宾五粮液酒厂申请注册；（2）宜宾五粮液酒厂负责“五粮醇”系列酒的生产加工；（3）福建省邵武市糖酒副食品总公司向宜宾五粮液酒厂支付 100 万元，获得了“五粮醇”系列酒在全国市场的总经销权。这样，福建省邵武市糖酒副食品总公司成为宜宾五粮液酒厂的首家品牌买断经营商。这种能够充分利用区域流通商市场开发能力的合作模式，让五粮液公司走上了快速扩张的道路，同时也拉开了中国白酒行业“总经销制 + 买断经营”（即生产方面由品牌型白酒生产企业提供“贴牌”，然后市场经营权利由全国总经销或者区域总代理“买断”）的序幕。

五粮液系列酒“五粮醇”于 1994 年底投放市场，1995 年五粮醇销售量就达到 1670 千升，新增税利 1000 多万元。“五粮醇”系列酒的热销，不仅让五粮液酒厂看到了一种新兴的市场开发模式，也刺激着全国各地酒类

流通大商的神经，而1997年开始的亚洲金融危机导致经营环境恶化更是激励着五粮液公司加大OEM买断模式的市场开发力度：（1）1995年，宜宾五粮液酒厂与宜宾市五粮春销售有限公司共同开发“五粮春”系列酒，“五粮春”商标由宜宾五粮液酒厂申请注册；（2）1996年，宜宾五粮液酒厂与北京市糖业烟酒有限公司共同开发“京酒”系列酒，顺利进入北京市场，“京酒”商标由北京市糖业烟酒有限公司申请注册；（3）1997年，宜宾五粮液酒厂先后与其他区域经销商开发出“老作坊”“闽台春”和“天地春”等；（4）1998年，宜宾五粮液酒厂先后与湖南金六福酒业有限公司、湖南浏阳河酒业有限公司合作，分别开发出了“金六福”和“浏阳河”系列酒，“金六福”商标和“浏阳河”商标分别由湖南金六福酒业有限公司和湖南浏阳河酒业有限公司持有。而五粮液系列酒品牌的市场表现并没有让公司失望，如表21所示。1998年的时候，五粮液公司的营业收入和净利润均是贵州茅台的4倍以上，当年的出口创汇额达到1700万美元[①]。

表21　1995—1997年五粮液系列酒产品结构

单位：万元

	1995年		1996年		1997年	
	销售收入	收入占比	销售收入	收入占比	销售收入	收入占比
五粮液酒	53833	58.85%	80147	61.19%	121526	55.13%
尖庄酒	33260	36.36%	37795	28.86%	61684	27.98%
五粮春酒	939	1.02%	2448	1.87%	6712	3.04%
五粮醇酒	3074	3.36%	7796	5.95%	16503	7.49%
其他酒	364	0.41%	2783	2.13%	14020	6.36%
合计	91470	100%	130969	100%	220445	100%

资料来源：宜宾五粮液股份有限公司（筹）招股说明书概要，1998-03-25.

在这个过程中，五粮液公司也形成了较为成熟的OEM买断经营品牌联合开发模式（图5），当时经销商所支付的买断经营品牌管理费为

① 彭国昌，谢萌童，顺鸣．五粮液扩张的成功之道[J]．中国酒，1999（3）：22-23.

50~200万元[①]。在这种合作模式之下，由五粮液公司提供品牌输出支持、产品生产和质量标准检验，并收取品牌管理费用，其他包括设计、包装、广告、通路建设等市场风险均有另一合作方来承担[②]。但是合作者依然趋之若鹜，且市场表现更是让人瞠目结舌。1996年，“京酒”进入北京市场，1997年销量达到6000千升，1998年销售收入突破3亿元[③]。“五粮春”系列酒的销售收入从1995年的939万元增长至1997年的6712万元。2001年，“五粮春”销售收入进一步突破5亿元。2001年，“金六福”实现销售

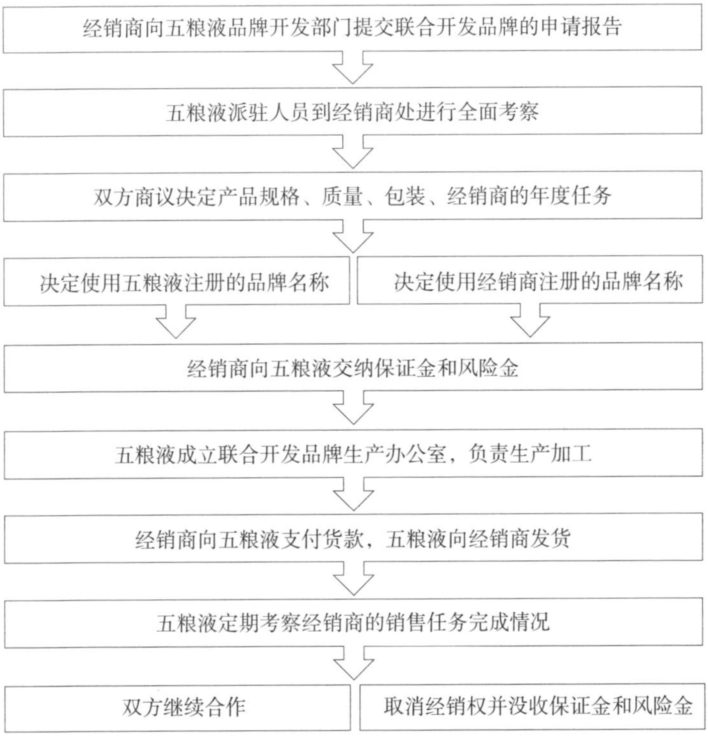

图5　五粮液公司OEM品牌联合开发流程

---

① 李蔚，冯渝．品牌延伸吞噬五粮液？[J]．企业管理，2002（12）：14–16.

② 吴勇毅．五粮液，“多子”非多福[J]．理财，2006（8）：32–34.

③ 彭国昌，黄国光，童顺鸣．“航空母舰”的威力——五粮液夺取全国白酒行业规模效益“五连冠”探秘[J]．公关世界，1999（5）：4–6.

收入 7 亿元，销售量突破 4 万千升。2001 年，五粮液系列酒的品牌总数达到 62 个，涵盖了 200 多种规格的产品，其中“五粮春”“五粮醇”“五粮神”“五湖液”“金六福”“浏阳河”和“京酒”等 OEM 买断经营品牌所实现的销售量占到五粮液公司的 50% 左右，同时也贡献了三分之一的销售收入。2003 年，“金六福”和“浏阳河”这两个品牌的系列酒的销售收入超过 30 亿，占到五粮液股份公司年总销量的 20% 左右。2005 年，公司全年共销售 14.09 万千升的五粮液系列酒，其中仅“五粮春”“金六福”“浏阳河”三大品牌就完成了 5.76 万千升的销量，“五粮醇”销售额突破 4 亿元。几年之后，“五粮春”和“五粮醇”两个系列酒品牌均实现了超过 10 亿元的销售收入。

五粮液公司之所以与经销商合作，通过 OEM 买断经营方式来开拓市场，也有着对于企业自身和行业发展趋势的考量和判断，主要体现在以下 4 个方面：（1）经过历次产能扩建，五粮液公司拥有了越来越强的生产能力。但仅仅依靠“五粮液”和“尖庄”两个自营品牌，还无法化解巨大的中低端产能压力。尤其是在 1994 年五粮液公司完成第三次产能扩建之后，中低端产能过剩问题变得愈加严峻，加上产能还有进一步扩张的趋势，公司需要找到新的产能释放突破口。（2）“五粮液”定位高端市场，“尖庄”定位普通的消费场景，处于中间地带的巨大的中档市场有待开发。（3）中国白酒市场高度分散，为了应对全国各地强势地产酒的竞争威胁，五粮液公司需要通过与地区性甚至全国性的酒商深度合作，找到一种有竞争力的创新型商业模式。（4）名酒不允许公款消费的政策风向促使五粮液公司开拓新的细分市场。1996 年，国家 23 个部委联合签署：“今后公宴不喝白酒，改用果酒，以后进一步发展成不喝白酒和进口酒。”1998 年 5 月 14 日，财政部下发《行政事业单位业务招待费列支管理规定》，限制了公务接待消费名烟名酒。此外，1997 年开始蔓延的亚洲金融危机给中国企业带来了极为不利的外部经营环境。这些政策和环境变化都给包括五粮液在内的全国名酒品牌带来了外部消费环境的激烈震荡。所有这些因素叠加在一起促使五粮液公司必须在中低端酒市场上有所作为。

正是通过 OEM 买断经营模式实现了持续的市场强力开发，五粮液公司也形成了“枝繁叶茂”的系列酒品牌架构（表 22）。其中，经销商买断品牌中还出现过“大宅门”“刘老根”“五里河”和“天下粮仓”等紧跟社会发展热点的事例。除了五粮液主品牌之外，五粮液公司成功开辟出了“第二战场”，盘踞在高、中、低端几乎所有的酒类细分市场，风光一时无两。2018 年，五粮液股份公司共销售 19.16 万千升成品酒，其中五粮液主品牌酒（普五及以上产品）突破 2 万千升，剩余 17 万千升为包括系列酒在内的次高端、中低端产品。2017 年，五粮液公司系列酒品牌已从高峰时期的 130 个压减到 49 个，完成销售收入 72.82 亿元，总收入占比 24.12%；实现销量 12.91 万千升，总销量占比 71.72%。2018 年，系列酒品牌销售收入更是突破了 100 亿元，而这距离首次开发系列酒已经过去了 20 余年。相比之下，贵州茅台公司通过自营方式只用了 5 年时间，旗下酱香系列酒品牌的销售收入就从 2015 年的 11 亿元暴增至 2019 年的 95 亿元。这与五粮液公司的系列酒运营业绩形成了鲜明的对比，也许这正是五粮液公司在近几年再次大力整治和梳理系列酒品牌的一大缘由。

表 22　五粮液公司旗下曾经或者正在使用的系列酒品牌

品牌名称	全国总经销商 / 全国品牌运营商	品牌名称	全国总经销商 / 全国品牌运营商
百年老店	东莞市百年老店酒业有限公司	国剑	四川国剑品牌管理有限公司
百年尖庄	四川陈上成酒业有限公司	国钰	四川省宜宾国玉春销售有限公司
百鸟朝凤	成都影响力酒业有限公司	国五液	四川天润四海酒业有限公司
八福	宜宾市经略酒业有限公司	公元酒	四川蜀酿酒业有限公司
春夏秋冬	北京金谷圣泉商贸有限公司	六和液	四川六和液营销管理有限公司
财福春	焦作市九兴商贸有限公司	六合福泉	成都九鼎六合酒业有限公司
陈泥香	四川省德邦酒业有限公司	六百岁	四川省金贸酒业服务公司
帝王经典	四川省兴熙北酒业有限公司	东方娇子	四川华茂酒业有限公司

续表

品牌名称	全国总经销商 / 全国品牌运营商	品牌名称	全国总经销商 / 全国品牌运营商
道囍液	北京四海华冠（酒业）有限公司	花好月缘	成都铠佑贸易有限公司
电力酒	昊晟尚品国际贸易（北京）有限公司	红秀天香	宜宾九豪酒业有限公司
飞樽醉月	成都鹏驰酒业有限公司	红杉树	徐州红杉树酒业有限公司
富贵吉祥	成都盛世骏腾酒业有限公司	华宴	四川邦达酒业有限公司
福满盛世	四川百鸟辉煌酒业有限公司	豪门盛宴	杭州鼎源实业有限公司
福喜迎门	四川省福喜迎门酒业股份有限公司	金尖庄	四川省金福酒业有限公司
感恩	宜宾市鼎极酒业有限公司	酒之头	宜宾振威酒业有限公司
开路先锋	成都开路先锋酒业有限公司	京酒	北京糖业烟酒集团京酒销售有限公司
烤酒	宜宾市源江酒业有限公司	三国	成都品三国酒业有限公司
今世万和	四川省今世万和酒业有限公司	三杯爽	四川卓瓴酒业有限公司
金銮殿	河南尚之品商贸有限公司	送福液	宜宾梦源酒业有限公司
金乔禧	宜宾寰宇商贸有限公司	盛世佳酿	北京中磊东方酒业有限公司
金支玉液	四川拓展酒业有限责任公司	圣酒	成都汇百川酒业有限公司
金碧辉煌	宜宾市辉煌酒业有限公司	四方见喜	重庆喜迎商贸有限公司
锦绣前程	上海锦绣前程酒业有限公司	君临天下	内江尖峰公司
锦上添花	成都市锦腾酒业有限公司	梁山群英	阳江市水浒陶酒业有限公司
铁哥们	宾兴伽俊商贸有限公司	纳福	成都鼎盛酒业有限公司
万事如意	北京国策酒业有限公司	全中液	四川全中酒业销售有限公司
五湖液	龙共酒业公司	天地春	潮州市酒类贸易有限公司
五粮窖龄	四川三江酒业有限公司	天缸	上海金易久大酒业有限公司
五粮迎宾	杭州哈布斯堡贸易有限公司	添福	宜宾添福酒业有限公司
五粮源	四川酒源圣酒业有限公司	喜结缘	宜宾喜庆大典酒业有限公司
五粮春	宜宾市智溢酒业有限公司	原藏天荣	深圳市华樽商贸有限公司
五粮陈	泸州纳川酒业有限公司	忆百年	四川飞天年份酒业有限公司
五粮印象	四川九兴源酒业有限责任公司	一滴醇	河南一滴醇酒业有限公司
五粮神	四川大地酒业发展有限公司	尖庄 2	四川宜宾市国荣商贸有限公司
玉酒	宜宾新百盛酒业有限公司	PET 尖庄	广东粤强酒业有限公司
元曲	宜宾瑞德胜商贸有限公司	四海春	成都四海春酒业有限公司
友酒	四川卓樽酒业有限责任公司	四海春	宜宾勇创酒业有限公司
VVV	四川华龙祥酒业有限公司	喜庆定制酒	宜宾穗宜酒业有限公司
紫光液	北京紫光液酒业有限公司	老尖庄	宜宾老庄酒业有限公司
尊酒	四川尊誉诚商贸有限公司	百家宴	河南五之粮商贸有限公司 廊坊好人缘烟酒有限公司 东莞海量酒业有限公司

循序调整，发力多品牌管理平台

凡事皆有利弊。自 1994 年首个 OEM 买断经营品牌“五粮醇”诞生以来，五粮液公司的业绩持续增长，已然成为中国白酒行业的常胜将军，如图 6、图 7 所示。然而，系列酒品牌与五粮液主品牌之间的关系始终存在着竞合协同方面的问题，主要表现在以下 4 个方面：（1）五粮液主品牌与系列酒品牌之间缺乏统一规划，没有明晰各自的战略定位与功能；（2）部分系列酒产品与五粮液核心产品包装过于相似，消费者很难辨别；（3）系列酒品牌之间处于同一价格地带的产品数量密集，导致在渠道布局等方面存在过度甚至恶性竞争；（4）部分系列酒产品节庆时间促销力度较大导致价格过低，从总体上拉低了五粮液主品牌的价值。正因如此，五粮液公司也走上了数轮母子品牌战略调整的道路。

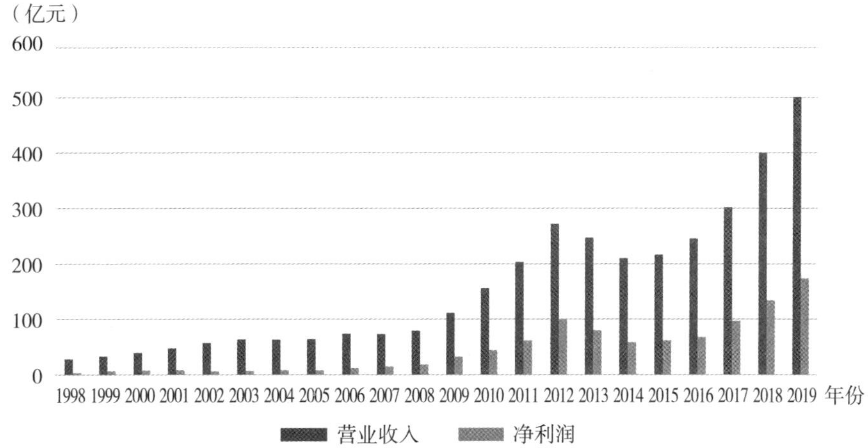

图 6　1998—2019 年宜宾五粮液股份有限公司经营业绩

资料来源：五粮液 1998—2019 **年年报**。

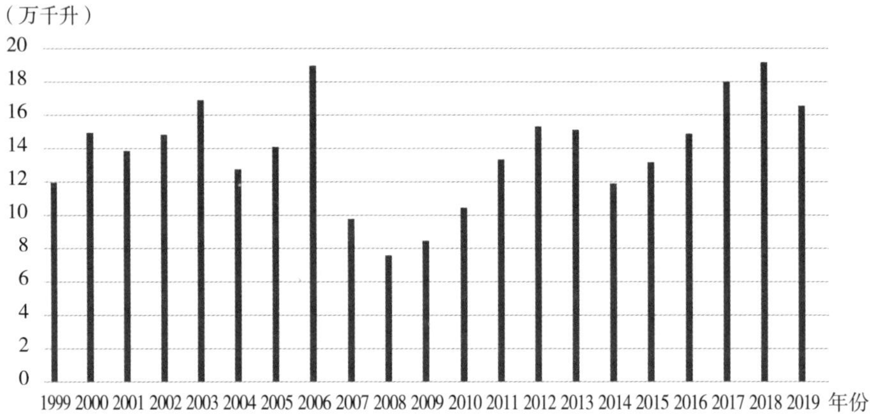

图 7　1999—2019 年宜宾五粮液股份有限公司年销售量

资料来源：五粮液 1999—2019 **年年报。**

调整品牌组合架构

1994—2001 年，五粮液公司初步形成了通过 OEM 买断经营方式全线覆盖全国高、中、低市场的战略目标，也成功地进入了众多之前无法重度染指的区域市场，初步搭建起了公司的“大商制”分销渠道模式。也是在这个时间段，包括酒类在内的许多消费品企业开始通过建设区域性甚至全国性分销网络，为后续的竞争积累了充足的先发优势。与此同时，五粮液公司也形成了现今的多品牌架构雏形。在这个过程中，五粮液公司发现自己对各个 OEM 产品总经销商的依赖度较强，而各地总经销商短期之内对市场进行的杀鸡取卵式的开发可能会严重稀释“五粮液”这一品牌资产。

由此，五粮液公司逐渐开始重视对于 OEM 买断经营品牌的管控：（1）1998 年，五粮液公司从福建省邵武市糖酒副食品总公司收回“五粮醇”的总经销权，而在这一年五粮醇销量达到了 8580 千升；并于 2004 年成立“宜宾五粮醇品牌营销有限公司”。（2）自 2001 年开始，所有开发新品牌的商标均须归五粮液股份公司注册持有；（3）2001 年，五粮液公司以取消总经销资格或者淘汰滞销品种的方式，对金龙四海春、海浪四海春、逍遥醉、三杯爽、留君醉、圣酒等近十个销售不力的系列酒品牌进行了清理；（4）为了理清旗下众多子品牌之间的关系，给予各自明晰的品牌定位，更好地实现各司其职的战略功能，五粮液公司在 2002 年提出了“1+9+8”品牌组合矩阵，通过收缩战线的方式来增强品牌背书的有效性①，如表 23 所示；（5）2007 年，五粮液公司与国内 23 家白酒大商、超商联合成立“五粮液品牌运营联盟”，将公司与 OEM 买断经营总经销商之间的关系定位为“团结、共赢、合作”，旨在建立沟通机制、强化厂商关系、理顺品牌维护工作和加强市场建设工作②。

表 23　五粮液 2002 年提出的“1+9+8”品牌组合

品牌定位	品牌名称
1 个世界级品牌	五粮液
9 个全国性品牌	五粮醇、五粮春、五粮神、金六福、浏阳河、百年老店、尖庄、火爆、干一杯
8 个区域性品牌	江南古坊（华东区市场）、老广东（华南区市场）、蜀粮醇（西南区市场）、华北醇（华北区市场）、龙品玉液（中原区市场）、两湖春（湖南湖北市场）、亚克西（西北区市场）、玉酒（东北区）

自 2012 年底起，白酒行业开始深度调整，五粮液公司及时调整产品结构以应对高端产品销售下滑所带来的经营压力，掉头开始重点发力腰部产品系列，并于 2013 年推出了面向中档市场的自营系列酒“绵柔尖庄”“五粮头曲”“五粮特曲”和“五粮液低度酒系列”，此举进一步完善了公司全价位、全系列的产品市场布局③，继而提出了“1+5+N”的品牌组合架构，如表 24 所示。2015 年，以五粮液设立“宜宾五粮液系列酒品牌营销有限

① 陈茜．五粮液的品牌抛物线 [J]．董事会，2005（8）：86–88.

② 徐启琴，李松柏，何军．五粮液的新思维 [J]．企业管理，2010（7）：8–13.

③ 贺琪，王楠，李晴．五粮液：更具有戴维斯双击潜力的一线白酒 [R]．华泰证券，2017-11-14.

公司”为标志，五粮液公司围绕系列酒品牌的大力度整治和规范工作进入了一个全新的阶段。公司于2016年先后出台《总经销品牌经销商准入、经营与清退标准（2016年版）》和《系列酒品牌风险管理制度》等规定和文件，针对系列酒品牌在全国各地大卖场的宣传用语，规范化使用总经销品牌的品牌经销权、年度销售额等内容做出了规制和指导。例如，文件中规定，系列酒总经销品牌的年度销售额不得低于5000万元（“五粮”字头）和1500万元（非“五粮”字头），否则收回品牌经销权或者不再续约；“绵柔尖庄”被纳入“宜宾五粮液系列酒品牌营销有限公司”管理范畴，之后3年时间就实现了10亿元的销售收入。根据发展规划，五粮液公司下一步还计划收回所有尖庄产品的运营权。在此期间，五粮液公司清理系列酒品牌的力度依然不减，例如仅2016年就清理了15个总经销品牌。

表24　五粮液2013年提出的“1+5+N”品牌组合

品牌定位	品牌名称
1个高端品牌	五粮液（产品以普五和1618为代表）
5个中低端品牌	五粮醇、五粮春、五粮特曲+头曲、绵柔尖庄、六和液
*N*个区域性品牌	其他区域型OEM代表性品牌

2016年，五粮液进一步梳理和优化多品牌组合架构，品牌战略更加清晰，确定了以“52度经典五粮液”为核心，以“交杯牌五粮液、五粮液1618、五粮液低度系列（39度、42度）”为3个战略品牌，以5个个性化品牌为补充的“1+3+5”的品牌组合。其中，“1+3”均为“五粮液”主品牌旗下的核心产品形式；“5”为对“五粮液”主品牌做出补充的个性化系列酒品牌。在完成五粮液主品牌的组合布局之后，接下来如何平衡和调整系列酒品牌的问题就顺理成章地摆在了五粮液公司的面前。就此问题的处理，公司大体经历了两个阶段：（1）2015年，五粮液公司提出“1+4”核心自营型系列酒品牌矩阵：打造1个全国性大单品——“绵柔尖庄”，打

造4个区域性大单品——“五粮人家”“百家宴”“友酒”和“火爆”;（2）2018年，五粮液公司进一步确定全新的“4+4”自营型产品品牌组合——打造“五粮春”“五粮醇”“五粮头特曲”和“尖庄”4个全国性大单品；打造“五粮人家”“百家宴”“友酒”和“火爆”4个区域性大单品。随着2019年第八代经典五粮液的升级上市，五粮液主品牌的“1+3”组合格局进一步转变为1个核心超级大单品——52度经典五粮液,3个战略单品——501五粮液、80版五粮液和39度五粮液。至此，由“1+3”五粮液主品牌和“4+4”系列酒品牌组成的全新多品牌组合矩阵浮出水面。继2019年正式推出超高端产品“501五粮液·明池酿造”和“501五粮液·清池酿造”之后，公司于2020年进一步明确“501五粮液”每年限量发售501瓶，并主打“皇冠上的明珠”这一宣传口号。与此同时，公司保持一贯的做优、做大总经销买断运营品牌的运营思路，鼓励总经销商在规范运营的基础上开发市场和建设品牌。通过系列酒品牌矩阵的打造，五粮液公司希望搭建起适合朋友聚会、家宴和大众消费等中低端市场不同场景的产品体系，如表25所示。

表25　五粮液自营系列酒的品牌口号

品牌名称	品牌口号
五粮醇	“五粮醇，畅享美好生活”
五粮春	“香醉人间三千年，名门之秀五粮春”
绵柔尖庄	“绵柔尖庄，装满幸福”“以不凡，敬平凡”
五粮头曲	“五粮头曲，让相聚更开怀”
五粮特曲	“五粮特曲，酿就出彩人生”
百家宴	“百家宴会，百家宴酒”“家宴，就喝百家宴”
五粮人家	“自家人，点滴皆温暖”
友酒	“友酒，同行的力量”
火爆（精酿小酒）	“小酌不将就，好酒小瓶装”

目前，从“1+3”“4+4”多品牌品牌组合架构层面来看，五粮液公司希

望明晰地理顺各类品牌之间的逻辑关系：用“五粮液主品牌”带动“五粮液自营系列酒品牌”和“总经销买断运营系列酒品牌”的市场开发和销售，同时后两者要对五粮液主品牌形成拱卫、支撑效应，并在价格、包装和渠道等层面形成明显的区隔。同时，公司于2019年出台《“五粮液”品牌产品开发及清退管理标准》和《五粮液集团系列酒品牌和产品开发及清退管理标准》等规范性文件，围绕“提升品质纯正性、系列包装一致性、产品等级性、增强品牌辨识度”来指引和夯实主品牌和系列酒品牌在新时期的发展方向。例如，为了保持“五粮”字头品牌的纯正性和等级性，2019年五粮液公司宣布停止与“五粮精酿”“五粮PTVIP”“东方娇子”等29个系列酒品牌共68款产品之间的合作，还要求系列酒品牌运营商在各大电商平台、线上渠道下架73款同质化产品[①]。但仍需指出的是，五粮液公司对系列酒的管控清理可能依然是未来相当长一段时间的工作重点之一。

理顺公司组织机构

为了理顺五粮液主品牌和系列酒品牌之间的关系，五粮液公司从组织架构层面先后进行了三轮调整，具体步骤和内容如下：（1）2005—2014年，设立三大品牌事业部。2005年，五粮液公司设立五粮液品牌事业部、开发品牌事业部和自销系列品牌事业部，将公司旗下所有品牌的管理工作分别划归至三个相应的事业部。（2）2015—2018年，设立三大系列酒品牌营销公司。2015年五粮液先后设立“宜宾五粮液系列酒品牌营销有限公司”和“宜宾五粮特头曲品牌营销有限公司”，再加上2004年设立的“宜宾五粮醇品牌营销有限公司”，形成了管理系列酒品牌的“三驾马车”。2016—2018年，系列酒累计砍掉56个品牌321款产品。（3）2019年至今：统一设立系列酒品牌营销平台。将原先的三大系列酒品牌营销公司进一步整合

① 故小白. 五粮液，不做大哥好多年！[J]. 商业观察，2019（5）：62-63.

为一家公司——“宜宾五粮浓香系列酒有限公司”，统筹管理五粮液系列酒品牌。新的系列酒品牌营销平台下设尖庄品牌运营部、五粮醇品牌运营部、特曲品牌运营部、总经销品牌运营部、综合管理部、市场督导部、渠道管理部、成长品牌运营部，消费者运营部、品牌管理与市场洞察部等职能部门，并形成“15 个营销大区 +36 个营销办事处”的销售管理服务网络。同时，明确了自营系列酒品牌和总经销系列酒品牌的销量占比达成目标为 1 ∶ 1。

由于五粮液主品牌和系列酒品牌的市场运营方式不同，单独运营既是为了顺应这一现实情况，也是大势所趋。此外，原有模式下部分战略性品牌销售出现下滑也倒逼着公司做出改变[①]。在新的品牌管理组织架构之下，作为系列酒品牌营销整合平台，“宜宾五粮浓香系列酒有限公司”将在系列酒品牌招商、产品规划与设计、市场培育、营销企划、分销网络建设、终端陈列与促销等方面实现对所有系列酒品牌的整合规划与管理功能。2017 年，五粮液公司强力启动的“百城千县万店”工程，就被视为是从根本上推动营销体系发生变革的战略性分销渠道建设工程。同时，五粮液公司还与 IBM、阿里巴巴、华为、京东等公司合作启动数字化转型项目，更是为这一工程保驾护航。2019 年开始，公司进一步重点导入以普五产品为核心、以供应价格盘、渠道货物盘和消费者需求盘管理为龙头的“控盘分利”模式，采用层层关联二维码与扫码跟踪等数字化手段保证“厂家—经销商—零售终端”分销体系的顺畅运营，渠道成员在按照公司要求实现顺价销售之后可获得利润的二次分配，最终目标是要建立起一个分销渠道和终端管理的综合信息化平台，为渠道管理、门店网络和业务决策等赋能。可见，“控盘分利”模式和“百城千县万店”工程现已成为五粮液公司实现“1+3”

① 谢振宁. 五粮液营销大变革：系列酒独立运作推广“直分销”模式 [J]. 公关世界，2014（12）：12–13.

和“4+4”品牌组合战略市场落地的重要保障措施之一。

截至 2019 年 6 月，五粮液公司在全国市场上共拥有将近 2400 家经销商，其中运营商 767 家，专卖店 1372 家，其他（KA、电商和团购客户）247 家。五粮液公司的多品牌组合架构整治和梳理过程实际上是在协调和平衡公司与各类经销商之间的权责利关系。在数轮梳理品牌关系和优化组织结构的过程中，逐渐理顺了五粮液主品牌与系列酒品牌之间的关系，两个品牌板块旗下的产品组合结构得到了优化：主品牌“五粮液”的“1+3”产品矩阵，系列酒品牌的“4+4”产品矩阵，其中系列酒建设目标是成为各个细分市场的领导品牌，如图 8 所示。但是，新的系列酒品牌营销平台要真正发挥更大的整合功能，实现五粮液公司在系列酒层面的“五粮制造、群星闪耀”的定位目标和在公司层面的“五粮液 + 五粮系”双轮驱动效应，还需要假以时日，更需要清晰的战略规划和强有力的运营执行支撑。

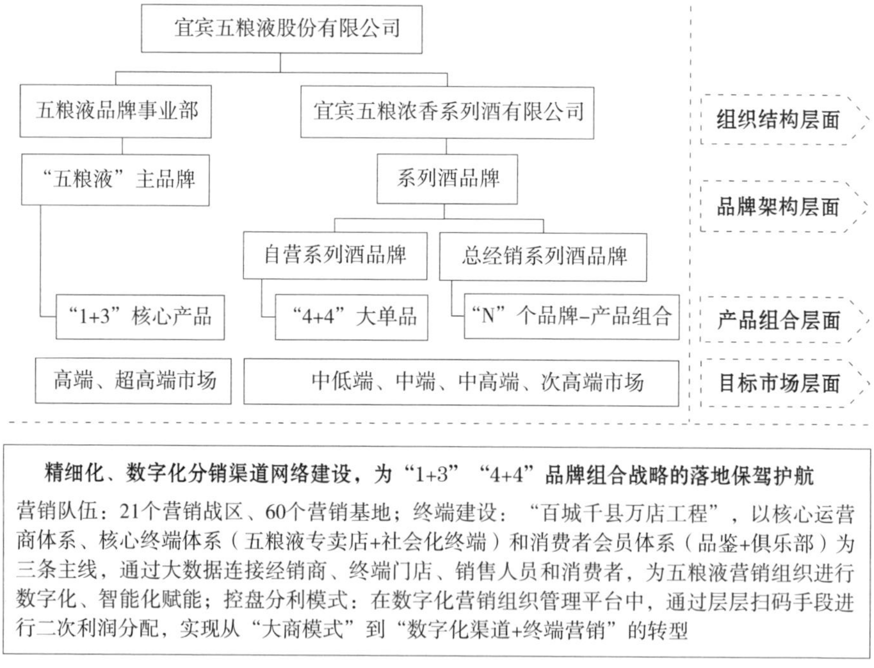

图 8　五粮液品牌组合管理矩阵

“沉舟侧畔千帆过，病树前头万木春。”五粮液公司的多品牌战略在企业发展的特定阶段起到了促进销售增长和消化中低端过剩产能的积极作用，而且借助区域经销商的力量所焕发出的渠道竞争优势也极大地提升了其在中国白酒行业的竞争力，最终助其顺利登上第二代“中国酒王”的宝座。但是随着时间的推移，之前开发出的众多系列酒品牌对五粮液主品牌资产的稀释效应逐渐显现，而企业在这个过程中也采取了相应的调整措施。五粮液公司调整主品牌与系列酒品牌之间关系的过程经历了较长的时间，其间也有过犹豫和反复，相信随着市场环境的变化，其调整策略还会继续下去，但是无论如何都不能偏离维护和建设核心战略品牌这条主线。其所遭遇的品牌管理挑战，会一直在路上。

OEM 买断经营是酒类品牌管理的一道魔咒

由五粮液公司发起的OEM总经销买断模式，之后还引发了中国白酒行业的“贴牌酒”“开发酒”浪潮。在这一模式下，通常由酒类生产企业作为品牌授权方，将产品的生产和包装业务授权给原酒生产企业进行最终产品的加工作业，或者根据经销商的个性化需求生产出区域性/全国性定制化产品供其运营。其中，尤以后一种做法为盛，因为拥有渠道资源、客户资源、市场运营能力和资金实力的强势经销商永远是品牌酒类生产企业眼中的“香饽饽”。茅台、泸州老窖、汾酒、古井贡、郎酒、剑南春、西凤和酒鬼等所有的主流白酒品牌都在不同时期先后加入了这一阵营。而对于某些品牌白酒企业，经销商的“开发酒”“贴牌酒”业务曾在特定时期甚至长期占据非常重要的位置。

中国白酒行业以“开发酒”“贴牌酒”为形式的品牌—市场开发模式，在有效利用区域经销商力量的同时，也解决了白酒企业缓解产能过剩压力或者保持经营业绩上升的问题。然而，如果品牌授权方和贴牌酒运营商之间以短期交易为目标，就会缺失通过长期合作建设与维护品牌的契约精神，这种简单粗暴的合作模式为品牌形象维护和品牌资产积累带来了非常严重的隐患：（1）“贴牌酒”“开发酒”的品牌授权方通常为集团公司或者集团公司旗下股份公司或其他子公司，各个利益主体受不同因素的驱使，通过大规模招商手段汇集大量的合作伙伴，然后出产品、给条码、定任务、收货款。（2）全国市场和区域市场上出现的各种“贴牌酒”“开发酒”以酒精度、容量、产品名称和包装为变量来回组合变化，使得市场上产生了看上去相似度颇高的海量产品，有时候就连一般的专业人士都难以辨别，普通消费者更是一头雾水、无从做出判断。这给顾客资产的稳步扩大提出了严峻的挑战。（3）贴牌酒运营商，即OEM买断总经销商，有的时候出于成本控制与短期利润最大化的考虑，还会从品牌授权方处购买产品条码然后寻找中小酒厂自行灌装，双方在品质管控和品牌维护方面放任自流，疏于管理，这种做法甚至会影响到品牌授权方主品牌的产品销售。可见，品牌过度授权是酒类企业OEM经销商买断经营模式的主要问题。

在网络上流传已久的《江湖神酒歌》，就以戏谑夸张的方式形象地描述了中国白酒行业“开发酒”“贴牌酒”的泛滥现象。自1994年之后的20余年里，众多知名白酒品牌陆续启用了OEM总经销买断经营模式。在此期间，品牌授权方与贴牌酒运营商之间的竞合关系经历了数轮断断续续和起起伏伏，但更多的品牌已经深刻意识到如果不能强力有效地加以管理，这种模式对于品牌的长远发展无异于饮鸩止渴式的自戕行为。例如，2006年泸州市以泸州老窖公司为龙头，以OEM贴牌生产为整合方式之一，吸引全国各大白酒生产企业和泸州本地600余家酒类生产企业，集中力量建设泸州酒业集中发展区。泸州老窖公司迅速进入由OEM买断经营驱动的发展新时期。泸州老窖公司除了自营产品之外，仅交由贴牌商运营的OEM经销产品条码在高峰时用数不胜数来形容一点也不为过。直到2015年，公司才开启了大刀阔斧式的品牌和产品瘦身工作，OEM开发产品的条码数量从2014年底的8700个减少至2018年底的400余个，同时树立起更为清晰的五大单品发展战略。2017年，西凤酒曾根据销售额等综合指标，对旗下产品进行了全面清理和整合，子品牌和条码数量分别砍掉了45%和49.8%[①]。而洋河在推出“蓝色经典”之前由于过度的贴牌酒行为导致品牌形象不佳，古井贡酒在推出“年份原浆”之前也对开发酒进行了大规模的整治和削减。来自新疆的伊力特至今仍然主要依靠OEM买断经营形式来实现

① 刘一博，许伟. 西凤酒2019年欲品牌瘦身谋全国化[EB/OL]. 北京商报网，2019-01-01. http://www.bbtnews.com.cn/2019/0101/280659.shtml.

产品销售。2020年4月舍得酒业重启“沱牌区域定制酒”引发关注，而在2016年舍得酒业曾对为沱牌创造80%营业收入的区域定制产品进行了大规模削减。2019年，习酒旗下的运营商品牌酒类产品实现的销售收入为8.38亿元。

再以汾酒为例。山西汾酒集团拥有“杏花村”“汾牌”和“竹叶青”三枚中国驰名商标。长期以来，集团通过商标授权使用的方式与子公司开展合作：集团旗下股份公司主要运营汾酒系列和竹叶青系列，义泉涌、宝泉涌、神泉涌和汾青分厂等企业以OEM经销商买断经营和自营方式运营汾牌系列酒，“山西杏花村汾酒集团酒业发展销售公司”运营杏花村系列酒。2018年，汾酒股份公司通过成立“山西杏花村汾牌系列酒营销有限责任公司”和收购“山西杏花村汾酒集团酒业发展销售公司”的方式，将杏花村系列酒和汾牌系列酒纳入麾下，这为进一步理顺公司自营产品和OEM贴牌酒之间的关系提供了组织机制保障。

总之，对于品牌型白酒生产企业来讲，“开发酒”“贴牌酒”业务一直存在，也并不是什么新鲜事。贴牌酒之所以具有顽强的生命力，并能长期存在下去，其主要原因是：（1）品牌授权方能够输出过剩产能，尤其是在行业景气度降低的时候；（2）品牌授权方能够获得品牌使用费和产品加工费，作为销量和利润增长的另一个引擎；（3）品牌授权方能够在自己运营控制的分销网络之外，再建一张渠道网以挤压竞争对手的市场空间；（4）贴牌商的身份能从原先的区域经销商跃升为区域性甚至全国性运营商；（5）贴牌商可以开发出个性化的产品，与品牌授权方的主销产品形成合力；（6）贴牌商可以获得授权方的主品牌背书效应，降低市场开发风险和提高市场接受度。品牌授权方与贴牌商之间可谓各取所需、两全其美。而贴牌酒对于品牌授权方的重要性或者角色扮演通常取决于不同企业的商业模式选择和同一企业在不同发展阶段所要完成的战略任务。

本来，OEM买断运营模式作为一种正常的商业分工合作模式无可厚非，但如果在品质管控和品牌资产管理方面出现重大挑战，导致冲击主品牌销量、弱化主品牌辨识度和透支母品牌资产等后果，那么就需要品牌授权方高度重视。茅台、郎酒、古井贡和剑南春等也都经历过“开发、削减、再开发、再削减”的反复轮回，好在现今更多品牌愈发关注贴牌酒对公司品牌管理带来的挑战。这好似一把双刃剑。市场低迷或者需要转嫁风险时可以帮助品牌授权方提振业绩、渡过难关，市场繁荣或者贴牌酒喧宾夺主时可能又要把贴牌商一脚踢开。双方好似“一拍即合+一拍两散”式的特殊合作关系。某种程度上，正是由于品牌被授权方缺乏“安全感”，认为自己随时可能被抛弃或放弃，才会出现在授权期限之内过度开发品牌的现象。此外，在短期利益最大化的驱使下，被授权经销商的“开发酒”“贴牌酒”产品生命周期往往都比较短，加上产品开发泛滥的现象，因此很难或者无法为授权方的品牌形象和产品文化体系建设做出积极的贡献。关于OEM买断经营这一模式，品牌授权方和贴牌商之间的竞合关系剪不断，理还乱。但有一点可以肯定的是，贴牌酒现已告别粗放型的经销模式，转而进入了积累和提升品牌资产的可持续发展新阶段。在质量保证和品牌维护的原则指引下，摆脱简单的交易型关系，建立合理分利和严格监管制度是合作双方不可回避的管理命题。

洋河，疾驰的“蓝色风暴”

世界上最宽广的是海，

比海更高远的是天空，

比天空更博大的是男人的情怀。

洋河蓝色经典，男人的情怀，

中国洋河。

——“洋河·蓝色经典”电视广告语（2003 年）

提起江苏的白酒，人们往往会想到“三沟一河”（双沟、高沟、汤沟和洋河），其中以头戴“全国名酒”称号光环的“洋河大曲”和“双沟大曲”最为出名。在2000年之前，苏酒在全国市场上并没有强有力的企业和品牌，更多地是偏安一隅。1997年，江苏高沟酒厂破产改制，重组之后江苏今世缘酒业有限公司取而代之，并开始走上市场化发展道路，之后凭借“国缘、今世缘、高沟”三个品牌系列在市场上声名鹊起。2003年，“洋河蓝色经典”系列产品上市，其“蓝色瓶子”的创新型包装和“男人的情怀”的品牌口号旋即引发了人们的广泛关注和热烈追捧。短短几年，在“蓝色经典”系列产品的强力带动之下，江苏洋河公司在全国市场上上演了一出让人始料未及的“蓝色风暴”。洋河公司的市场占有率、终端覆盖率、品牌知晓度和销售收入连续获得了极大的提升。2006年、2011年，洋河公司的营业收入先后突破10亿元、100亿元。至此，以洋河为代表的苏酒军团成为继黔酒、川酒、皖酒、晋酒、豫酒等之后在中国白酒产区板块中又一个引人注目的现象级新兴力量。

长期以来，酒类生产企业属于国有企业的所有制范畴。改革开放之后，伴随着国有企业改革进程的逐步推进，酒类生产企业的身份转化和改革模式也发生了3个方面的变化：（1）20世纪90年代，根据《全民所有制工业企业法》（1988年）和《公司法》（1993年），各省市的酒类生产企业先后进行了以厂长（经理）负责制、承包经营责任制、公司制和股份制等为形式的改革，以激发企业经营活力，原先的酒厂纷纷重组、转制为集团（总）公司、有限责任公司和股份有限公司。（2）21世纪初，国有企业改革工作围绕国有资产授权经营、国有产权转让等方面有序展开。在此期间，管理层和职工持股、经销商入股、引进战略投资者和放开民营资本进入门槛等已成为常态，郎酒、张裕、剑南春、宋河、黄鹤楼、全兴等全国知名酒类企业都先后顺利完成国企改制，转变为国有资本参股企业或者完全意义上的民营企业。（3）国家经济实力增强和地方产业结构的升级变化，逐渐弱化了酒类企业在当地的税收比重，这也使得地方政府对原先的国有酒类生产企业的改革、改制工作持更为开放的态度。

2002 年，“江苏洋河酒厂股份有限公司”设立，先后通过定向增发、分红扩股等方式，将经销商和核心管理层纳入激励范畴。2006 年，国有股进一步减持，洋河股份公司从国有控股变为国有参股。到 2009 年，公司 15 名高级管理层以及由管理层及业务技术骨干控制的蓝天、蓝海贸易公司共计持有洋河股份 30.79%，成为仅次于国有独资企业江苏洋河集团有限公司的第二大股东（表 26）。洋河公司中高级管理人员和业务技术骨干的高比例持股，能够有效协调管理决策与公司目标的一致性，确保人员激励政策实施和公司在人事安排、企业战略方面的持续性与稳定性[①]。洋河公司先后两次顺利的混合所有制改革，在公司治理和关键利益攸关人激励层面做

表 26　2009 年洋河股份公司的股本结构

股东名称	持股数量	持股比例	持股性质
江苏洋河集团有限公司	156362985	38.61%	国有法人
宿迁市蓝天贸易有限公司	51075000	12.61%	非国有法人
宿迁市蓝海贸易有限公司	47925000	11.83%	非国有法人
上海海烟物流发展有限公司	44253675	10.93%	国有法人
南通综艺投资有限公司	44253675	10.93%	非国有法人
上海捷强烟草糖酒（集团）有限公司	20651715	5.10%	国有法人
江苏省高科技产业投资有限公司	8850735	2.19%	非国有法人
中国食品发酵工业研究院	2950245	0.73%	国有法人
南通盛福工贸有限公司	2950245	0.73%	非国有法人
杨廷栋等 15 位自然人	25726725	6.35%	自然人
合计	405000000	100%	

资料来源：江苏洋河酒厂股份有限公司首次公开发行股票招股说明书，2009-10-29.

① 刘鹏．白酒新时代，洋河新突破——再论洋河投资价值 [R]．天风证券，2018-01-03.

出了极具创新价值的制度设计尝试，为之后企业在中国酒类市场上的强势崛起提供了强有力的激励机制支持和制度保障。而伴随着管理层的更迭，洋河公司从 2019 年开始拟启动 10~15 亿元的股份回购以针对核心团队成员实施股权激励或员工持股计划，意在再次激发出管理者的经营动力。

创建于 1949 年的江苏洋河酒厂，经过“蓝色风暴”的洗礼，已经成为中国白酒企业中的重要力量之一，其发展路径、扩展速度和增长模式也成为行业的现象级标杆。目前，江苏洋河公司旗下拥有“洋河”“双沟”“蓝色经典”“珍宝坊”“梦之蓝”和“苏”六枚中国驰名商标，稳稳占据着中国白酒行业第三的位置。

绵柔悄然问世，打响味觉战役

很长一段时间，在中国白酒行业并没有正式的香型划分及标准。1979 年举办的第三届“全国评酒会”上，为了增强参评酒样之间的可比性，组委会确定了 5 种香型：酱香型（以贵州茅台为代表）、浓香型（以四川泸州老窖为代表）、清香型（以山西汾酒为代表）、米香型（以广西桂林三花酒为代表）和其他香型。这五大香型是在茅台试点（周恒刚先生牵头）、汾酒试点（秦含章先生牵头）和白酒香气组成分析（曾祖训先生为主）的基础上形成和确立的[①]。其中，就确立了酱香型白酒以酱香、醇甜香和窖底香为三种典型香体，浓香型白酒以己酸乙酯为主体香，清香型白酒以乙酸乙酯和乳酸乙酯为主体香。1988 年，“浓香型白酒”“低度浓香型白酒”“清香型白酒”“低度清香型白酒”“米香型白酒”“低度米香型白酒”涉及三大白酒香型的 6 个国家标准获得通过。到 1989 年第五届“全国评酒会”，又提出了“四大香型”和“六小香型”（凤香型、药香、兼香、芝麻香、豉

① 沈怡方. 白酒的香型、风格与流派 [J]. 酿酒科技，2003（1）：1-2.

香、特香）的概念[①]。之后，凤香型（1994年）、芝麻香型（1995年）、豉香型（1996年）、浓酱兼香型（2001年）、老白干香型（2004年）、特香型（2007年）和酱香型（2011年）这涉及其他七大白酒香型的国家标准先后正式确立。

目前，董香型白酒执行的是地方标准。馥郁香型白酒执行企业标准，国家标准已获得立项且正在起草中。此外，还出现了执行地方标准的云南小曲清香型白酒和执行企业标准的陶香型白酒等经过进一步细化的白酒香型。总体来看，清香型、浓香型和酱香型一直占据着中国白酒香型的主流份额，也对其他白酒香型的确立和发展起到了重要的引领作用。汾酒的酿造工艺就在近现代时期被传播到了全国的许多地方，致使清香型白酒长期占据着中国白酒的主流香型位置。从技术推广应用角度来看，20世纪60年代，科研人员通过不断总结研究发现，窖泥中栖息的己酸菌是催生浓香型白酒主体香气成分己酸乙酯的主要因素。再加上技术推广和人工培养窖泥技术的成熟，浓香型白酒的生产突破了主产于四川省的地理范围限制[②]。1957—1985年，泸州老窖酒厂先后通过浓香大曲酒试点、出版白酒工艺教材、举办酿酒技术人才培训班和成立酿酒技工学校，为全国白酒企业和科研单位培养了一大批人才，也促成了浓香型大曲酒在全国的大发展。此外，20世纪80年代初市场逐步放开，来自四川的邛崃、大邑、崇州、蒲江、泸州和宜宾等地区开始释放出巨大的基酒、原酒产能，凭借规模化生产和低成本两大优势向四川省内、外白酒厂大量输送原酒和食用酒精，以弥补各地白酒厂产能不足的需求。在这个过程中，浓香型白酒逐渐取代清香型白酒成为中国市场的主流香型，例如在1989年全国评酒会上产生的17个“全国名酒”中，浓香型就占据了其中10个席位，而53种“全国优

① 杨柳．中国白酒香型划分回顾与反思[J]．酿酒，2016（5）：115-117.

② 沈怡方．泸州老窖——白酒工业科教兴国的典范（1）[J]．酿酒，1999（5）：65.

质酒”榜单中浓香型白酒占据了29个席位。特别是在1994年之后，以五粮液公司的崛起为标志，促使浓香型白酒在全国市场更加流行，现今浓香型白酒在生产规模、企业效益和市场占有率方面牢牢占据着中国市场的龙头位置①。目前,生产以浓香型白酒为主流产品的白酒企业遍布四川、安徽、江苏、山东、甘肃和新疆等地，是中国白酒12种代表性香型（表27）中产销量占比最大的香型。

表27　中国白酒的12种香型

香型名称	代表性产品
浓香型	泸州老窖特曲（四川）
酱香型	茅台酒（贵州）
清香型	汾酒（山西）
米香型	桂林三花酒（广西）
凤香型	西凤酒（陕西）
芝麻香型	景芝白干（山东）
豉香型	玉冰烧酒（广东）
特香型	四特酒（江西）
药（董）香型	董酒（贵州）
（浓酱）兼香型	白云边酒（湖北）
老白干香型	衡水老白干（河北）
馥郁香型	酒鬼酒（湖南）

长期以来，洋河大曲是“浓香型”白酒的代表之一。1999年，洋河公司试图打破通过香型来划分白酒香型子品类的传统做法，提出“绵柔型”白酒的新概念，试图在消费者心智当中抢占全新的品类位置。之后，经过三年的科研攻关，并通过对目标消费群体的口感测试和饮酒后舒适度进行综合分析，洋河对“绵柔型”白酒的酒体风格做出了准确的定义——“低而不淡、柔而不寡、绵长尾净、丰满协调”②。2003年，绵柔型健康白酒“洋

① 孙庆文. 认识白酒香型的衍变[J]. 酿酒，2006（1）：19–20.

② 曾亦钢. 三个“差异化”成就洋河蓝色经典[J]. 市场观察，2009（12）：100–101.

河蓝色经典”正式上市，其以“绵柔淡雅”和“低度浓香”为主要特点，清晰地划分出东、西部浓香型白酒的品类竞争界限。更为重要的是，从目标消费人群定位来看，“洋河蓝色经典”面向的是中高端市场，试图以此来摆脱先前长期以来洋河产品在消费者心中的中低端形象。当然，转战中高端市场在当时已经成为许多白酒品牌的集体战略选择，其中国窖 1573、水井坊、舍得、青花汾酒等就是典型代表，只不过“洋河蓝色经典”凭借绵柔型新概念试图从产品角度为自身进行市场定位。因此，从品牌占位层面来讲，洋河公司此次在白酒口味层面的创新行为对于攻占消费者心智可谓是非常有效的。

摆脱历史情结，传播蓝色文化

纵观中国知名白酒品牌的营销传播手法，以文化、历史、传说、典故、工艺和文物为诉求是许多企业的常用做法。这种传播模式，虽然可以增加消费者心目中的品牌知识点，但也会产生让人目不暇接甚至相互混淆的认知困境。讲品牌的历史故事？讲拥有的古老窖池数量？还是讲国内外获奖的经历？这是在洋河公司推出蓝色经典系列产品时所面对的第二个品牌定位难题。奈何，在这些方面江湖上关于“哥的传说”并没有那么多，即使有一些看似适合进行定位的“坑”也已经被诸多白酒知名品牌牢牢地霸占着。当然，这也是很多白酒品牌在进行品牌定位或者重新定位时所面对的共性难题之一。

“好风凭借力，送我上青云”。早在 1985 年，洋河就设计出了蓝色美人瓶的包装，从此与蓝色结下不解之缘。但其一直停留在部分产品的包装层面，并没有挖掘其背后可能存在的深层次品牌价值。为了强力启动新推出的洋河蓝色经典系列，公司需要为蓝色附加更为丰满的内涵和意义，以在消费者心中抢占全新的品牌位置。洋河公司认为，与中国白酒产品包装上传统的红、黄主色调相比，蓝色能够彰显出现代和时尚的个性，同时还能够代表宽广、博大、深邃和悠远。蓝色与“男人的情怀”（即对激情人生的向往和追寻）碰撞到一起，能够进一步激发出激越豪迈、宽广豁达、开拓进取、顽强坚毅的品牌内涵和个性主张①。就这样，洋河蓝色经典的品牌口号巧妙地摆脱了产品利益点，为品牌注入了情感、性格和价值观②。从这个角度来讲，洋河的品牌口号与消费者建立起了某种能够代表生活理念和价值观念的深度联系，无形而又深刻的品牌共鸣为企业在市场上扩张疆土提供了强大的助推力。可以说，在众多“全国名酒”当中，洋河属于第一个“卸下历史包袱”并变得“时尚”起来的品牌。

除了颠覆性的蓝色产品包装和蓝色情怀所代表的价值主张，洋河公司还围绕“蓝”和“梦”开展了一系列的品牌传播活动。例如以央视为主要媒体投放平台，推出新的品牌口号“海之蓝，天之蓝，梦之蓝。洋河蓝色经典，中国蓝”和“中国梦，梦之蓝”，循序渐进地让“海之蓝”中低端产品、“天之蓝”中高端产品和“梦之蓝”高端产品与目标受众接触。以“中国梦”的品牌主张为载体，洋河公益慈善行动高潮迭起。洋河先后启动“2012 中国梦 · 梦之蓝 CCTV‘寻找最美乡村医生’”大型公益活动，“梦想助力基金”捐助浙江卫视《中国梦想秀》；牵手央视原创大型音乐公益节目“梦之蓝·《梦想星搭档》”等③。在终端氛围布置方面，洋河也秉承蓝色主基调的渲染主题。由此，从产品到品牌、从空中到地面、从硬广到软文，洋河已经建立起了一整套辨识度较高的蓝色文化体系。2016 年，围绕中央电视台“体育梦”“大国梦”“科技梦”和“飞天梦”系列节目，

---

① 杨轩．加快探索白酒与现代生活的切合点——与江苏洋河酒厂董事长杨廷栋的对话 [J]．发展，2008（12）：149.

② 南京银都广告商务有限责任公司．蓝色经典，凸现胸怀——“洋河蓝色经典”白酒品牌重塑 [J]．广告人，2005（8）：40–42.

③ 王悦彤．洋河：“蓝海”创新的中国梦想 [J]．销售与市场（评论版），2014（4）：68–71.

洋河开展了大规模的“中国梦·梦之蓝”品牌传播活动。从以上讨论可以觅得洋河的品牌传播踪迹，即以“大平台、大事件、大传播”为手段来烘托品牌的高位、高端形象，这也是中国酒类品牌塑造形象的主流传播策略之一。

蓝色已经成为洋河公司“海、天、梦”系列产品的标准色，它既突破了中国白酒行业主流包装的经典色彩，也代表着深厚的企业文化和品牌属性。借此逐渐形成的洋河品牌蓝色文化在众多中国白酒品牌中独树一帜，让市场产生鲜明的产品识别和深度的品牌认知，同时也成了品牌能够与消费者心智进行深度连接并激发出心理共鸣的典型案例之一。2019 年以来，洋河为了站稳 600 元价格带而向市场主推的“M6+”，还打出了“下一个十年，更好的时代，值得更好的你”的品牌口号，这算是洋河的品牌传播策略的又一次延续。

执行深度分销，促动销售狂飙

如果我们仅仅将洋河的市场成功归因于产品口感和味觉层面的创新、蓝色文化的挖掘和传播，那么只是看到了表层因素。企业的商业成功一定体现在系统管理机制和资源合理配置在特定市场竞争阶段的极强适用性和深度协同性：一方面对其当时所面对的市场环境做出了实时的有效回应，另一方面其与商业合作伙伴之间的分工协作模式激发出了各自强大的主动性、创造性商业活动。就营销层面来讲，企业和分销渠道成员之间业务协同模式与利益共享模式的选择是决定性因素之一。在业界，洋河就以营销见长，其针对分销渠道的管理创新更是成为一时佳话。从这个角度来看，洋河围绕蓝色经典系列所进行的是一场系统性的营销创新运动。

早在 1999 年，洋河公司就提出了“大市场”概念，即着眼于区域市场的整体启动、着眼于启动市场的整套方法。2000 年和 2001 年，公司又先后提出了“板块市场理论”和“两个延伸策略”来补充“大市场”概念，即建立起稳固的区域市场，实现从城市向终端延伸和从城镇向农村延伸[①]。洋河公司在推广蓝色经典系列酒的过程中，还进一步实施了“1+1”营销模式，即酒企的销售分公司、办事处与分销商之间的关系从生意型关系向紧密型伙伴关系转化，酒企将一级分销商、二级批发商和销售终端都纳入了管理服务范畴。“1+1”营销模式有效避免了传统大商制模式之下酒企无法深度把控市场和终端的运营尴尬。之后，公司还把这一分销渠道操作思路嫁接到公司的其他系列产品身上。通过这种模式，将经销商和洋河公司紧紧捆绑到了一起，在双方携手开拓市场的同时，各自也获得了良好的收益[②]。例如，南京弘炜食品自从成为洋河蓝色经典系列酒的南京总代理之后，业绩获得飞速增长，在2007年的时候销售额就突破了2亿元。短短几年时间就从先前的三流分销商跃升到当地酒水分销商的前列[③]。“1+1”营销模式不仅让洋河公司培养和锻炼出一支属于自己的能够深谙终端销售之道的营销队伍，还让洋河公司能够更直接、准确地向消费者传递品牌个性和文化[④]。“1+1”营销模式为之后洋河在市场上开拓疆土奠定了坚实的渠道运营基础。例如，在这一模式的指引下，洋河蓝色经典系列产品销售收入从2004年的7600万元暴增至2006年的6.76亿元。根据国家统计局发布的“2007年度中国企业集团纳税五百强”排行榜显示，江苏洋河公司的表现在整个中国酒类企业中也较为抢眼（表28）。

---

① 杨廷栋，吴家杰，胡向阳．品牌战略：中国名优白酒企业发展的必由之路——江苏洋河集团实施名牌战略侧记 [J]．酿酒科技，2002（6）：108–110.

② 杨志琴，杨静．“蓝色风暴”的背后——江苏洋河集团董事长杨廷栋访谈录 [J]．酿酒科技，2005（4）：22–24.

③ 尹爱玲．洋河：实现经销商的财富梦想 [J]．中国酒，2010（3）：56.

④ “洋河蓝色经典”的成长历程 [J]．发展，2009（3）：149.

表 28 “2007 年度中国企业集团纳税五百强”酒类企业排行榜

单位：亿元

位次	地区	企业名称	纳税金额
62	贵州	中国贵州茅台酒厂有限责任公司	37.27
70	四川	四川省宜宾五粮液集团有限公司	33.23
83	山东	青岛啤酒股份有限公司	27.68
123	北京	北京燕京啤酒集团公司	16.88
194	山西	山西杏花村汾酒集团有限责任公司	8.79
214	山东	烟台张裕集团有限公司	7.46
235	四川	泸州老窖集团有限责任公司	6.62
253	江苏	江苏洋河酒厂股份有限公司	6.01
365	安徽	安徽古井集团有限责任公司	3.25
463	江苏	江苏双沟酒业股份有限公司	2.21

2006 年，洋河公司在“1+1”营销模式的基础之上又升级出了“4 × 3”模式，主攻单位团购和高档餐饮市场：即通过“集团消费 + 核心酒店 + 媒体公关”二方联动保证分销网络建设；通过“重点客户部 + 酒店直销部 + 品牌推广部”三位一体推动产品动销；通过“理念合一 + 社会公关能力强 + 经济实力强”三大标准来选择经销商；通过“责任主体 + 权力分配 + 利润分配”三者关系加强厂商伙伴型合作模式。此举也意味着，在核心酒店营销费用激增的背景下，洋河将面向政府、企事业单位的团购作为工作的重中之重，并通过针对在当地拥有政商社会资源的意见领袖开展大范围、大力度的品鉴会和高频次、长时间的“后备箱”赠酒工程来启动团购市场。2011 年，洋河进一步提出“5382”营销工程，即以“5 个围绕、3 个调整、8 个要点和 2 个要求”精神为指引，将团购工作上升为区域市场开发的优先战略[①]。在这一时期，洋河公司通过细致入微的酒店终端激活策略和灵活强悍的团购市场开发手段，充分享受了政商务中高端市场的消费升级红利。此外，洋河开展的终端拦截工程也可谓攻势凌厉。例如，公司曾于 2011 年

① 杨勇胜. 洋河股份十五年复盘暨展望：名酒复兴之标杆 [R]. 北京：招商证券，2018-08-11.

在江苏省内推行以“销售终端排他性陈列+终端门头广告位资源抢占”为主要操作思路的“天网工程”，其攻防手法和资源投入之强悍令竞争对手却步。为了维护严谨有序的庞大分销网络的建设和执行工作，洋河公司的营销人员数量也相应骤增。例如，2007 年公司仅有 427 名营销岗员工，而在 2019 年这一数字为 5632 人，公司还一度拥有超过 3 万人规模的地聘市场推广人员，经销商数量更是接近 1 万家，销售队伍的规模在整个中国白酒行业都长期高居榜首（图 9）。可以说，准确的品牌定位、强势的品鉴赠饮政策、健全的厂商市场开发体系和庞大的销售人员地面推广支持，共同推动着洋河公司在市场上的狂飙突进。

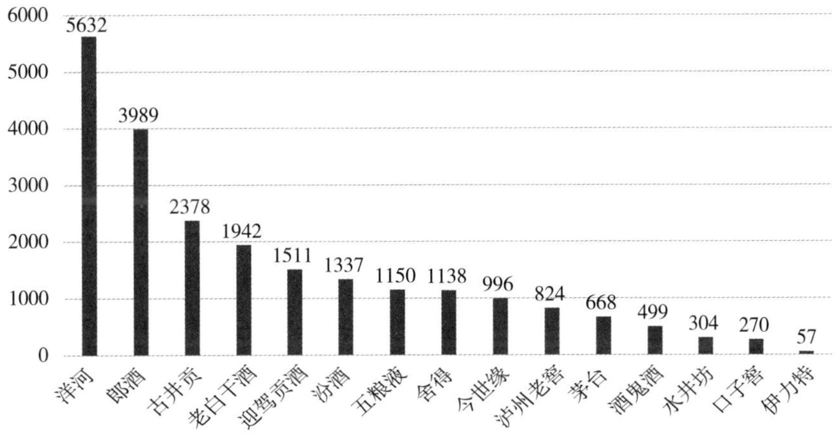

图 9　2019 年部分白酒上市公司销售人员数量

资料来源：相关公司 2019 年年报。

随着营销思路的逐渐成熟，洋河公司也拉开了全国化的进攻序幕。长时间以来，作为大本营，江苏市场一直是洋河最为重要的市场。2006—2009 年洋河在江苏市场所实现的收入分别占公司当年总营收的 84.27%、81.68%、74.48% 和 73.5%。2010 年之后，随着江苏洋河公司名优酒酿造技改项目的顺利实施和对双沟酒业的收购，公司迈入了进一步全国化的发展道路[①]。就在收购双沟酒业的2010年，洋河的营业收入超过泸州老窖，跻身行业三甲。2012年之后，在三公消费受到极大压制的背景下，洋河转而深耕省外市场并在全国市场广泛布局,公司提出了“新江苏市场”战略——在省外销售额超过800万元的重点县级市场和超过1500万元的重点市级市场复制江苏市场的操作模式，并以“522极致化工程”（表29）作为标准来指引省外市场的渠道建设和终端管理工作[②]。以山东、河南、安徽、浙江、湖北、北京、上海和天津等代表的“新江苏市场”逐渐成为公司新的增长亮点，致使洋河公司的全国化战略有序推进。随着省外市场的开拓与深耕工作的推进，“新江苏市场”的数量也由2015年的297个增加到2018年的498个，2019年上半年进一步增加到570个。

表29　洋河“522极致化工程”

	主要内容
5个极致化目标	氛围营造极致化 消费升级极致化 家宴市场极致化 商务团购极致化 新江苏打造极致化
2个极致化转型	互联网极致化转型 市场投入极致化转型
2个极致化保障	机制保障 组织保障

2013年，洋河公司并购湖北梨花村酒业，首次开启跨省收购行为。2014—2016年，洋河公司进一步并购湖南汨罗春酒业、哈尔滨宾州酿酒厂、贵州贵酒。由此，洋河在全国拥有了六大浓香型酿酒基地（省内：洋河、双沟、泗阳；省外：湖北、湖南、黑龙江）和一大酱香型白酒生产

① 毛晋楠．茅台PK洋河：白酒新老一哥上演“龟兔赛跑”[J]．中国品牌，2011（1）：70–72.

② 曹岩．匠人匠心，再续蓝色传奇[R]．华创证券，2018-01-21.

基地（贵州），公司白酒产品的年销量也突破了 21 万千升。通过整合江苏省内白酒企业和收购省外企业，洋河对江苏市场的依赖程度逐步降低。2018 年江苏省内市场占到总体营业收入的比例从 2009 年的 73.50% 下降到 51.02%，2019 年这一比例进一步下降至 47.61%。2013—2016 年白酒行业深度调整期间，洋河一方面布局"新江苏市场"战略和深耕省外市场，另一方面也通过跨省收购厉兵秣马、积蓄力量。此外，主要位于 100~300 元这一价格带的海、天系列产品在当时占比较高，也是洋河公司的业绩没有出现剧烈下滑的重要原因之一。

2003 年至今，洋河公司在市场上依次推进海之蓝、天之蓝和梦之蓝系列产品，从中端市场逐渐向次高端、高端市场依次拓展。大体路径为：前期凭借 100~150 元价格带的海之蓝在中档市场撕开裂口，站稳脚跟之后开始主推中高端品牌天之蓝，2015 年之后随着行业强势复苏又主推高端品牌梦之蓝。此外，为了顺应网络化购物的发展趋势，洋河还于 2013 年针对电商平台推出了"高之蓝、邃之蓝、遥之蓝"系列专供产品。2017—2019 年，洋河蓝色经典系列总营收占比大体在 70%~75%，而天之蓝、梦之蓝又能够占到蓝色经典系列营收比例的 60%。现今，洋河公司已经形成了覆盖各类细分市场的产品组合：高端、超高端市场以"手工班""梦之蓝 M6""梦之蓝 M6+""梦之蓝 M9""微分子酒"和"苏酒头排酒"等产品为主；次高端市场以"梦之蓝 M1""梦之蓝 M3"和"天之蓝"等产品为主；中端市场以"海之蓝"和"珍宝坊君坊"等产品为主；低端市场以"双沟"和"敦煌大曲"等产品为主。借助逐渐升级的深度分销模式和庞大的营销传播攻势，洋河的市场表现呈现出持续的快速增长态势。2004—2018 年，洋河公司的营业收入和净利润分别增长了 58 倍、541 倍（图 10），综合毛利率也长期居于 60% 之上，成绩令众多竞争对手侧目。而系统扎实的渠道建设所散发出的商业魅力，是洋河闯荡中国酒类行业江湖的必杀技之一，也是横亘在诸多竞争对手面前的一道强大的护城河。

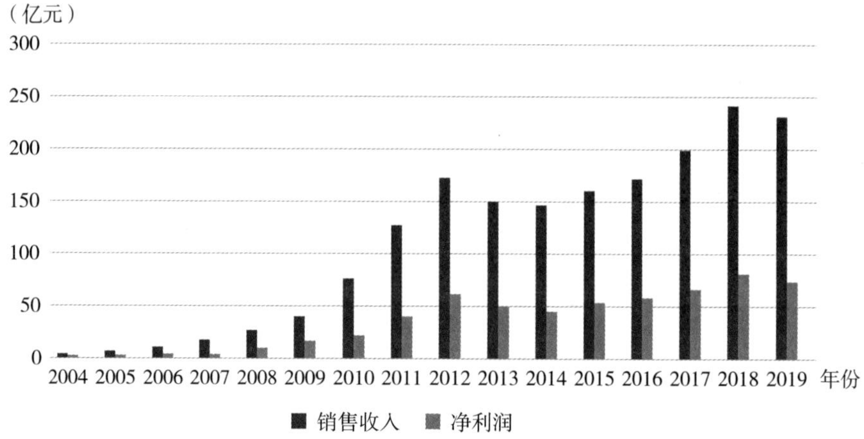

图 10　2004—2019 年江苏洋河酒厂股份有限公司业绩表现

资料来源：江苏洋河酒厂股份有限公司首次公开发行股票招股说明书，2009-10-26.
江苏洋河酒厂股份有限公司 2009—2019 年年报。

定位，一场攻占顾客心智的传播战役

说起“定位”（Positioning），我们不得不提到这一理论的提出者和创建者：艾·里斯（Al Ries）和杰克·特劳特（Jack Trout）。1969年，杰克·特劳特在美国《工业营销》杂志（Industrial Marketing）发表了《定位：同质时代的竞争之道》（“Positioning” is a game people play in today’s me-too market place.）一文，首次提出了“定位”概念。1972年美国《广告时代》杂志（Advertising Age）刊登“定位时代来临”系列文章，“定位”概念开始红极一时。艾·里斯和杰克·特劳特于1981年联合出版《定位：攻心之战》（Positioning: The battle for your mind）一书，完整地提出了定位理论体系。之后，在世界范围之内广受认可和推崇的定位理论进入了不断完善和成熟的发展阶段。定位理论的最大贡献在于，它指出了“潜在顾客的心智是市场竞争的终极战场，进入心智远比进入市场重要”①。现今，虽然“定位”这一最初被用于广告创意和品牌传播方面的术语已经被人们应用到了更为广泛的领域，但是其最本质的内容并没有发生变化——基于消费者认知体系，攻占其心智空间的独特位置。

要对品牌进行准确定位，需要围绕竞争参照系、相似点和差异点三方面开展工作。品牌的竞争参照系通常代表着特定品类，总是存在着若干个被广泛认可的标准或者属性，可以是物理属性也可以是非物理属性②。简单来说，对于特定品类来说，品牌如果不具备某些基本的特征或属性，会被认为是“非主流”。企业在品类竞争中能否胜出，就取决于各个竞争者在

① 里斯伙伴（中国）营销战略咨询公司. 定位理论的产生及四十年发展[J]. 销售与市场（管理版），2012（8）：40–45.

② 王海忠. 完全品牌定位的中国经验[J]. 经济管理，2007（21）：49–52.

该属性或者标准系统中的相对资源占有情况，以及在利用相似点和发掘差异点方面的不同运营的有效性表现。也就是说，品牌需要通过差异化来告诉市场你的“与众不同之处”。结合酒类品牌来说，产品的规格、包装、价格、原料和香型属于物理属性；消费产品所带来的精神愉悦、情绪表达、身份认同、地位彰显属于非物理层面的属性。这两类属性均属于酒类竞争中广为行业和消费者遵循和认可的原则和标准。举一个简单的例子。假设A、B和C三个酒类品牌同处于一个细分市场，即会针对同一目标消费群体展开竞争。如果酒类品牌A认为自身在品牌历史方面与主要竞争者B相比较不占据优势，那么它有可能会选择香型或者包装来进行突破，而其竞争对手B则会把品牌历史做深做透。如果另一竞争者C也具有悠久的历史，那么其与B之间的品牌定位可能会围绕价格和消费场景等层面实现深度差异化。

简单来说，“你无我有，你有我优”是品牌定位成功实现差异化的主要表现。而围绕特定消费场景、特定消费人群、特定产品功能属性、特定行业地位等都可以让酒类品牌在差异化的道路上各显其能。例如茅台长期强调自己的国酒身份；五粮液公司出品的黄金酒主攻酒类礼品这一细分市场；张裕最近几年提出“全球葡萄酒品牌运营商”的定位口号；雪花啤酒曾喊出过“全国啤酒销量多年持续第一”的传播诉求；水井坊曾经的“中国白酒第一坊”；婚宴市场一直是今世缘的目标市场之一；剑南春与“首家通过纯粮固态发酵白酒认证”相捆绑；汾酒争夺“首次国宴用酒品牌”制高点；酒鬼酒建立馥郁香型标准体系；等等。

最后，一个有效的品牌定位从最初设计到成功实施还须符合以下5方面的原则：（1）某一品牌个性或者形象能够在消费心智当中占据一个独特的位置；（2）这一独特的品牌形象或者个性须明显有别于竞争对手；（3）这一独特的品牌形象或者个性对于目标消费者来讲是有意义的；（4）这一独特的品牌形象或者个性具备足够多的支撑点或者证据链，经过持续的传播能够让消费者信服；（5）处于顶层战略设计的品牌定位，还需要企业在主流圈层消费培育、终端渠道选择、价格体系制定与维护和产品组合等方面做出相应的调整和建设。总之，品牌定位是以产品或服务为载体的一场攻占消费者心智的战役，是在消费者心智中占领独特价值承诺位置的传播运动。这种价值承诺可以体现在功能价值层面、情感价值层面和社交价值层面，甚至是财务价值层面。

巧妙精准的创意表现通过整合营销传播实现对外传播是保证品牌定位精准落地的根本保证。首先，品牌定位需要通过能够激发出目标群体丰富联想的品牌口号予以表达，一语中的地传递品牌的核心价值观念。其次，包装、色彩等视觉符号的选择和设计也是传递品牌定位的必要载体。再次，无论是利用覆盖面广泛的传统强势媒体所开展的大传播，还是采用更多碎片化、移动互联媒体所进行的微传播，在有效的品牌接触点持续地“用一个声音说话”是传播品牌定位的制胜武器。最后，定位着力点选择不准确或者无法有效落地，还会导致品牌无法完整地走完生命周期就在市场上偃旗息鼓，甚至退出市场。当然，在市场环境发生剧变的情况之下，品牌还可能会遭遇再定位或者重新定位的问题，这从根本上来讲，是进入了新一轮在消费者心智中构建品牌知识体系并实现占位的过程。届时，需要我们结合新的市场变量和资源要素，再次进行配置和组合，周而复始，重新出发。

泸州老窖，“荣耀复兴”的逐梦人

你能听到的历史124年，

你能看到的历史162年，

你能品味的历史428年，

国窖1573。

——“泸州老窖·国窖1573”电视广告语（2001年）

酒税，一直以来都是中国历代政府获得财政收入的重要来源之一。税收政策的实施除了可以直接增加政府财政收入之外，也可以体现出政府为了实现特定时期的政治、经济和社会发展目标，通过对某类纳税人和征税对象的税收政策调整而促进整个社会产业结构的调整和优化。税收政策的调整和变化能够影响白酒企业的产品成本构成、出厂价格和终端零售价格，甚至还能够决定行业在特定发展阶段的产品结构、支出项目和市场拓展的演进方向。而对于白酒生产企业，能否依靠提高价格来转移新增加的税负，要取决于市场对于产品价格变动的反应程度,即产品的价格弹性①。1949 年以来，中国白酒行业的历次税收政策调整（表 30）都对行业的发展走势和特定企业的运营方向起到了重要的引领作用并产生了决定性的影响。

表 30　中国白酒税收政策变革历程

<table>
<tr><th>时间</th><th>主要内容</th></tr>
<tr><td colspan="2">涉及企业所得征收的税种主要为：1950—1983 年，私营企业、集体企业和个体工商户缴纳工商业税（所得税部分）、国营企业实行利润上缴制度。1984 年之后，政府对国营企业征收企业所得税（大中型国营企业实行 55% 的税率、小型国营企业和集体企业实行 10%~55% 的 8 级超额累进税制、私营企业实行 35% 的税率）和企业调节税（纳税人为大中型国营企业）。
国内销售环节征收的税种经历不同税种时期：货物税（1949—1952 年）、商品流通税（1953—1957 年）、工商统一税（1958—1972 年）、工商税（1973—1983 年）和产品税（1984—1993 年）</td></tr>
<tr><td>1984 年之前</td><td>1950 年，白酒按固定税额，每斤酒征二斤半小米；
1983 年之前，包括议价粮酿酒在内的粮食酿酒：60%；饲料粮酿酒：40%；
1983 年，用议价粮或加价粮生产的白酒按 30% 税率征收工商税</td></tr>
<tr><td>1984—1993 年</td><td>工商税改为产品税。粮食白酒、饲料粮酿制白酒税率均为 50%；薯类白酒 40%。其中，用市场议价或者加价采购酿酒用粮的按照 30% 征收；用市场议价或者加价采购薯类的按照 20% 征收</td></tr>
</table>

① 杨柳．新消费税下白酒企业的应对措施 [J]．酿酒科技，2010（2）：117-120.

续表

时间	主要内容
1984—1990 年	大中型国营白酒企业的所得税税率为 55%
进入新时期：企业所得税、消费税和增值税共同征收。将国营企业所得税、国营企业调节税、集体企业所得税和私营企业所得税合并为企业所得税，一般企业的所得税税率为 33%，并在生产经营领域征收增值税和消费税	
1991 年	根据国家产业政策和项目经济规模征收固定资产投资方向调节税，实行差别税率：0%、5%、10%、15%、30%。白酒企业的固定资产调节税为 30%
1994 年	一般内资企业的所得税税率为 33%。此时外资企业所得税率为 15%，合资企业为 17%
1994 年	取消产品税、营业税。除 33% 的企业所得税之外，同时征收增值税（17%）和消费税（对粮食白酒、薯类白酒分别征收 25%、15% 的从价税）
1998 年	对粮食类白酒（含薯类白酒）广告宣传费一律不得在企业所得税税前扣除
2000 年	暂停征收固定资产投资方向调节税，此政策一直延续到了 2013 年该税种被正式取消
2001 年	维持现有白酒消费税税率不变，另外加征 0.5 元 /500 克（毫升）的从量税
2002 年	取消对白酒上市公司先征 33% 再返 18% 的企业所得税优惠政策
2006 年	将粮食白酒与薯类白酒的消费税税率统一调整为 20%。此外，0.5 元 /500 克（毫升）的从量税维持不变
2008 年	一般内资企业所得税税率从 33% 下降到 25%。内外资企业的所得税税率均统一为 25%
2009 年	在保持从价税税率 20% 不变的基础上，对设立销售公司的白酒生产企业，执行核定的消费税最低计税价格：不得低于实际销售价格的 50%，其中大型酒企不得低于 60%
2014 年	取消 5% 的酒精消费税
2017 年	白酒消费税最低计税价格核定比例由 50% 至 70% 统一调整为 60%
2018 年	白酒生产企业的增值税税率从 17% 降低到 16%
2019 年	白酒生产企业的增值税税率从 16% 降低到 13%

根据《财政部、国家税务总局关于调整酒类产品消费税政策的通知》（财税〔2001〕84 号文），决定从 2001 年 5 月 1 日起，调整白酒产品消费税政策，对白酒实行从价和从量相结合的复合计税方法。主要内容为：（1）对粮食白酒、薯类白酒在维持按照出厂价格分别以现行的 25%、15%

税率从价征收消费税的同时，每斤白酒再以0.5元从量征收消费税；（2）取消以外购酒勾兑生产酒可以扣除其购进酒已纳消费税的政策。从政策制定和调整的出发点来看，通过本轮白酒消费税调整，除了可以增加政府税收之外，还可以达到以下目的：一方面可以限制白酒产量上涨，减少酿酒用粮数量，引导酒类产品结构调整；另一方面规范白酒企业纳税行为，制约白酒企业通过设立销售公司和关联公司等手法转移定价等的做法。

新政策出台之后，中低档白酒产品遭遇了更为严峻的成本压力，白酒企业纷纷通过压缩产能、降低产量或者提高产品出厂价格的方式来应对。市场甚至出现了两极分化的情况：（1）原先以中低端市场为主的白酒企业由于市场可以接受的提价空间有限而不得不大幅压缩产能；（2）而原先对高中低端市场全线覆盖的白酒企业在压缩低端酒产能或者提高中低端产品出厂价的同时，开始大幅度提高中高端产品的出厂价格，或者直接向市场推出新的高端产品。继低档酒涨价之后，茅台、五粮液、剑南春等主流高端白酒品牌不断提价，并呈现愈演愈烈之势。由此，也无心插柳地开启了中国白酒品牌的集体高端化进程。而本轮消费税政策调整倒逼白酒提价或者推出高端品牌，恰恰又与中国经济即将迎来的十年黄金时期形成了时空共振。

2001年之后，以“国窖1573”“水井坊”“洋河蓝色经典”“青花汾酒”和“舍得”为代表的中高端、超高端品牌横空出世，深具差异化的市场定位、品牌沟通和市场操作手法，与其他白酒品牌一起，将带领中国白酒行业进入全新的品牌营销时代。

“双轮驱动”布局高端，“五大单品”各司其职

长时间以来，泸州老窖在浓香型白酒领域一家独大，1988年其产量是五粮液、郎酒、剑南春和全兴大曲四家之和。可以说，在五粮液发迹之

前，泸州老窖在浓香型白酒江湖的地位显赫、独步天下，素有“浓香鼻祖，酒中泰斗”之称。由此，在汾酒称王称霸之前，业界还出现过“泸老大”的说法，可见其在中国白酒行业确实是属于“超级大咖”级别的品牌之一。1991—1993 年，泸州老窖酒厂分别实现销售收入 1.39 亿元、2.13 亿元和 2.25 亿元，年总产量均超过 1 万千升。因错失 20 世纪 80 年代末期开始的连续涨价机会而导致品牌高端化支撑力不足，再加上白酒消费税改革所带来的成本压力，泸州老窖公司想要通过全新的品牌战略化解这些困境。作为曾经引领中国白酒行业的领导品牌之一，如何把企业长期积累的优势资源转化为驱动经营效益的力量，成为泸州老窖公司寻求突破的着眼点。

1996 年，泸州老窖股份有限公司旗下的泸州明代酿酒窖池被列为“全国重点文物保护单位”，成为国宝一级的窖池群，号称“中国第一窖”。这一酿酒窖形成规模始于 1573 年，并连续使用至今，“国窖”由此得名。为了庆祝这一事件，泸州老窖公司特推出“国宝酒”以兹纪念。1999 年 9 月 9 日，泸州老窖出品了 1999 瓶以“泸州老窖·国窖酒”命名的收藏级高端酒，每瓶容量 1999mL，并对产品做了从 0001 到 1999 的编号。其中，1992 瓶由泸州老窖珍藏，逢重大时刻启封①。泸州老窖将通过将该收藏级特曲酒赠送给董建华、何厚铧等名人，借助事件营销达到了良好的传播效果。这进一步坚定了泸州老窖通过进入蓝海市场来发力高端市场的决心。经过专业的包装设计，一款包装沉稳、厚重同时又能够助力泸州老窖重返“中国白酒第一阵营”的产品就这样问世了。

2001 年，编号为 2000 之后的“国窖酒”被更名为“国窖 1573”，并正式推向市场。公司一举将新品牌定位在了面向商务酒、政务酒消费场合的“超高端”市场。当时，国窖 1573 的出厂价为 268 元 / 瓶，直接越过了五

---

① 单雨，王仕佐.“国窖·1573”，于无声处响惊雷——访泸州老窖集团副总经理张良先生 [J]. 酿酒科技，2002（3）：17-19.

粮液和茅台（2001 年，53 度飞天茅台的出厂价为 218 元 / 瓶，52 度水晶瓶装五粮液的出厂价也只有 249 元 / 瓶），甚至还要高出 20%~30%。同时，泸州老窖公司把 2001 年确定为“国窖酒推广年”，从市场投入、广告宣传、渠道建设、人力资源等方面全力支持国窖 1573 系列产品的市场营销工作。在经过 3 年的市场导入之后，国窖 1573 初步在市场站稳了脚跟。2003—2004 年，国窖 1573 系列酒销售收入同比分别增长 50%、91%。2005 年，公司全年共销售国窖 1573 系列酒 820 千升，相较上一年度增长 72%。2006 年，“国窖”牌商标被评为“中国驰名商标”，泸州老窖酒酿制技艺入选“国家非物质文化遗产”（表 31）。2007 年，经过连续几年推行“国窖 1573+ 泸州老窖特曲”的双轮驱动品牌战略，公司又迈上一个新的台阶——国窖 1573 系列产品销售收入首次突破 10 亿元，成功完成了品牌的跃升。

表 31 “国家级非物质文化遗产代表性项目”蒸馏酒传统酿造技艺名录

入选时间	所属省 / 市	项目名称
2006 年	贵州省	茅台酒酿制技艺
2006 年	四川省	泸州老窖酒酿制技艺
2006 年	山西省	杏花村汾酒酿制技艺
2008 年	北京市	北京二锅头酒酿制技艺
2008 年	河北省	衡水老白干酒酿制技艺
2008 年	河北省	山庄老酒酿制技艺
2008 年	山西省	梨花春酒酿制技艺
2008 年	辽宁省	老龙口白酒酿制技艺
2008 年	吉林省	大泉源酒酿制技艺
2008 年	四川省	五粮液酒酿制技艺
2008 年	四川省	水井坊酒酿制技艺
2008 年	四川省	剑南春酒酿制技艺
2008 年	贵州省	古蔺郎酒酿制技艺
2008 年	四川省	沱牌曲酒酿制技艺
2008 年	河南省	宝丰酒传统酿造技艺
2008 年	辽宁省	板城烧锅酒传统五甑酿造技艺

资料来源：根据中国非物质文化遗产网资料查询综合整理。

也是在强推国窖1573品牌的过程中，泸州老窖公司再次走上了快速增长的道路。2002—2012年，公司高档酒销售收入取得了超过13倍的增长，毛利率也稳稳站在了80%以上（表32）。2012年，泸州老窖公司白酒产品实现了19.37万千升的销售量，酒类营业收入首次突破100亿元，达到113亿元，其中国窖1573系列产品实现收入75.6亿元。2012年1月，52度国窖1573出厂价提高到889元/瓶，再度超过53度飞天茅台和52度经典五粮液的出厂价格，力度空前。在中央八项规定出台直接引发行业深度调整的大背景下，公司于2013年7月再次将52度国窖1573出厂价提高至999元，次年该系列产品销售收入直线下降为9亿元，销量下滑至1000千升[①]。到2014年12月，国窖1573出厂价经历3次下调，从999元/瓶降低到550元/瓶，而此时经过调整的经典五粮液的出厂价也从先前的729元/瓶降低到609元/瓶。行业深度调整时期，当时的柒泉公司作为泸州老窖经销商在行业价格带下移、利润空间大幅压缩的情况下，侧重推广周转率高的产品而导致中高端产品销售严重下滑，还在很多地区出现下一级经销商流失的情况[②]，这也为日后品牌专营模式的推出埋下了伏笔。2015年，为了稳定国窖产品的价格，维护销售渠道利润，公司还推出了回购市场上低价国窖产品的举措。2017年，在行业恢复增长的推动下，泸州老窖公司营收重回百亿元，国窖1573系列酒销售量达到6000千升左右，销售收入47亿元，再次归为中国白酒行业的大单品。在坚定推行品牌高端化战略的作用下，公司的高中档系列酒毛利率逐年攀升，其中2018—2019年的表现尤为突出（表33）。2019年，泸州老窖公司推出定价超千元的“国窖·鸿运568”战略新品，该产品价位介于“国窖1573”和“国窖1573·中国品味”之间，目的在于稳固国窖1573在千元价格地带的战略地位，且成效显著。

---

① 田闯．泸州老窖：1573的低调回归[J]．股市动态分析，2018（31）：27-28.

② 闫伟，胡春霞．详解泸州老窖品牌专营模式[R]．北京：国泰君安证券，2016-10-17.

2019年前三季度，国窖1573系列产品销售收入突破100亿元，跻身中国白酒百亿大单品行列。

表32 2002—2012年泸州老窖公司高中低档系列酒业绩表现

	高档酒		中低档酒		净利润（亿元）
	销售收入（亿元）	毛利率（%）	销售收入（亿元）	毛利率（%）	
2002年	5.52	74.14	3.88	35.94	0.5142
2003年	5.97	71.00	4.15	27.34	0.4184
2004年	6.09	74.25	5.52	25.54	0.4541
2005年	8.15	75.94	5.96	23.94	0.4618
2006年	10.09	66.93	8.24	26.77	3.37
2007年	13.09	79.25	12.88	41.18	7.73
2008年	24.89	81.27	12.01	33.41	12.66
2009年	26.39	82.44	19.96	43.08	16.75
2010年	35.18	84.22	16.70	35.94	22.05
2011年	56.41	81.93	25.91	29.89	29.05
2012年	75.64	81.58	37.19	30.91	43.90

资料来源：泸州老窖股份有限公司2002—2012年年报。

表33 2018—2019年泸州老窖高、中、低端产品业绩表现

	2018年			2019年		
	销售收入（亿元）	收入占比（%）	毛利率（%）	销售收入（亿元）	收入占比（%）	毛利率（%）
高档酒	63.78	48.85	91.85	85.96	54.35	92.81
中档酒	36.75	28.15	79.71	37.49	23.70	82.20
低档酒	28.06	21.50	42.51	32.71	20.68	48.36

资料来源：泸州老窖股份有限公司2018年、2019年年报。

自从推出国窖1573之后，泸州老窖公司在产品的价格设置方面坚定地执行了跟随战略——紧紧跟随茅台、五粮液的持续涨价策略；尤其以五粮液价格为标杆，步步为营，以凸显其产品较高的性价比[①]。当然，中国高

① 肖婵，叶书怀. 国窖高增特曲回归，销售团队扩容渠道下沉渐进，看好公司弹性空间[R]. 东方证券，2018-01-25.

端白酒的超高价格体系也引起了监管层的注意。2013 年，由于涉嫌价格垄断，茅台公司和五粮液公司被政府部门分别处以 2.47 亿元、2.02 亿元的罚款，以示告诫。

泸州老窖公司在形成“国窖 1573+ 泸州老窖特曲”双品牌驱动战略的同时，一方面推出新产品以夯实中高端市场基础（2009—2015 年，公司先后推出“泸州老窖年份特曲”“国窖 1573 · 中国品味”和“窖龄酒”等），另一方面也开始转向开发酒、定制酒和贴牌酒等系列酒品牌的整顿和清理工作。尤其是在 2015 年之后，品牌瘦身工作更是开展得如火如荼（例如仅在 2016 年 2 月就清理了总经销产品 1874 个，至 2018 年底产品条码删减已超 90%），并成功地梳理出适合不同消费场景的主打产品系列，即“五大单品”——国窖 1573（高端）、窖龄酒（次高端）、泸州老窖特曲（中端）、泸州老窖头曲（低端）、泸州老窖二曲（低端），如表 34 所示。现今，泸州老窖通过以“双品牌驱动 + 五大单品助力”为核心的品牌—产品战略矩阵顺利实现了较为明晰的区隔，呈现出了能够相互支撑的齐头并进效应，其最终目标是要占据“浓香鼻祖、浓香国酒、浓香正宗”三位一体的品牌制高点。

表 34　泸州老窖“五大单品”组合

产品系列	市场定位
国窖 1573	浓香国酒，顶级消费圈层第一品牌（超高端、高端）
窖龄酒	商务精英第一用酒（次高端）
泸州老窖特曲	中国名酒宴席第一用酒（中端）
泸州老窖老头曲	大众消费白酒（低端）
泸州老窖精品头曲	青年商务酒（低端）
泸州老窖二曲酒	中国白酒大众消费第一品牌（低端）

渠道变革强力升级，深度激励为引“活水”

“渠道为王”已经成为企业在市场上获得竞争优势的制胜法宝。所有白酒企业在不同时期都对分销渠道的建设提出过各自的战略目标和战术打法。其中，如何充分调动销售人员和经销商的积极性成为所有企业一直在探索的运营课题。在 20 世纪 90 年代，泸州老窖初步建立起了遍布全国主要市场的分销网络，之后公司又根据竞争环境变化对渠道模式进行了若干轮的调整和完善。泸州老窖在分销渠道的强力变革，大致经历了三个不同的阶段，而每一阶段都能在上一阶段的基础之上寻找到具有战略升级意义的全新的运营激励模式。

第一阶段：摸索阶段——股权激励模式（2006—2008 年）。2006 年，泸州老窖股份有限公司通过定向增发形式将 8 名区域重点经销商纳入利益捆绑和激励体系，经销商以 1000~6000 万元不等的价格认购了 3000 万股股票，锁定期为 1 年。山东国窖酒业、保定隆华商贸、上海荣生实业、石家庄桥西、佛山大沥陆升、汕头金页、桐乡糖业烟酒和深圳蓬鹏实业等泸州老窖公司的重点区域经销商悉数入围。同年，还针对公司管理层和骨干人员制定了“股票期权激励计划”，极大地提振了员工与企业共发展的决心和战斗力。通过股权激励方式发展新型厂商关系并激发员工积极性，为公司在部分重点市场的战略布局奠定了坚实基础，也成了下一步推出的柒泉模式的雏形。就在定向增发的第二年，泸州老窖在营业收入、营业利润和净利润三个方面分别实现了 51.95%、115.65%、139.28% 的大幅增长。

第二阶段：深入阶段——柒泉模式（2009—2014 年）。2009 年，公司进一步优化经销商激励体系，而且更具创新性——以区域为单位，由泸州老窖公司、公司原销售人员与区域经销商共同投资入股且为新加入的经销商预留股权，然后成立片区营销公司，负责泸州老窖系列产品在该区域的品牌营销和市场销售工作，是为“柒泉模式”。柒泉公司的董事长由参股经销商推选，总经理由拥有股份的原片区经理担任。最初成立了 7 大柒泉公司，效果立竿见影。2010 年，泸州老窖公司的前五名客户中，泸州老窖柒泉营销华北酒业股份有限公司（实现营收 12.59 亿元）、泸州老窖柒泉营销西南酒业股份有限公司（实现营收 7.66 亿元）、泸州老窖柒泉营销华中酒业股份有限公司（实现营收 6.15 亿元）和泸州老窖柒泉聚成酒业销售有限公司（实现营收 2.44 亿元）分别占据第 1、2、3、5 位，这四家柒泉公司合计占公司当年总营业收入的 54.37%。之后更是稳中有升。此外，泸州老窖旗下的部分自营系列酒和 OEM 经销商买断品牌也交由部分柒泉公司来运营。在“柒泉模式”下，经销商和销售人员由于受到入股和分红的激励，在市场开发和销售方面的积极性大增。这种模式相当于泸州老窖公司将销售业务外包给了柒泉公司，既可以充分利用经销商的资金和分销网络资源，还可以有效降低泸州老窖公司的销售费用，曾一度被奉为白酒行业的经典营销模式之一[①]。此外，泸州老窖团购和高端定制业务交由设立于 2009 年的“泸州老窖贵宾服务有限公司”负责。2009—2012 年，公司业绩连续大幅增长，其中深度捆绑销售人员和经销商利益的“柒泉模式”起到了非常重要的推动作用。

第三阶段：升级阶段——品牌专营模式（2015 年至今）。为了配合公司“双品牌驱动 + 五大单品助力”战略的扎实落地，保证每一个品牌、每一个大单品都能实现齐头式健康增长，泸州老窖公司开始探索一种全新的区域市场开拓模式——“大经销商持股 + 销售人员持股 + 直分销并行”的品牌专营模式。相比“柒泉模式”，品牌专业模式通过重新优选适合五大单品市场分销和推广的经销商群体，在渠道和终端掌控、销售费用控制等

① 贺琪，王楠，李晴．泸州老窖：改革成效显现，基本面走向稳定 [R]．华泰证券，2018-04-03.

方面具有更多的优势[①]。为此，泸州老窖先后成立了三家品牌专营公司：泸州老窖特曲酒类销售有限公司（2014 年，专营“泸州老窖特曲”）、泸州老窖国窖酒类销售有限公司（2015 年，专营“国窖 1573”）和泸州老窖窖龄酒类销售有限公司（2016 年，专营“窖龄酒”）。而成立于 2008 年的泸州老窖博大酒业营销有限公司则主要围绕中低端产品（泸州老窖头、二曲、泸小二和老酒坊等）来运营，具体品牌管理组织结构如图 11 所示。在各个品牌专营公司都有符合要求的核心经销商以现金方式入股，然后下设若干专营子公司，负责各个区域市场的深度开发和终端建设[②]。品牌专营公司模式逐渐替代柒泉公司模式，可以认为是升级版的渠道管控体系，原先柒泉公司的经销商被重新划归到相应的品牌专营公司，然后以销售收入为参照设定其入股、分红比例，最后通过泸州老窖公司对销售业务的系统投入达到深耕市场和掌控终端的目标。

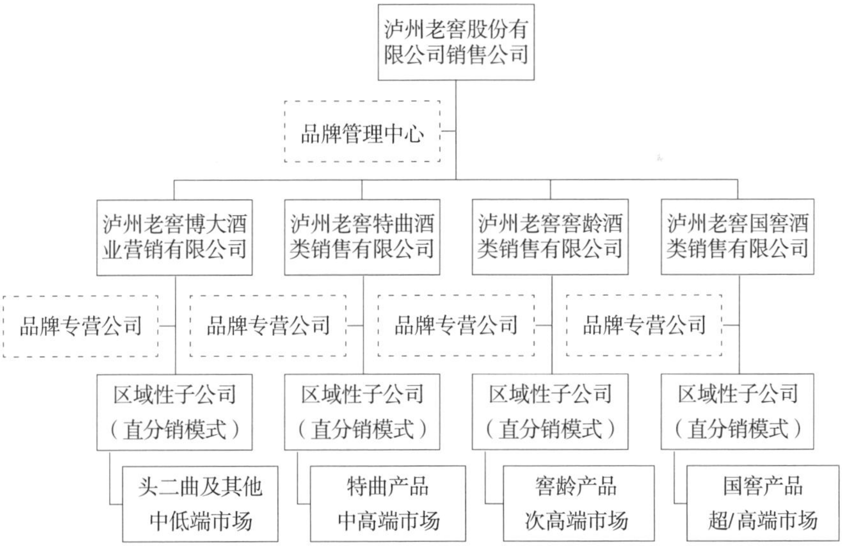

图 11　泸州老窖公司的品牌管理组织结构

① 张建峰．泸州老窖突破千亿元市值，重回“三甲”非坦途 [J]．财经，2017（29）：38–43.

② 赵浩然．泸州老窖突围回归已成定局 [R]．深圳：长城证券，2017–11–12.

经过前后三个阶段的调整，泸州老窖公司在实现激励经销商和销售人员的基础上，也希望牢牢地把终端掌握在自己手中。同时，通过组织架构的调整和设计，泸州老窖公司依托“销售公司—品牌专营公司—经销商（或团购商、或终端）”的直分销发货路径，将产品的定价权从区域性的渠道公司收回，从而实现了对品牌专营公司的良好控制，最终更好地与“双品牌驱动 + 五大单品助力”战略的实施相匹配，有效地实现了品牌建设和战略性产品销售在全国各地市场的落地和生根。为了配合该战略的顺利实施，泸州老窖公司还及时地提出了双“124”工程（产品动销量目标：100 家三类终端，200 家二类终端，400 家 A 类终端）和百城万店工程（全力聚焦建设重点区域和核心位置的形象店和精品柜），从而对区域市场分销渠道建设工作做出方向性的指引，以确保品牌专营公司模式能够在较短的时间之内完成过渡并焕发出更强的渠道活力。

意欲重回行业三甲，前有劲敌后有追兵

自 20 世纪 90 年代以来，中国白酒市场就有了“茅五剑”的提法，三大企业代表着行业的高端品牌第一阵营。1998—2009 年，泸州老窖凭借“国窖 1573”的强势崛起一直稳居中国白酒上市公司前三甲的位置，市场上由此形成了“茅五泸”的说法。2010、2011 年，泸州老窖的营业收入和净利润先后被洋河股份赶超，白酒上市公司排名降至第四名，之后两者之间的业绩差距愈发明显，市场上又有了“茅五洋”组合的新提法。然而，泸州老窖收复失地、光复荣耀的决心一直没有丢却，追赶的脚步也一直没有停歇。

近几年来，包括泸州老窖在内的多家企业都提出了冲击行业前三甲的战略目标。虽然在很多行业都有“老三位置最不稳”的说法，但就目前来看，在江苏洋河遥遥领先的态势之下，包括泸州老窖在内的各大竞争对手

的进攻目标更像是对行业排名第四位次的激烈争夺（表35）。泸州老窖公司在向前进阶的同时，还要防止汾酒、古井贡和剑南春从其背后反超。而近些年牛栏山咄咄逼人的态势更是让所有觊觎第四位次的竞争者们如芒在背。

表35　2009—2019年泸州老窖与主要竞争对手业绩比较

单位：亿元

	泸州老窖		洋河股份		山西汾酒		古井贡酒	
	营业收入	净利润	营业收入	净利润	营业收入	净利润	营业收入	净利润
2009年	43.70	21.52	40.02	12.54	21.43	3.55	13.43	1.40
2010年	53.71	29.19	76.19	22.05	30.17	4.94	18.79	3.14
2011年	84.28	29.05	127.41	40.21	44.88	7.81	33.08	5.66
2012年	115.56	43.90	172.70	61.54	64.79	13.27	41.97	7.26
2013年	104.31	34.38	150.24	50.02	60.87	9.60	45.81	6.22
2014年	53.53	8.80	146.72	45.07	39.16	3.56	46.51	5.97
2015年	69.00	14.73	160.52	53.65	41.29	5.21	52.53	7.16
2016年	83.04	19.28	171.83	58.27	44.05	6.05	60.17	8.30
2017年	103.95	25.58	199.18	66.27	63.61	9.52	69.68	11.49
2018年	130.55	34.86	241.60	81.15	94.44	15.07	86.86	16.95
2019年	159.17	46.42	231.26	73.82	118.80	19.39	104.17	20.98

资料来源：相关上市公司2009—2019年年报。

为了保证市场扩张给生产能力造成的压力，2016年起，泸州老窖公司开始进行酿酒工程技术改造升级工程，预计到2025年12月总工程完成之时，将具备优质白酒10万千升、曲药10万千升和储酒30万千升的年生产能力[①]。届时，通过新老窖池置换，可以释放出更多的泸州老窖高端产品产能，国窖1573系列产品的销售量也将从2019年的9000千升增长到20000千升左右。当然，泸州老窖公司对此也保持着清醒的认识：只有通过进一步做大、做深、做透全国市场，让以“双品牌＋五大单品”为核心的所有

① 郑伟. 泸州老窖：共享新瓶VS财务老酒[J]. 首席财务官，2017（24）：28-34+6.

产品板块齐发力，坚决从“防守型”向“进攻型”战略转变，才能在未来以增量重新分配为主要特征的市场竞争中获得胜算①。现今，茅台和五粮液为公认的全国性品牌，其他知名白酒企业处于泛全国化或者准全国化市场布局 / 升级阶段；普茅、普五和国窖 1573 是高端市场最具代表性的三大单品；古井年份原浆、水晶剑南春、青花汾酒、洋河梦之蓝和红花郎等为次高端市场的代表性大单品，小郎酒、玻汾、牛栏山陈酿、五粮醇、五粮春、金剑南、泸州老窖特曲等产品在全国重点区域的中低端市场表现良好。此外，酒鬼·内参酒、洋河梦之蓝·手工班、郎酒·青花郎、智慧·舍得等都在奋发努力，积极向高端市场靠拢。可以说，每一个主流价格带都林立着众多虎视眈眈的竞争对手。从目前中国白酒行业的竞争格局来看，泸州老窖要按照其预想的那样成功实现在行业内的位次跃升，还有不少的路要走，也绝非一片坦途。

---

① 牛绮思，伍素文. 白酒“季军”争夺战，泸州老窖胜算几何？[J]. 中国经济周刊，2018（25）：66-67.

感知质量，“你认为的比事实本身更重要”

通俗意义上来讲，我们通常所讲的产品质量指的是产品的内在质量，可以通过一系列的技术指标加以衡量和测定。因此，产品的内在质量确实有高低之分，通常也能够反映企业生产成本的多寡。产品的内在质量通常指的是产品本身的质量或者产品特征、特性的表现状况，具体表现在产品的适用性、安全性、可靠性和经济性等方面①。任何一名消费者，都希望用一定的钱购买到质量相对最优的产品。那么，消费者如何判断一款产品的质量高低？对绝大多数消费者而言，要从技术层面去科学地判断一款产品的质量是高是低，还真不是一件手到擒来的事情。这样，很多消费者就会通过其他的一些外在线索或者因素来帮助他/她判定一款产品的质量高低。

要越过产品的内在质量来判断产品质量的高低，消费者可以借助以下6种线索：（1）产品的产地或者来源国。许多国家和地区在生产某类产品方面具有悠久的历史和良好的市场声誉，例如瑞士钟表、意大利皮具、法国化妆品、德国汽车、日韩美消费电子产品、云南普洱茶、景德镇陶瓷和烟台苹果等。（2）品牌或者生产企业名称。知名的品牌或者生产商对于消费者来说代表着一种品质承诺，消费者认为从此类企业购买产品会降低其购物风险。（3）产品包装。“好马配好鞍”这句话用在判定产品质量方面也是一个简单而有用的指标，除非出现有意而为之的“过度包装”，否则通常产品的包装成本多寡会与产品内在质量成正比。（4）销售场所。在很多情况下销售商愿意通过销售场所的精心设计与专门布置来烘托产品的高质量，对分销网点数量的刻意控制除了想要体现产品数量的稀缺性，还能

① 严金中. 产品质量责任和内在质量的判断依据[J]. 技术监督纵横，2001（5）：40.

够凸显产品的卓越质量。(5)产品价格。通常高价格与高质量成对等关系，消费者之所以愿意出较高的价格主要是由于其认为会购买到高质量的产品。(6)广告宣传。品牌信息传播所选择的媒体权威性以及产品使用者身份和消费适用场景等诸多因素的诱导，也能帮助消费者建立起评判产品质量的认知逻辑。

通过以上分析，我们可以发现，一款产品的质量高低既取决于其客观的内在质量，又取决于消费者通过各种外部线索所得出的主观判定。而对于很多非生活必需品来讲，消费者往往会超越产品质量的功能层面，进而从情感层面和社交层面对产品质量做出综合判定。这个时候，消费者更加重视的是他/她感知到的产品质量——一种处于主观层面、受多种因素影响的产品认知。酒就属于这样一种产品，消费者除了要求产品质量安全和风格特色之外，还会讲历史、讲工艺、讲身份、讲情怀、讲面子，因此我们才会看到不同酒类品牌根据自身资源占有不同而选择了相应的传播诉求和品牌定位。当然，也有的品牌由于不会讲故事、不善于传播产品信息，无从让消费者从更多的层面深入接触和了解品牌，最终消费者无法在心智中感知到其综合的产品质量，也就实现不了品牌的向上跃升。

如果能够提高消费者的感知质量，那么企业在实现品牌差异化、进行品牌延伸、增强忠诚度和向市场索取溢价等方面成功的可能性就会更高①。在既定的产品内在质量的基础上，如何提高消费者对产品的感知质量？答案更像是属于“艺术”范畴，即通过系列营销手段的应用让消费者从主观层面认定你的产品具有更多的高质量因子。这也是很多原先处于同一竞争层级的竞争者在后续的残酷市场竞争中出现明显分化的根本原因。对于企业来讲，如果不能够将客观存在的高质量产品转化为被消费者主观感知的高质量产品，那么它就会遭遇“一流产品，二流品牌，三流价格”的运营

① 毕雪梅. 顾客感知质量研究[J]. 华中农业大学学报（社会科学版），2004（3）：42-45.

尴尬。

可见，产品的感知质量不仅是一个“科学”问题，还是一个“哲学”命题。既要追求产品内在质量在技术和工艺层面的持续创新和突破，更要超越产品功能从情感抒发、自我表达和社交认同等层面去和消费者进行长期的反复沟通，让消费者认为并感觉到在特定的消费场景中只有你的品牌才能够帮助他/她完成难以言状或者呼之欲出的情感沟通和意思表达，这才是提高消费者感知质量和品牌沟通的终极目标和至高境界。在事实面前，消费者认为的比事实本身更重要。消费者认为好才是真的好！当然，这也并不意味着企业能置基本事实于不顾，用篡改历史或者主观编造出来的虚假信息在市场上瞒天过海。有时候与保持沉默相比，假话真说、虚假宣传给品牌带来的伤害可能会更大。因此，卓越产品的内在质量，再加上较高程度的感知质量，是品牌资产管理过程中必须攻克的堡垒。

剑南春，潜行的“无冕之王”

这是我们不变的标志，

因为唐朝。

这是我们不舍的情结，

由于唐朝。

这是我们不忘的技艺，

回味唐朝。

剑南春，中国白酒价值典范。

——“珍藏级·剑南春”电视广告语（2013年）

四川被称为“天府之国”，自古以来就是中国名副其实的“酒窝子”，这与成都平原历来是富庶的产粮基地相吻合。“中国酒城”（泸州）、“中国酒都”（宜宾）、“中国原酒之乡”（成都邛崃）、“中国白酒金三角”（宜宾、泸州、仁怀）等为人们广为知晓的称号就是对此最好的注解。在这里，诞生了许多全国知名的白酒老字号企业和新锐品牌。而早在 1985 年，四川省的白酒厂数量就由 1978 年的 200 余家增加到 13502 家[①]。2018 年，中国规模以上白酒企业（1445 家）累计产量为 871.2 万千升，而四川省规模以上白酒企业（326 家）累计产量就达到 358.3 万千升，排名全国第一（表 36）。2019 年，四川规模以上白酒企业实现产量 366.7 万千升，占全国的比例提高到了 46.66%。此外，2018 年四川白酒企业以 2372 亿元的主营业务收入占全国 44% 的比重，其中由五粮液、泸州老窖、舍得酒业、水井

表 36　2018 年全国各省市白酒（折 65 度）产量

单位：万千升

排名	省 / 市	产量	排名	省 / 市	产量
1	四川	358.3	11	河北	16.1
2	江苏	69.2	12	陕西	15.7
3	湖北	56.0	13	广东	15.6
4	北京	46.4	14	黑龙江	15.3
5	安徽	43.1	15	湖南	14.8
6	河南	42.9	16	重庆	11.2
7	山东	40.6	17	江西	11.2
8	贵州	30.9	18	广西	11.2
9	吉林	19.4	19	云南	9.6
10	山西	16.7	20	福建	6.3

资料来源：中商产业研究院大数据库。

① 四川省志・川酒志概述 [EB/OL]. 四川省情网. 2018-06-13. http：//www.scdfz.org.cn/fzyd/dzyz/content_9055.

坊、剑南春和郎酒组成的川酒六朵金花的营业收入和利润分别为 1280 亿元、280 亿元，而宜宾和泸州两个城市在 2018 年更是占据着四川白酒企业主营业务收入 80% 的份额。除了聚集着瓶装酒品牌群体之外，在川酒军团中还拥有以高洲酒业、蜀之源和渔樵集团等为代表的众多原酒企业，它们以品质、规模优势为省内外白酒企业源源不断地提供着原料。

1952—1989 年，来自四川的泸州老窖、五粮液、全兴、剑南春、郎酒和沱牌先后在“全国评酒会”上被评选为“全国名酒”，这六家白酒企业也被人们形象地称为“川酒六朵金花”。虽然在后来由于四川白酒企业在全行业地位的变化起伏，“川酒六朵金花”的说法也出现过一些新的组合，但是剑南春在“川酒六朵金花”中的座席却一直没有被来自同门的竞争对手所取代。进入 20 世纪 90 年代，随着名酒价格管制放开和市场经济时代的到来，茅台、五粮液和剑南春凭借让人信服的产品品质和较高的市场售价，·时间牢牢地占据着中国白酒高端市场的绝大多数份额。1996 年，公司实现销售收入和利税分别为 7.2 亿元、2.3 亿元，与 1984 年相比增长了 70 倍①。1998—2001 年，剑南春集团的销售收入均超过 11 亿元，一直位居中国白酒企业前 5 强之列，2000 年以 5.71 亿元的利税位居五粮液和茅台之后。2003—2005 年，根据国家统计局历次发布的“中国白酒企业经济效益十佳企业名单”，剑南春集团一直稳居第三位（表 37）。在这一时期，无论是销售收入还是利税，剑南春集团都紧紧跟随在五粮液和茅台的身后，产量也位居前列，例如 2006 年以 32.95 亿元的销售收入位列五粮液和茅台之后，行业排名第三；以 6.74 万千升的年产量居于五粮液和泸州老窖之后，位列第三②。再加上茅台、五粮液和剑南春在市场上都形成了从高往低的阶梯式价格体系，也就有了人们口中经常提到的“茅五剑”这一说法，剑南

① 何天正. 从剑南春的发展看国企改革 [J]. 四川党史，2001（5）：32-33.

② 杨成刚. 中国糖酒年鉴 2007[M]. 北京：中国轻工业年鉴社，2007：94-98.

春也一时成了酒业江湖的传奇之一。

表 37　2003 年中国白酒企业经济效益十佳企业

位次	企业名称
1	四川宜宾五粮液集团有限公司
2	中国贵州茅台酒厂（集团）有限公司
3	四川剑南春（集团）有限公司
4	泸州老窖集团有限责任公司
5	新疆兵团农四师伊犁酿酒总厂
6	内蒙古河套酒业集团股份有限公司
7	安徽古井集团有限公司
8	安徽口子集团公司
9	山西省杏花村汾酒集团公司
10	山东泰山生力源集团有限公司

进入 21 世纪以来，伴随着产品高端化和品牌营销时代的到来，市场竞争愈趋激烈，先后还出现了“茅五泸”和“茅五洋”的提法。在此期间，2008 年的汶川地震对剑南春公司的基酒和厂房设施造成了严重破坏，元气有所损伤。但是，“茅五剑”的提法依然深深地根植于众多消费者、经销商的心智当中。这不仅仅是一种记忆，也代表着对剑南春品牌的认可，代表着或多或少对它还有一份期待。而剑南春也一直在努力。尤其是在 2012 年之后，无论从品牌曝光率、产品结构调整，还是分销渠道建设、消费者培育等方面，剑南春都大有奋起直追、卷土重来之势。

营销传播，唤醒品牌认知

2012 年 11 月 18 日，中央电视台 2013 年黄金资源招标会上，剑南春、五粮液、茅台和汾酒四家企业以 17.22 亿元的总金额集体成为整点新闻报时和新闻联播报时的最大赢家。而剑南春更是豪掷 6.08 亿元，重金打造品牌。此外，众多白酒品牌以 42.08 亿元的中标额度位居本届央视广告招标会各行业广告投放额度之首。而在上一届央视招标会上，茅台、洋河和剑南春三个品牌就以 6.56 亿元的总金额中标了新闻联播准点报时广告时段。

历来，包括茅台、五粮液、洋河、泸州老窖、剑南春、汾酒、郎酒、古井贡、今世缘、沱牌舍得、牛栏山和衡水老白干等中国知名白酒品牌在广告投放方面都毫不吝啬，也是各大媒体竞相争夺的“金主”。剑南春以这种方式重获人们的高度关注，突显出公司加大营销传播力度，想要告知或者唤醒在消费者心智中的高端品牌形象。除了传统的媒体硬广告投放，剑南春还通过影视剧植入和事件营销的方式，让消费者在潜移默化中接收品牌传播信息（如表 38、表 39 所示）——酿酒原料、酿造工艺、储酒工艺、产区风土等丰富的产品信息和深厚的文化属性。

表 38　2008—2017 年剑南春广告植入的主要电影作品

时间	营销事件
2008 年	植入影片《非诚勿扰》
2010 年	植入影片《唐山大地震》
2013 年	植入影片《私人定制》
2014 年	植入影片《变形金刚 4》
2014 年	植入影片《超凡蜘蛛侠 2》
2015 年	植入影片《老炮儿》
2015 年	植入影片《命中注定》
2015 年	植入影片《前任攻略 2》
2016 年	植入影片《我不是潘金莲》
2017 年	植入影片《芳华》

表 39　2016—2019 年剑南春启动的主要事件营销传播事件

时间	营销事件
2016 年	金剑南成为“夏季达沃斯论坛·财新夜话”唯一官方指定用酒
2016 年	冠名赞助优酷土豆自制节目《大话欧洲杯》
2017 年	剑南春品牌广告登陆美国纽约时代广场
2017 年	成为“奥巴马总统演讲会”活动指定用酒
2017 年	赞助“2017 中国企业领袖年会”

续表

时间	营销事件
2017 年	“2017 全球创新者大会（GIC）”战略合作伙伴
2017 年	成为“2017 年世界斯诺克国际锦标赛”顶级合作伙伴、指定用酒
2017 年	成为“2017NBA 中国赛官方合作伙伴”
2017 年	成为“APEC 中国之夜”战略合作伙伴、指定用酒
2017 年	成为“中国艺术璀璨之约”战略合作伙伴
2018 年	再次登录美国纽约时代广场
2018 年	斩获“2018 世界终极烈酒挑战赛”最高奖“主席奖杯”
2018 年	开启“剑南春环球文化之旅”系列活动
2019 年	成为英超冠军“曼彻斯特城足球俱乐部”全球战略合作关系

对于白酒品牌来讲，消费者接收信息的方式也在发生着深刻的变化。自从 2007 年第一代苹果 iPhone 上市以来，随着智能手机的普及和移动网络接入资费的下调，人们获取信息和知识的渠道逐渐转向移动互联网。百度、阿里巴巴、腾讯、网易、新浪等网络媒体，优酷土豆、爱奇艺等网络视频以及各类直播平台，还有官方微博、微信公众号等自媒体都已经成为企业广告投放的新选择。此外，2013 年，百度的广告收入首次超过央视，还成为中国最大的广告媒体。这就要求企业顺应品牌信息传播路径多元化的趋势，利用新的媒介手段来与目标群体进行沟通。

当然，剑南春在此方面的品牌传播努力也并没有缺席。在此，我们以剑南春与教育产业之间的互动营销活动为例，可以窥出其营销传播逻辑。2016—2019 年，剑南春联合腾讯教育、新浪教育、网易教育和中国教育在线等主流网络媒体，围绕高考学子考前、考中和考后常见问题与疑惑开展系列公益活动。通过《剑南春 · 遇见高考》《剑南春 · 高校驾到》等互动活动，针对备考时间安排、营养食谱、心理按摩、难题解析、学校和专业选择、志愿填报等问题进行专家答疑。高考期间，剑南春利用遍布全国主要城市的工作人员，设立“高考加油站”为高考学子及其家长提供贴心服务。还有“剑南春 · 金剑南助力金色年华”公益活动，助力需要帮助的学子实现大学梦。此外，剑南春还针对录取学生开展了“剑南春·金剑南；状元宴·状元选”升学宴席促销活动，还顺势推出升学宴定制礼盒。在公益活动开展期间，剑南春充分利用直播、微信公众号、网络视频平台等新媒体形式与家长和学子深度互动，在覆盖新一代消费群体（年轻学子）和部分重度消费群体（考生家长）的基础上，还通过线上线下的整合传播向社会公众传递企业的社会责任。

持续的整合营销传播活动，让剑南春以全新的面貌展现在各类市场消费群体的面前，也让更多的人看到了剑南春试图重建中高端品牌形象的决心。而采用更为多样化的传播手段，也将有效激活剑南春在众多消费者心中的品牌记忆，并吸引着更多的年轻消费者关注和认可剑南春品牌。

产品组合，突显价值定位

1951 年，当地政府将“朱天益”“天成祥”“裕川通”“积玉鑫”等老牌酒坊进行整合，组建“四川绵竹县地方国营酒厂”，而在此之前，“绵竹大曲”已经在市场上久负盛名。直到现在，方瓶装的绵竹大曲依然深深地刻在很多人的记忆中。1958 年，酒厂开发出风格独特的新型酒，因绵竹为唐代“剑南烧春”产地，因此将之定名为“剑南春”，1959 年剑南春酿制工艺成型[①]。1979 年，“绵竹牌”剑南春获得“全国评酒会”金质奖章，成为“全国名酒”。至此，酒厂形成了“剑南春”和“绵竹大曲”两个系列产品。20 世纪 70 年代，剑南春在国内有黄标、红标产品，而出口装的瓶型采用“莲花”造型。1984 年，酒厂正式更名为“四川省绵竹剑南春酒厂”，也开始启用“剑南春”商标。之后，剑南春出口“莲花”造型的包装经过数次改良，一直演化到水晶瓶装的剑南春。正是这款产品与瓷瓶装

① 丁洪．剑南春，数千年辉煌 [J]．中国西部，2001（1）：88-89.

飞天茅台和水晶瓶装五粮液组合到一起，形成了传统上能够代表高端市场消费的三大白酒品牌，传统上被人们称之为“茅五剑”（表 40）。

表 40 “茅五剑”组合中的代表性产品

简称	特指的单品名称
茅	53 度 500mL 装贵州茅台酒（白瓷瓶包装，俗称“飞天茅台”“普茅”）
五	52 度 500mL 装五粮液（水晶瓶包装，俗称“普五”）
剑	52 度 500mL 装剑南春（水晶瓶包装，俗称“水晶剑”）

2001 年，随着白酒消费税调整和新一轮消费升级形成共振，以国窖 1573、水井坊等为代表的品牌开始冲击高端和超高端市场。与此同时，茅台、五粮液等品牌也进入提价周期。作为 20 世纪 90 年代跟随五粮液等品牌一同提价的受益者，2002 年开始，在剑南春主品牌在市场上获得阶段性突破之后，剑南春公司与广东鸿森集团、四川阿尔泰营销公司合作，先后推出了买断经营品牌“金剑南”和“银剑南”，由后者操盘全国市场的运营。在此期间，剑南春公司还推出了其他 OEM 经销商买断经营品牌——剑南系列产品，主要包括“剑南道”“剑南尊”“剑南福”“剑南醇”“剑南液”“剑南红”“剑南娇子”“剑南老窖”“剑南特曲”和“剑南大曲”等。2007 年，公司推出“剑南春典藏 15 年份酒”剑指高端市场，并提出白酒陈酿年份酒检测方法——“挥发系数鉴别法”，为公司的年份酒真实性背书，此举曾引发广泛关注和行业热议[①]。2010 年，公司推出初始定价为 568 元的“珍藏级剑南春”，定位于水晶剑南春之上，出自具有悠远历史的“天益老号活窖群”，并邀请李幼斌作为品牌代言人。2011 年，“国宾级剑南春”上市，由四川文鑫酒业公司作为全国市场运营商。2012 年、2014 年，剑南春公司先后收回“金剑南”“银剑南”的运营权，改为旗下自营品牌，同时也将其他多个剑南系列酒品牌纳入统一管理的范畴。

① 邹周. 剑南春发标：标准突至 利益闪现 [J]. 新食品，2008（2）：16-19.

金剑南有段时间曾经成功冲击到水晶剑之上的高端市场，只是没有形成持久性，目前其定位已经回归到中档市场。现今，剑南春公司已经形成了珍藏级剑南春、水晶剑南春、金（银）剑南三大自营型战略核心单品系列，再加上传统大单品绵竹大曲和文君酒以及其他剑南系列酒品牌，整个品牌架构脉络较为清晰，基本可以实现在各个细分市场的有效区隔（表 41）。

表 41　剑南春产品组合

	产品名称	价格地带
剑南春家族	珍藏级剑南春	500~800 元
	水晶剑南春	300~500 元
	金剑南	200~300 元
	银剑南	100~200 元
绵竹系列	绵竹大曲 绵竹特曲 绵竹头曲 绵竹二曲	100 元以下
文君酒系列	真藏系列	100~300 元
剑南系列酒	剑南醇、剑南尊、剑南福、剑南老窖、剑南特曲等	100~300 元

也是从 2002 年开始，剑南春开始了以“唐时宫廷酒，今日剑南春”为主题的品牌传播活动，主要推广活动包括“唯一载入史书的宫廷御酒”“首家获得‘纯粮固态发酵标志’使用权的白酒企业”、《大唐华章》巡演、克林顿为“剑”点睛、“首个陈酿白酒鉴别方法”、“天益老号”酒坊被列“中国考古十大发现”、赞助《夜宴》和中国南极考察队等①。在完善产品结构和开启品牌传播的促动之下，剑南春公司走上了快速上升的轨道，而其大单品水晶剑更是呈现出一往无前的持续突破态势。2016—2019 财年（剑南

① 李正曦．剑气剑南春 [J]．商界（评论），2008（7）：134–138.

春财年为每年 8 月 1 日至次年 7 月 31 日）业绩如图 12 所示。其中，水晶剑单品销售收入先后突破 60 亿元、80 亿元、100 亿元、120 亿元，已然与洋河梦之蓝、汾酒青花瓷、古井贡年份原浆等一道成为中国酒类次高端市场的大单品，更是在次高端市场领域稳居王者地位。此外，2019 财年，金剑南系列也实现了超过 10 亿元的销售收入，成为剑南春公司旗下的另一个大单品。

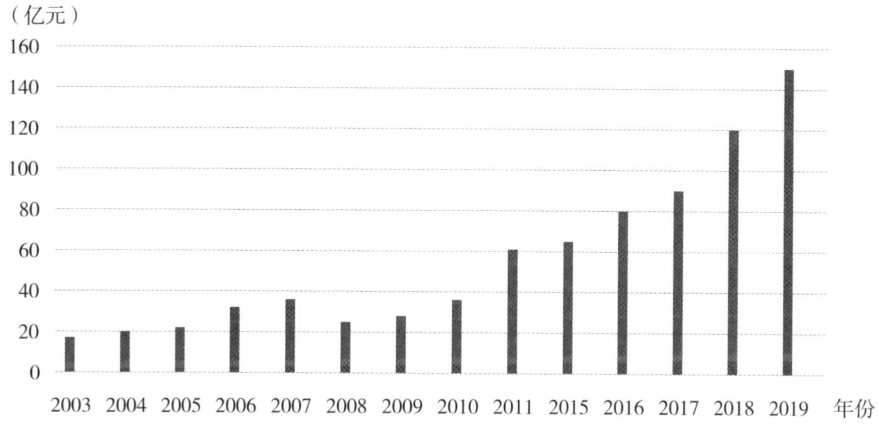

图 12　2003—2019 财年四川剑南春集团营业收入

与此同时，2000 年之后，茅台、五粮液这两大稳居高端市场的品牌持续提价，为包括剑南春在内的众多白酒品牌留下了较为充分的次高端市场空间。这也为剑南春凭借较高的性价比赢得市场提供了宝贵的机会。2020 年 3 月 1 日，水晶剑和珍藏剑两款产品的出厂价分别上调 25 元、30 元，而建议零售价也分别提高至 489 元、788 元，借此进一步补位次高端白酒的价格空间。“神仙过海，各显其能”。在众多品牌虎视眈眈的中国白酒次高端市场，未来将大概率遭遇一场持续时间较长的残酷品牌战役。

终端动销，发力市场建设

“渠道为王，终端制胜”。由口子窖发起的“盘中盘”模式是中国白酒行业的经典营销模式之一。1998—2003 年，口子窖凭借系统的酒店终端拦截操作方法先后在南京、合肥、西安和武汉等市场上迅速崛起。其核心思想为：将整个市场看作是一个“大盘”，将核心销售终端看作是“小盘”，然后让若干个甚至无数个持续热销的“小盘”产生辐射效应，最终达到启动整个市场“大盘”的目标①。洋河正是在徽酒的酒店“盘中盘”操作模式的基础上，进一步演化为以意见领袖带动群体消费的“消费者盘中盘”模式，其中还包括围绕意见领袖的“后备箱工程”——把品鉴酒成功地赠送到核心消费群体的后备箱里②。由徽酒发起的盘中盘酒店终端操作模式的成功，其主要原因有两点：（1）20 世纪 90 年代以来，城市化的推进和生活水平的提高让更多的人开始走进酒店消费，从而推动了餐饮行业的快速发展；（2）酒类产品由于长时间在政府计划调拨和专卖体系的惯性作用之下，在早期市场化运营过程中还没有充分意识到终端操作的重要性或者没有形成系统的营销思维。

自这一模式在市场初见成效以来，剑南春、泸州老窖、古井贡、郎酒、洋河等众多白酒企业都从小试牛刀到大显身手，并对“盘中盘”模式进行了不断地完善和升级，并形成了属于自己的意见领袖培育、聚饮场景产品动销的营销思想和市场操作体系。现今，众多竞争对手争相模仿这一模式，在推高终端操作成本的同时，自带酒水已经成为餐饮消费的常见现象，白酒品牌的终端动销工作出现了新的挑战，也倒逼着企业去寻找新的客情维护和终端动销模式。例如，2016—2018 年，小郎酒在四川、湖南、贵州和

① 杨勇胜，董广阳，李晓峥．放大格局看古井贡、口子及徽酒发展 [R]．招商证券，2017-01-29.

② 袁秀霞，舒利民．洋河：新的顾客，新的盘中盘 [J]．销售与市场，2009（24）：24-25.

重庆市场连续发起“醉美老板娘”评选活动，既加强、维护了与众多中小餐饮终端的客情关系，还通过互动方式深度传播了品牌。

如果说剑南春在价格策略上紧跟来自四川同门的“带头大哥”五粮液，那么在市场开拓和渠道建设方面，除了完善产品的直分销模式之外，也寻找到了整个行业的终端操作标杆模式——充分利用“二八法则”，应用“盘中盘”营销思维以点带面持续推动产品动销和市场扩张。其中，围绕宴席市场展开的终端系统动销工程成为剑南春公司的典型做法之一。这一做法也可算作“后盘中盘时代”的代表性操作模式之一。

根据消费场景细分白酒消费市场，可以分为政务宴请、商务宴请、民间宴请、朋友聚饮、礼品赠送、餐馆自饮和家中小酌等。受传统文化的影响，民众在人生重大时刻均有宴请亲朋好友的习俗，例如结婚、生子、满月、升学、毕业、乔迁、接风、送行、祝寿和白事等场景都离不开白酒的身影，再加上每年的各种中外节庆已经成为人们喝酒聚餐的常见场合。这类消费场景均可以认为是民间宴请的主要形式。那么，这个市场规模究竟有多大？我们仅以婚宴为例做一个简单测算。根据民政部发布的《2018 民政事业发展统计公报》，2018 年依法办理结婚登记 1013.9 万对。如果每对新人单方的婚宴白酒消费预算保守以 1000 元的平均值计算，那么每年仅婚宴白酒市场消费规模就达到了 200 亿元。再加上由其他消费场景组成的宴席市场，其市场体量不可谓不大。曾有数据预估，中国宴席的年度市场规模在 2000 亿元左右，占据整个白酒销售的 40%。

中国酒类市场发端于餐饮渠道的“盘中盘”模式并没有过时，只不过在不同的市场发展时期，企业围绕不同消费场景促升产品销售的操作方式出现了各种变形或者升级。2015 年以来，剑南春公司在加大品牌传播、梳理产品组合、深度开发分销渠道的基础上，还逐渐形成了围绕宴席消费场景的完整市场操作体系。除了发挥老牌“全国名酒”的品牌优势之外，剑南春公司围绕水晶剑、金剑南和银剑南等主流单品，在重点区域市场设立专业服务团队，协助经销商共建市场区域、共同开发宴席市场，并针对经销商和最终消费者在售前、售中和售后三个环节通过定酒返现、买酒赠送、开瓶扫码有奖、瓶盖兑换、国内外出行游、陈列补贴和保量补贴等形式丰富环环相扣的多频次促销手段，确保了剑南春主推产品在宴席市场的高“开瓶率”。这也成了剑南春在渠道深耕、终端促销和消费培育方面的强有力竞争武器之一。当然，围绕宴席市场的“盘中盘”操作模式，剑南春并不是唯一的操盘者，以婚庆宴席起家的今世缘在此方面就属于高手级别的竞争者。此外，泸州老窖、洋河、古井贡、汾酒等竞争对手都在加大对此领域的投入。即便如此，剑南春市场建设和终端开发的功力仍可见一斑。

如果说高端、超高端酒类产品是政务宴请、商务宴请场景的社交货币，那么具备较强品牌效应和性价比突出的中端、次高端酒类产品就是民间宴请消费场景的入场券或者通行证。以婚宴、寿宴、百日宴、升学宴、谢师宴等为主要形式的宴席市场已经成为国内中端、次高端酒类产品的重度消费场景之一。剑南春以分销商和酒店终端为抓手，制定出严谨而细致的区域宴席市场开拓方案和考核指标体系，围绕品牌展示、消费者互动和开瓶率促销层层向前推进，已经建立起了一个较为完整的宴席市场开发生态体系。这也成为近年来剑南春公司业绩持续增长的强有力推动因素之一。现今，水晶剑、金剑南 K6 和银剑南 A9 已经成为剑南春深度开拓宴席市场的主力产品。

2018 年，全国共有 10 家白酒企业的营业收入超过 100 亿元，其中来自四川的五粮液、泸州老窖、剑南春和郎酒四家企业均在此列。根据四川工商联于 2019 年 9 月发布的“2019 四川民营企业 100 强”榜单，四川剑南春（集团）有限责任公司在 2018 年度以 33.51 亿元的纳税总额位列第二。据此来看，假以时日，厚积薄发的剑南春重新强势回归“茅五剑”阵营也不是不可能的事情。

用分销网络筑起一道扎实的护城河

著名营销管理专家拉里·莱特（Larry Light）指出："拥有市场比拥有工厂更重要，而拥有市场的唯一办法是拥有占据统治地位的品牌。"让一个品牌在市场上占据重要甚至统治地位的诸多要素中，离不开由品牌、产品、渠道为企业筑起的三道护城河（图13）。而我们常听到的"渠道为王"的说法，正反映出企业对于分销渠道建设的高度重视。分销网络管理究竟采用怎样的模式，其实是要解决在构建品牌与消费者关系的过程中生产企业和渠道成员之间的分工问题。分工对应着各自职责/任务的边界确定和履行职责/任务完毕之后各自所获得的利润分享份额。说到底，分销渠道网络建设的核心命题是厂商之间商业模式的选择、构建和根据竞争环境适时调整的问题。

在计划经济时代，酒类生产企业没有销售权，其产品的分销从省、市、县级国营糖酒副食公司一直延伸到村镇一级的供销社，这一时期整个分销网络的主动权掌控在垄断性的国营糖酒公司手中，酒类企业在垂直方向上对分销渠道的管控力往往只能到达省市一级的糖酒公司。进入20世纪90年代之后，伴随着酒类产品专卖制度的取消、民营经济的逐步壮大和多种新型现代零售业态的出现，酒类生产企业与更多、更灵活的分销商建立联系成为可能，原先惯用的独家分销、选择型分销模式逐步向密集型分销模式转变，这也是整个行业发展的必然趋势。也是在这个过程中，发端于快消品领域的深度分销模式引起了众多酒类企业的关注和重视。之前，渠道网络建设受制于人且终端销售不可控制，如今，酒类品牌得到了打破这一被动局面的现实条件的支持。这也是更多企业在重视渠道建设和终端布局过程中为了更有效地解决产品的动销而自动或者被动形成的商业决策。至

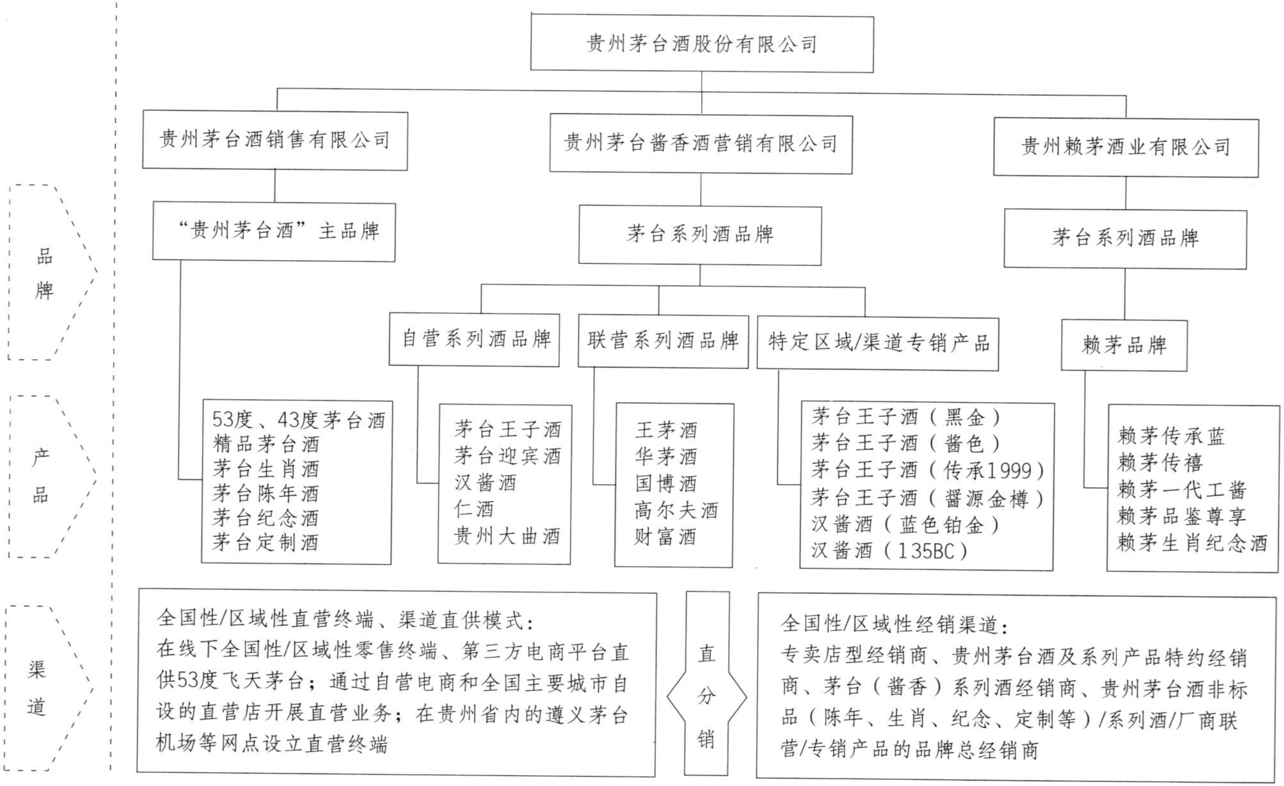

图 13　贵州茅台公司的三道“护城河”

此，中国酒类分销渠道模式开始向着管理精益化的方向发展，以洋河等为代表的深度分销模式就是在此过程中涌现的。

深度分销的对象是终端，深度分销的目标是产品在终端的动销，深度分销的方式是与目标消费群体直接互动。深度分销的本质是企业将更多的营销资源投向离消费者最近的终端甚至是消费者本身。通常情况下，这种渠道管理模式适合终端网点多和购买频次高的中低端产品。深度分销反映的是这样一种营销核心思想：企业将营销组织架构在垂直方向不断下沉，通过提升产品在终端的市场覆盖率和增强对分销渠道的控制力，最终带动产品销售①。围绕区域市场的销售网点，企业要进行普查、调研、分类、铺货、陈列、促销和客情，制定严苛的作业流程和考核指标，并要对竞品形成压倒性优势。同时，深度分销的“人海战术”还会给企业带来巨大的成本压力。因此，才会出现更多的酒类品牌为了抢夺有限的餐饮商超等零售终端，纷纷投入各种营销资源进而实现终端产品专营和促销权买断等，虽实现了终端的精耕细作，但推高了整个行业的终端营运成本，最终产生了“规模不经济”的现象。这在后期也引起了很多酒类品牌对于深度分销模式的进一步反思和优化调整。“做终端找死，不做终端等死”应该是这一矛盾心态的真实写照。

深度分销，其实是企业在分销渠道建设过程中的垂直一体化问题。在这一模式之下，企业的营销资源从原先集中于B端向重点投入C端转变。分销渠道的垂直一体化程度到达哪一个层级是最优的，也并没有一个统一的标准，但主要取决于以下3个因素：（1）企业的整体战略目标，即不同时期的行业特点和企业所处的不同发展阶段都要求企业进行相应的战略目标调整，进而也会反映在企业的分销渠道管理层面；（2）资源投入的边际效应最大化，即既能够控制市场又不能因过度投入而造成资源浪费，生产

① 刘新华，范莉莉．深度分销：镜花水月成追忆 [J]．销售与市场（评论版），2012（5）：29-32.

企业和分销渠道成员都要做出考量和权衡；（3）资源利用的专业化程度，即根据具体的分销网络特征严格而准确地界定厂商之间的职能关系和分工定位，专业的事情交给专业的人来做[①]。因此，也可以这样认为，凡是能够允许和保证品牌方与目标消费群体直接进行频繁深度接触的渠道建设和运营模式，均能够体现深度分销的思想精髓，高中低端市场概莫能外。我们还会发现，即使是现在，选择了同一个目标市场的酒类品牌也可能采用差异较大的分销渠道管理模式，而且同一酒类品牌的渠道分工协作模式也会随着时间推移发生非常大的变化。

需要承认的一点是：市场表现良好的品牌，一定在分销渠道建设方面具备竞争优势。在此方面可圈可点的企业和品牌不在少数。包括大商制、深度分销、直营、团购、电商和O2O等在内的各种主流分销渠道模式并无优劣之分，只有适合与否。同时，企业在特定市场的分销渠道模式选择跟市场权重（根据地市场、战略市场、重点市场和新兴市场等）和公司的品牌组合架构有关。每一种分销渠道大致有某一种消费场景和某一类消费群体与之相对应。顾客在哪里，品牌传播和渠道建设就到哪里。泸州老窖公司在2016年成立了“国窖1573·VIP俱乐部”——国窖荟，以各地的创意品鉴和活动赞助为纽带，通过跨界合作、异业联盟的方式对接高端团购客户资源，并促成品牌精准传播和意见领袖培育工作在全国各个区域市场的扎实落地。与此相类似，市场上还出现了“茅台·茅粉节”“五粮液·酒王俱乐部”“洋河·梦想汇”“舍得智慧俱乐部”“郎酒·青花荟”“汾酒·汾香荟”和“水井坊·悦坊会”等由更多酒类品牌建设的线上、线下社群运营平台，皆在围绕各自的核心消费群体展开系统化的培育、传播、引流和转化工作。圈层营销，如火如荼。

“兵无常势，水无常形”。在特定的市场环境之下，总有恰当的分销

---

① 张戟．深度分销该多“深”[J]．销售与市场，2003（7）：39-41.

渠道模式与之相对应。一个设计合理的分销渠道模式，必然能够在产品盘（主销品 / 协销品的捆绑搭配，形成单品牌 / 多品牌架构之下的产品矩阵）、价格盘（稳固的价格管控体系预留充足利润空间，保证价值链条参与者的运营动力）、渠道盘（渠道商在区域覆盖、终端进场、货架陈列、人员促销和地面传播等方面的政策充分落地）和需求盘（厂商在品牌传播、普通消费者培育、KOL 培养、售后反馈等环节的推动和拉动）之间实现协同和共赢。其实，分销渠道及其模式的选择不仅反映了厂商之间以权、责、利为核心的商业模式命题，也是构建品牌与消费者关系的重要内容之一，解决的是如何让产品以更高的效率、更低的成本和更便利的方式到达消费者手中的问题。围绕“人、货、场”，解决好分销商“乐得卖”和消费者“买得到”“乐得买”的难题，建设一个良好的分销生态系统实现共赢共生，终将为品牌筑起一条能够切实有效地防御和抵抗残酷市场竞争的护城河。

汾酒，行走的“中国酒魂”

什么是骨子里的中国。

中国，是骨子里的自豪。

中国，是骨子里的印记。

中国，是骨子里的亲情。

中国，是骨子里的自强。

中国，是每一颗为这片土地而跳动的心。

青花汾酒，敬骨子里的中国。

——“青花汾酒”电视广告语（2020 年）

“借问酒家何处有，牧童遥指杏花村”。唐代诗人杜牧的这句诗词为人们广为传诵，也为山西汾酒做了一次具有深远历史影响的品牌宣传。经过历史长河的洗礼，汾酒也并没有让人失望。1919 年，晋裕汾酒股份有限公司成立，并于 1924 年成功注册“高粱穗”商标，均为中国白酒发展历史上的标志性事件。1936 年晋裕汾酒公司就以日产 2000 斤、纯收益 1.2 万元和每股红利 7.5 元的效益，成为当时中国最大的白酒企业。1948 年，晋裕汾酒公司被人民政府收购之后，成立了国营山西杏花村汾酒厂[①]，次年产酒 131 千升。20 世纪 50 年代到 80 年代，山西杏花村汾酒厂先后进行了五次产能扩建。1953 年，汾酒厂年产量为 681 千升。1955 年，汾酒厂新增产能 250 千升，当年产能接近 1000 千升。1956 年，政府向汾酒厂拨款 800 万元用于扩建，到 1959 年投产后达到了 2000 千升的产能[②]。直至 1985 年汾酒厂完成了五次扩建和技改工程，并于 1986 年产能突破了万千升大关，同时也成为全国最大的名白酒生产基地[③]。相比当时全国其他省份的白酒厂，汾酒的产能优势已经显现。

在历届“全国评酒会”上，“汾酒”白酒和“竹叶青”露酒均获得了“全国名酒”称号。对中国白酒行业影响深远的 1964 年“汾酒试点”，对汾酒产品的检验方法、制曲工艺、酿造工艺和质量标准进行了系统分析和经验总结，奠定了以汾酒为首的清香型白酒理论研究基础，并建立了一整套规范标准体系[④]。汾酒酿酒技术和工艺在全国范围内的广泛传播与普及应

---

① 王涛，郭志清 . 让历史告诉未来——汾酒在中国白酒中的历史地位 [J]. 品牌（理论版），2009（Z3）：14–16.

② 醉美团队．新中国第三年，汾酒干了两件大事儿 [Z]. 醉美杏花村，2019–09–16.

③ 醉美团队．从 100 到 20000，这是汾酒的产能升级路线 [Z]. 醉美杏花村，2019–09–20.

④ 韩英．1964 年汾酒试点科研成就 [J]. 酿酒科技，2018（2）：97–105.

用，也曾让清香型白酒在日后很长一段时间内占据着中国白酒市场 70% 的份额。1993 年，山西汾酒登陆资本市场，成为中国白酒企业上市第一股。20 世纪 80、90 年代，汾酒以产量第一、出口量第一、名酒出酒率第一、得奖次数最多、成本最低、销售收入第一的综合经营效益，成为名副其实的第一代“中国酒王”。当时汾酒在中国酒类行业的姿态就如它曾经采用过的一句品牌口号那样凌厉霸气——喝酒必“汾”，“汾”酒必喝。

1985 年，王国春成为五粮液酒厂厂长之后，进入了大规模产能扩张新时期，而当年酒厂的销售收入为 2147 万元。1986 年，五粮液酒厂的产能突破 1 万千升。1988 年，国家放开十三种名酒价格，以五粮液、茅台和剑南春为代表的品牌选择了“提价走高端”，而以汾酒、泸州老窖和古井贡为代表的品牌没有选择持续提价策略，而改走“名酒变民酒”路线，这也进一步成就了汾酒问鼎第一代“中国酒王”的机缘。由于当时通货膨胀严重而导致产品涨价后出现滞销，再加上在宏观经济调控之下企业难以获得资金，几乎所有企业都到了生死存亡的关口。在持续提价或者通过降价求生存面前，各大名白酒品牌做出了不同的战略选择，这也在某种程度上决定了日后白酒品牌的竞争格局。当时已经历涨价的名白酒价格体系如表 42 所示。在主要竞争对手都忙于降价求生存的时候，当时也在一筹莫展的五粮液酒厂经过辗转努力，最终于 1989 年获得了工商银行 600 万元贷款用于补充流动资金，从而得以顺利渡过难关，使得酒厂既坚决地挺住了价格，又有底气继续推进产能扩张。到 1994 年的时候，五粮液酒厂的产能进一步增加到了 9 万千升，大规模产能扩张速度之快令人咋舌。持续的产能扩张和价格上涨，此外五粮液酒厂于 1994 年在白酒行业率先启动 OEM 买断经营模式，更是帮助其在全国各地坐享巨大的分销网络扩张红利。至此，五粮液酒厂从原先的一个中档规模企业走上了问鼎新一代“中国酒王”之路。

表 42　1989 年十三种名白酒零售价格

单位：元

产地	品名	规格	原计税基础零售价	调整后计税基础零售价
贵州	茅台酒	52°　500 克瓷瓶防盗盖彩盒	100	75
四川	五粮液	52°　500 克白麦穗瓶盒	45	35
四川	郎酒	54°　500 克乳白瓶防盗盖盒	45	35
四川	泸州特曲	60°　500 克白方瓶盒	45	35
安徽	古井贡酒	58°、60°　500 克异玻瓶防盗盖	35	30
江苏	洋河大曲	55°　500 克蓝玻瓶	30	25
江苏	双沟大曲	53°　500 青玻瓶	30	25
四川	全兴大曲	60°　500 白方瓶盒	30	25
四川	剑南春	60°　500 克莲花瓶盒	30	25
贵州	董酒	60°　500 克异型瓶防盗盖	18	16
山西	汾酒	60°~65°　0.5 公升玻瓶	15	14
陕西	西凤	65°　500 克玻瓶防盗盖	13	12
湖北	特制黄鹤楼	62°　500 克异瓶防盗盖盒装	18	12

资料来源：国家税务局《关于对调整十三种名酒计税基础价格的通知》([89] 国税流字第 394 号)，1989-09-23.

1991 年，中国白酒十强名单中，利税超过亿元的企业只有两家：汾酒和五粮液。1991—1993 年，汾酒连续 3 年均居于行业第一位[①]。1991 年，汾酒厂的年产量为 2.5 万千升，其中国家名酒 1.3 万千升、其他优质白酒 1.2 万千升。1991—1992 年，山西汾酒厂实现的销售收入分别为 4.32 亿元、5.38 亿元，利税分别为 1.01 亿元、1.24 亿元。1993 年，山西汾酒厂的销售收入为 5.26 亿元。1994 年，“中国酒王”易位，五粮液酒厂拔得头筹，并开始带领整个浓香型白酒板块在市场上进一步走俏。而就在此刻，以孔府家、孔府宴和秦池为代表的鲁酒军团正通过在中央电视台投入巨额广告宣传费用，强力打造自己的品牌。豫酒板块也通过类似的手法在市场上迅速

① 张玉豹. 10 年风雨看十强——1991 至 2000 年全国白酒利税十强巡礼 [J]. 酿酒科技，2001(6)：102-104.

崛起。有力的竞争者纷沓至来，汾酒于1996年、1997年退出行业前十排名。相比五粮液的产能，汾酒在1996年才将产能进一步扩张到2万千升。紧接着1998年的“朔州假酒案”让汾酒受到无辜牵连，更是让以汾酒为首的山西白酒品牌在全国市场遭到下架清场、不准入市的重创，汾酒也失去了70%的省外市场，被动收缩战线退守山西[①]。1998年，汾酒集团以4.21亿元的销售收入排名行业第20位，以1.37亿元的利税排名第17位。一时间，之前在市场上呼风唤雨的“汾老大”开始左冲右突寻求涅槃重生的机会。而此时的中国白酒行业正发生着决定日后竞争格局的系列大事件，例如五粮液的OEM品牌买断经营模式正开展得如火如荼，高、中、低端产品销售并行；茅台开始走出家门进行分销渠道建设；四川全兴公司发现了古代酿酒作坊“水井坊”；泸州老窖推出了国窖1573的前身“国宝酒”；酒鬼酒在1998年以1.93亿元的净利润超越茅台和泸州老窖，位居行业第二，等等。

当然，汾酒在此过程中也不是旁观者。经过了3年的休养生息，汾酒逐渐复苏并再次走上了全国化的发展道路。2001年，汾酒集团实现销售收入8.53亿元，行业排名第七，重回行业前十强。从2002年开始，汾酒还加入了品牌高端化的行业发展洪流，并凭借青花汾酒、老白汾酒等中高端产品重新回归中国白酒主流品牌的行列。白酒是一个讲基因、讲历史、讲文化、讲品质和讲口碑的行业，全国名优白酒既有“里子”又有“面子”，具备最基本的优质品牌基因[②]。拥有丰厚品牌资源的汾酒，如何在更广的范围内将品牌文化、产品文化传播给更多的受众？汾酒品牌此次除了在营销传播、产品升级、渠道建设等方面做出努力之外，也寻找到了借助事件营销撬动传播杠杆的有效路径，逐渐形成了自己独特的品牌文化体系和产品

① 杨晓宇，李蔚. 汾酒，能否王者重归[J]. 企业管理，2007（11）：44-50.

② 杨云. 国改释放活力，汾老大强势回归[R]. 浙商证券，2017-12-22.

文化体系。尤其是在 2010 年之后，作为中国最具底蕴的白酒品牌之一，汾酒披荆斩棘一路走来，脚步虽然没有那么轻松，但依然坚定有力。

据理力争，众说纷纭“巴拿马”

在中国酒类行业，“巴拿马万国博览会”算是一个具有 IP 属性的事件，有太多的酒类品牌都与之有着说不清道不明的纠缠和瓜葛。而以此为媒的品牌传播，更是为许多企业所重视。2010 年 5—10 月，第 41 届世界博览会在上海成功举办。贵州茅台成为中国白酒行业唯一的高级赞助商和世博会独家指定白酒，茅台不仅对此事件进行了重点宣传，还推出了世博会非标茅台纪念酒。2010 年 6 月 18 日，汾酒集团在人民大会堂召开纪念大会，庆祝“山西汾酒荣获 1915 年巴拿马万国博览会中国白酒品牌唯一甲等大奖章 95 周年”，并以史料佐证、专家现身说法的形式来解说汾酒与世博会的渊源。2010 年 6 月 19 日，《京华时报》刊登了一篇题为“山西汾酒炮轰茅台等利用万国博览会虚假宣传”的文章，直指部分国内知名白酒品牌涉嫌虚假宣传。一时间，关于哪家白酒品牌在 1915 年巴拿马万国博览会上得过奖、得了哪个级别奖的争论迅速吸引了广大消费者的眼球，还激起了业内人士的热烈讨论并再次引发争议。

早在 2004 年，汾酒集团就推出了“国藏汾酒”，并以“国家博物馆唯一珍藏的中国名酒”做过系列传播活动。2010 年 9 月 5 日，汾酒集团在北京举办“纪念巴拿马万国博览会中国白酒品牌最高奖 95 周年公益慈善拍卖会”，在此期间，20 瓶国藏汾酒共拍出 3076 万元的总价，还以 209 万元的最高单瓶价格刷新了车轮牌茅台酒在之前创下的 103 万元的拍卖成交记录。此事件引发的广泛大众关注甚至业界讨论，为汾酒提供了又一次良好的品牌传播机会。这次活动在传播“巴拿马”获奖信息之外，还向公众传达了企业通过牵手公益事业来履行社会责任的品牌形象，同时也是对高端产品

“国藏汾酒”的再次传播。可谓是一石三鸟。

那么，巴拿马博览会与中国白酒之间究竟存在着怎样的逻辑关系？1915年，美国政府为庆祝巴拿马运河开通，在旧金山举办“巴拿马太平洋万国博览会”，特邀世界各国政府携各种特色商品参展。来自中国的众多产品得奖甚多，其中就包括酒类产品。而查阅各种资料，我们会发现借助1915年巴拿马万国博览会来宣传品牌悠久历史和产品卓越品质的中国白酒企业并不在少数，其中就包括贵州茅台、四川五粮液、河北衡水老白干、河南宝丰、四川泸州老窖和陕西西凤等，真真假假、是非曲直让人难以辨明。只不过，汾酒希望通过此次活动来为自己是“唯一的甲等大奖章获得者”正名。

2014年5月19日，汾酒集团启动“汾酒荣获巴拿马万国博览会甲等大奖章100周年”系列纪念活动，主题为“荣耀百年，唱响清香”。从2014年5月19日到2015年9月19日，汾酒举办了一系列品牌传播和互动活动，例如“寻迹1915大型采访活动”“‘汾酒杯’产品包装创意设计大赛”“《中国白酒百年历程》专题讲座”“晋商与汾酒百年高峰论坛”“汾酒老作坊博物馆揭幕、祭祖封缸仪式”“‘汾酒质量万里行’全国重点城市路演花车巡游”和“汾酒获奖百年纪念邮票发行”等。2015年9月19日，汾酒集团举办“1915巴拿马甲等大奖章100周年纪念大会”，为此次历时一整年的系列活动画上句号。

汾酒围绕“巴拿马万国博览会”展开的事件营销，一方面可以为产品的卓越品质正名，另一方面还能够为公司近年来的系列品牌高端化市场行为做出有效背书。长时间以来，老白汾酒和玻汾（玻璃瓶装汾酒）一直是山西汾酒的主要产品形式，凭借着良好的性价比在众多区域市场上广受消费者的欢迎和认可。2002年，汾酒公司推出青花瓷系列汾酒，开启高端化旅程。2012年，汾酒集团销售收入突破100亿元，顺利进阶中国白酒行业“百亿元俱乐部”。2014年，汾酒又推出了新的核心战略产品——甲等老白汾，主攻山西省外的中端市场。2017年，处于100~300元价格地带的巴拿马系列汾酒上市，定位为仅次于青花汾酒系列之外的第二大战略产品。至此，山西汾酒形成了以“青花汾酒”为龙头的完整产品组合（表 43），对高中低端市场进行了全线覆盖。

表 43　汾酒公司的产品组合

产品系列	主流价格地带	三大品牌定位
青花汾酒系列	300~800 元，次高端市场	汾酒：第一文化名酒
巴拿马汾酒系列	100~300 元，中端市场	
老白汾酒系列	100~200 元，中端市场	
玻璃瓶装汾酒系列	40~80 元，低端市场	
竹叶青系列	40~150 元，中低端市场	竹叶青：第一养生名酒
杏花村系列	40~80 元，低端市场	杏花村：大众“第一民酒”

寻找标杆，百家争鸣“国宴酒”

提起“国酒”“国宴用酒”，相信很多人都会想起贵州茅台，这也是茅台一直以来赋予自己的鲜明品牌属性。虽然“国酒茅台”和“茅台国宴”的商标争议已经远去，但茅台借此而形成的品牌联想却影响深远。为了烘托品牌的高端属性，汾酒用“讲事实，摆道理”向市场娓娓讲述起自身与国宴用酒之间的亲密联系。2011 年 9 月 21 日，汾酒集团在北京举办“汾酒·第一国宴用酒 62 周年纪念大会”，为汾酒的国宴品质正名。会议发出这样的信息：第一次全国政治协商会议开幕和闭幕之日以及开国大典之日，国宴上均饮用的是汾酒厂的产品。1948 年山西汾阳解放，汾酒恢复生产。1949 年 9 月初特供国宴的产品为 500 斤老白汾酒和竹叶青汾酒，被分成 4 批护送入京[①]。在 1951 年的一份《关于接待工作今后的改进办法》文件中，

① 云酒团队. 国家大事里的“酒宴故事”[Z]. 云酒头条，2019-10-02.

经国家领导人明确批示："酒用国产葡萄酒、绍兴酒、啤酒、烟台张裕公司制的白兰地、北京大喜公司制的香槟酒。如需用烈性酒，则用汾酒"。汾酒再次通过事件营销，主动制造话题来为品牌高端化摇旗呐喊。

中国酒类品牌历来都将产品能够登上国宴场合作为营销推广工作的重中之重，因为这样一方面可以彰显自身的产品品质，另一方面还可以借助此类事件进行品牌传播。而且，"国宴酒""国宴用酒"和"国酒"等与"国"字相关的称号也是各大名酒品牌极力争夺的对象。当然，"什么样的酒才能称之为国酒？"这一问题还曾引发过广泛的关注和争论。例如2012年7月国家工商总局商标局官网发布"国酒茅台"注册商标的初审公告，就旋即引起了五粮液、泸州老窖、汾酒和古井贡等企业的强烈反对和异议。白酒品牌争夺"国宴酒"名号的目的无非是想要树立在消费者心目中的产品质量和品牌标杆形象。在国家最高规格的宴会消费场景中出现的次数越多，本身就代表了产品的高贵品质，进而能推动公司旗下所有产品的市场销售。

2019年是新中国成立70周年，也是汾酒建厂70周年。9月5日，汾酒集团在北京饭店举办以"不忘初心，汾酒与祖国同行"为主题的庆祝活动。活动现场，通过最大限度地还原当时的场景，让人们重温建国荣耀时刻，并以图片、历史资料、文物展览等方式庆祝祖国70年来取得的伟大成就。在此期间，汾酒集团还复制出当时"开国第一宴"所用的"老白汾酒"和"竹叶青酒"，向社会各界展示其"高光时刻"，还对汾酒发展历史、企业和品牌文化建设、产品开发和市场布局做出系统的宣讲和传播。此次活动可以看作是汾酒集团"国宴用酒"整合营销传播的又一典型事例。

汾酒的高调营销传播活动为整个公司旗下的系列产品销售提供了强有力的品牌信任和支撑。近几年来，汾酒的中高端市场开发表现良好（表44），也可以看作是其针对品牌属性提炼和形象塑造潜心努力而获得的回报。现今，青花汾酒高端产品销售收入占比为25%左右。根据山西汾酒2019年度经销商大会公布的数据显示，汾酒省外亿元级区域市场数量已经达到 18 个，经销商数量和专卖店数量分别增加至 2000 余家、900 余家，光瓶玻璃汾酒销量接近 1200 万箱。可圈可点之处在于，汾酒在这一轮的品牌传播中更加有的放矢，传播的效度和信度更高。也是在这一过程中，公司以“文化汾酒”为主题，编撰出版了一系列图书出版物，对汾酒品牌文化的总结和传播起到了积极推动作用（表 45）。

表 44　2018—2019 年山西汾酒主要产品系列

单位：亿元

2018 年度			
产品分类	**主要产品系列**	**营业收入**	**毛利率**
中高端产品	青花汾酒、巴拿马汾酒、老白汾酒	57.39	75.18%
低端产品	普通汾酒（玻璃瓶装，简称玻汾）	32.30	50.72%
配制酒	竹叶青酒	3.39	62.47%
2019 年度			
产品分类	**主要产品系列**	**营业收入**	**毛利率**
汾酒	青花汾酒、巴拿马汾酒、老白汾酒、玻汾	102.97	75.80%
系列酒	杏花村系列、杏花村清酒 / 福酒、杏花源等	9.00	35.20%
配制酒	竹叶青酒系列	5.48	64.59%

资料来源：山西汾酒 2018—2019 **年年报**。

表 45　“文化汾酒”建设成果

时间	图书出版物
2010 年	《杏花村诗书画文选》
2012 年	《信仰营销，再造汾酒：汾酒营销的 18“法则”》
2012 年	《清香汾酒，中国酒魂》
2013 年	《国画中国酒魂》（彩绘系列）
2013 年	《王者归来》
2013 年	《中国名酒：汾酒》（上下卷）
2013 年	《酒魂西行》
2013 年	《遥指杏花村》
2015 年	《汾酒史话》
2015 年	《汾酒通志》
2015 年	《晋商与汾酒》

续表

时间	图书出版物
2015年	《汾酒酒标简史》
2015年	《中国酒魂》
2016年	《中国汾酒史》
2017年	《汾酒源流·麯水清香》
2018年	《名人论汾酒》
2018年	《中国白酒史》
2018年	《汾酒：中国酒魂信仰营销读本》（上下篇）
2018年	《汾酒收藏》
2018年	《工匠汾酒》
2018年	《一五一十说汾酒》
2018年	《“百年老酒”归国追踪记》
2019年	《国宴汾酒》
2019年	《汾酒博物馆历代酒器选集》
2019年	《文化汾酒：中国汾酒人物史》
2019年	《汾酒生产365问》
2020年	《说汾酒》

布局全国，“中国酒魂”在行走

2002年之后，随着青花汾酒的上市，汾酒在开启高端化旅程的同时，还开始启动对省外周边市场的渗透和开拓。在这个过程中汾酒的全国化市场布局思路也逐渐清晰起来——稳扎稳打、逐步推进、分块蚕食、化零为整。尤其是在2008年之后，汾酒将省外市场的分销渠道建设作为重中之重，由原先的省级总代理制向区域经销商制转变，并进一步推进省外市场的渠道下沉和终端建设工作。此外，如何寻找差异化的品牌个性文化也是汾酒在此期间苦思冥想的问题。直至2009年，汾酒品牌提出了以“1345”为核心内容的“中国酒魂品牌文化体系”（表46），完整地阐述了汾酒的品牌文化内涵层次。其中，“汾酒，中国酒魂”这一品牌战略定位，对历代汾酒人积累的文化遗产进行了高度的概括和浓缩，代表着汾酒在中国酒文化乃至世界酒文化格局中的高度和文化坐标①。汾酒以“中国酒魂”为核心的品牌文化体系，全面、完整地勾勒出汾酒对中国酒类行业的深远影响力以及企业所奉行的品牌经营理念。

表 46　汾酒“1345”中国酒魂品牌文化体系

体系结构	核心内容
1 个定位	汾酒，中国酒魂
3 个源头	国酒之源、清香之祖、文化之根
4 大贡献	中国白酒产业的奠基者；传承中国白酒文化的火炬手； 中国白酒酿造技艺的教科书；见证中国白酒发展历史的活化石
5 种精神	诚信、专注、创新、开放、担当

2017—2020 年，为了有条不紊地开拓全国市场，汾酒先后提出了以“13320”“1+3+3+13”和“1357”为指引的全国化市场布局思路（表 47）。重点关注部分板块市场的引领示范和辐射效应，市场开发重点持续向华东、华南地区倾斜，意欲充分挖掘中高端产品销售收入提升的空间。而且，继 2017 年汾酒集团引入华润集团作为战略投资者之后，2019 年汾酒中高端产品和玻汾开始陆续进入华润旗下遍布全国的连锁零售终端系统，这一举动直接加码汾酒的全国化市场建设。2014—2019 年，汾酒开始坚定执行山西省内渠道进一步深度下沉的“百县千镇”计划、“一百双千”工程（在省内 100 个县区和 1000 个乡镇，发展 1000 家经销商）和广泛开拓省外市场的分销渠道建设思路。2016—2019 年，汾酒省内销售收入占比从 65% 下降到 49%，省外经销商数量从 780 家增加到 1847 家。此外，2014 年之后，汾酒集团从营销层面入手进行混改试验，在山西、上海和福建等地与当地强势经销商合资成立销售公司，共同开发当地的市场网络。

① 李秋喜．汾酒的百年辉煌 [J]．中外企业文化，2016（2）：34–35.

表 47　2017—2020 年汾酒的全国化市场布局

2017 年汾酒“13320”全国化市场布局	
体系结构	核心内容
1 个大本营市场板块	山西市场
3 大省外重点市场板块	河南山东板块、内蒙陕西板块、京津冀华北板块
3 个亿元级市场板块	辽宁、广东、海南
20 个机会市场板块	其余 20 个销量较低的省区
2019 年汾酒“1+3+3+13”全国化市场布局	
体系结构	核心内容
1 个大本营市场板块	山西市场
3 大省外重点市场板块	河南山东市场、内蒙陕西市场、京津冀华北市场
3 个战略突破市场板块	华东、两湖和东南市场
13 个机会市场板块	其余 13 个销量较低的省区
2020 年汾酒“1357”全国化市场布局	
体系结构	核心内容
“1+3”个巩固板块	山西、京津冀、鲁豫、陕蒙板块
“5”个加强板块	江浙沪皖、粤闽琼、两湖、东北、西北板块
“7”个机会板块	四川、云南、重庆、广西、贵州、江西、西藏板块

为了配合汾酒以黄河以南、长江以南地区为开发重点的全国化市场建设，从 2017 年起，汾酒公司还启动了以“骨子里的中国·青花汾酒”“汾酒·中国酒魂”和“行走的汾酒”为主题的系列品牌文化巡展和互动传播活动，先后在北京、济南、杭州、上海、西安、呼和浩特、郑州、天津、三亚等省市亮相。“行走的汾酒”品牌文化传播活动，一方面可以向目标消费群体宣讲汾酒的产品文化和品牌文化，另一方面还可以向公众传播汾酒的发展历史对中国酒业的重大影响力。行走于历史时空，行走于当下中国，这应该是汾酒公司希望借助“行走的汾酒”主题活动向外界传递出的具有“中国酒魂”的声音和精神。同时，以“1510”为核心内容的“汾酒产品文化传播”（表 48）系列活动也浮出水面，在线上线下进行连续的传播。“1510”系列传播活动，也被称为“一五一十话汾酒”，共分为 50 个系列专题，从各个角度明明白白、一五一十地向消费者解释“汾酒到底好

在哪里”。长期以来，酱香型白酒以“12987”和“坤沙酒、碎沙酒、翻沙酒、串沙酒”酿造工艺为产品文化体系的架构，浓香型白酒以“千年老窖万年槽，酒好全凭窖池老”和“单粮浓香酒、多粮浓香酒”酿造工艺为产品文化体系的灵魂；清香型白酒以“一清到底”和“大曲清香酒、小曲清香酒、麸曲清香酒”酿造工艺为产品文化体系的根基。通过分解清香型白酒酿造工艺的流程并对其特征加以总结概括，汾酒在系统传播自身产品文化体系的过程中也积极推动着整个清香型白酒的品类文化建设。可以说，汾酒也成了中国白酒品牌建立产品文化体系的典型代表之一，更是竖起了清香型白酒产品文化传播的大旗。

表 48　汾酒“1510”产品文化传播体系

体系结构	核心内容
一个轴心	中国健康白酒轴心
五度品格	天度节气、地度生态、香型首度、质量高度、口感爽度
一清到底	清字当头，一清到底操作法
十必秘诀	人必得其精、水必得其甘、曲必得其时、粱必得其实、器必得其洁、缸必得其湿、火必得其缓、料必得其准、工必得其细、管必得其严

汾酒回归行业主流阵营的愿望不可谓不迫切，重新崛起的速度不可谓不迅速。2015 年之后，国有企业混合制改革进入了新一轮的攻坚周期。茅台、五粮液、泸州老窖、古井贡、古越龙山、沱牌和衡水老白干等企业纷纷在集团层面、股份公司层面或者销售公司层面推出了各种混改方案。2017 年，作为山西省国有企业混合所有制改革的第一家试点企业，汾酒的经营活力也在逐步释放。2018 年，山西汾酒集团酒类销售收入比 2016 年翻了一倍，达到 110 亿元，利润增长了 185%。在中国白酒行业的排名也从 2016 年的第八位上升到 2018 年的第六位。此外，汾酒集团还成为唯一一家入选国务院国资委国企改革“双百行动”的中国白酒企业[①]。在引入

① 周亚军. 山西：国企攻坚，转型提速 [N]. 人民日报，2019-01-22（10）.

战略投资者、销售层面混改先行和积极试点员工持股等综合手段的推动下，山西汾酒也驶入了新一轮的发展快车道。2018 年，汾酒集团提出 2020 年的“4421”发展目标（表 49），为整个公司的未来发展指明方向。自 1993 年山西汾酒在上海证券交易所上市进而成为中国白酒行业第一家上市公司以来，公司充分发挥资本市场力量，从优化治理结构、提升管理能力和推动品牌进化等方面多管齐下，2019 年末，山西汾酒已经实现了集团资产证券化率超 92% 和酒类资产全部注入上市公司，进一步成为中国白酒行业第一家整体上市的公司。

表 49　汾酒集团 2020 年“4421”发展目标

主要指标	发展目标
4 个经济指标	实现酒类收入、酒类利润、原酒产能和上市公司市值 4 个经济指标翻倍
4 大一流基地	建成华中及华北地区一流的包装彩印基地、国内一流的原粮种植基地（种植面积 50 万亩，年产原酒 25 万千升）、国内一流的白酒产业基地，年接待 180 万游客的世界一流的杏花村酒文化旅游基地（年接待能力 180 万游客）
2 个市场优化	产品结构优化：中高端产品销售占比从 40% 优化到 70%； 区域市场优化：省内省外销售占比从 6 ∶ 4 优化为 3 ∶ 7
1 个综合目标	企业综合竞争力进入中国白酒行业第一阵营

还有一点需要提及的是，除了茅台和五粮液两个绝对的全国性品牌之外，现今几乎所有主流的白酒品牌都将品牌全国化作为营销工作的有力抓手，而且基本上都站在深度全国化或者泛全国化的关键档口。在行业挤压式增长的背景下，众多白酒品牌正在积极、激烈地抢占和深耕全国各个区域市场，横跨各个主流价格带的全国名白酒系列产品已对区域市场形成了全线压境态势，地方性白酒品牌的生存空间将会进一步压缩，未来企业是否能在多个主流市场区域取得决定性的突破并在其他市场形成燎原之势，将会对白酒品牌行业座次的排序产生重大影响。汾酒、泸州老窖、古井贡、郎酒、剑南春和洋河都踏着既定的节奏，成为彼此需要面对的强悍竞争者。

各大酒类品牌的目标市场相互交叉重叠，使得市场竞争愈发激烈。值得关注的是，类似白酒品牌是否会在市场全国化的过程中通过收购地产龙头白酒企业来开疆扩土，这也是行业未来有待确认的方向之一。毕竟，泸州老窖通过川酒投间接入股重庆诗仙太白和内蒙古河套酒业，已经给行业提供了些许遐想空间，古井贡和洋河在此方面也均有斩获。中国白酒行业是否会出现更大量级的投资并购行为，目前来看还是一个未知数。但一切皆有可能。

“中华汾酒，源远流长”。汾酒作为中国白酒行业的“清香鼻祖”，曾经在市场上所向披靡，之后虽经历阵痛但仍然倔强地奋进成长。现今，汾酒呈现出一系列积极向好的发展趋势：次高端白酒市场扩容，青花汾酒已经成为公司在此领域的领头品牌；老白汾酒和光瓶装汾酒由于具有良好的性价比，具备深度全国化潜力；渠道建设稳步推进，终端互动促销活动有序开展；品牌传播投入加大，整合传播体系较为完整；国企混改推动企业进一步创新经营机制，释放运营活力①。然而，对于任何企业来讲，市场是公正的裁判。汾酒要实现真正的强势回归，仍需要在内部体制激活、市场布局、产品组合、渠道开拓、品牌传播和消费培育等方面做出更多、更扎实、更持续、更开放的经营努力。而且，我们也相信今天所看到的汾酒再度强势崛起也只是刚刚开启了其凤凰涅槃的新征程。

---

① 张宇光. 改革盘活水，汾酒万木春 [R]. 长城证券，2019-03-27.

不是每个品牌都拥有健全的产品文化体系

当我们想到一个品牌的时候，脑海中出现的肯定是与产品相关的诸多信息，例如它的包装、价格、历史、产地、原料、使用者、零售场所等。而且，对于一些产品，消费者可能对它的了解程度要深一些，而对于另一些产品来说，消费者可能了解的信息很少甚至一无所知。越是在市场上畅销的产品，在消费者脑海中积累的产品信息就越丰富。消费者与品牌之间的关系，就像人与人之间的关系一样，对你了解的程度决定着他/她会跟你发展成为怎样的关系：变为朋友甚至挚友、转身离开、仅做点头之交或者避而不见。因此，要让消费者在市场上购买你的产品，首要的任务就是让他们了解和认可你的产品。

产品文化，指的是一款产品在企业的价值创造过程中，所体现出的能够满足消费者在功能、情感和社交层面综合需求的物质和精神属性，可以通过产品及相关的物理载体或者与企业内外部运营活动轨迹相关的思想理念来向外展示与传播。站在消费者的层面，我们也可以把跟一款产品或者一系列产品相关的各种信息所组成的知识体系称为产品文化（图 14）。建设产品文化体系的过程，其实就是在消费者心智当中搭建起一个关于特定产品的信息网络和知识体系，并能够形成影响消费者购买决策的认知和评估指标。这就要求企业首先要从不同的层面或者角度充分挖掘属于自身的优势或者亮点，然后通过持续的传播并辅以必要的证据或者证明，最终让消费者记住并相信企业所传播出去的信息。对于某一款产品来讲，消费者积累的产品知识越丰富且形成的正面认知越强烈，那他们对它的忠诚度就会越高，进而该产品在市场上成为畅销品的可能性就越高。虽然特定产品在市场的生命周期会出现差异，但产品文化体系的基本结构不会发生根本性变化。

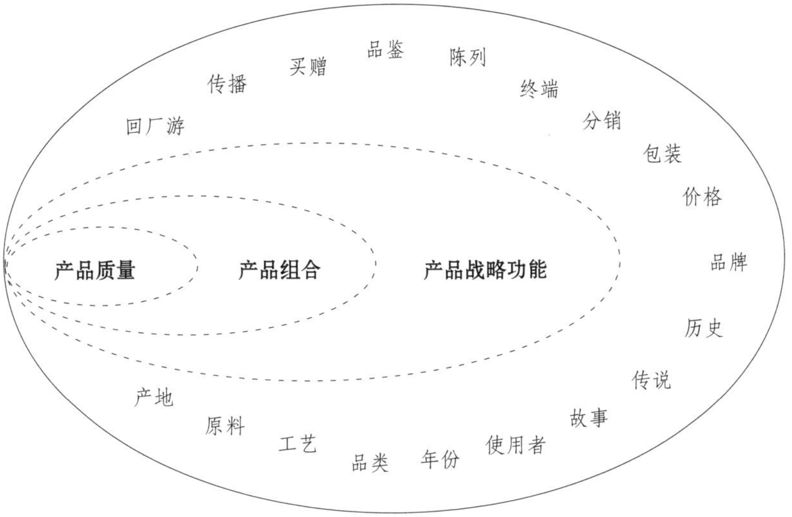

图 14　酒类品牌的产品文化体系

我们经常提到的大单品或者超级大单品，通常指的是为目标消费群体所熟知和认可的一个产品或者一个产品系列，它的畅销程度往往让竞争对手望洋兴叹。一个大单品，可以是某个品牌旗下的某一款产品或者某一产品系列，它通常能够在产品设计、质量控制、市场定位、形象诉求和渠道建设等领域全面地反映该品牌在市场上的整体竞争力。大单品或者超级大单品具有以下 6 个典型特点：（1）经过细分的某一市场要具有足够大的市场规模；（2）该产品的定价要处于目标市场的主流价格地带；（3）消费者对于该产品具有丰富、深厚、完整的认知体系；（4）企业能够制定出充分激发消费者响应的营销战略与方法；（5）该产品能够在特定的阶段甚至一直成为支撑企业生存和发展的中流砥柱，高销量、高现金流、高占有率、高利润为典型特征；（6）企业需要从产品研发、包装设计、品牌内涵等多方面着手设法延长产品的生命周期。在中国酒类行业，目前已经成为大单品或者超级大单品的产品（系列）包括53度飞天茅台、52度普五、52度国窖1573、52度水晶剑、牛二、小郎酒、劲酒小方瓶、郎酒红花郎系列、汾酒青花系列、张裕解百纳系列、雪花勇闯天涯系列、青岛啤酒经典1903、洋河蓝色经典系列、古井年份原浆系列和古越龙山库藏系列等。试想，以上提及的这些酒类大单品无不是在某一方面或者诸多方面具备广为目标消费者熟悉和认可的产品信息，并且在消费者心智当中搭建起了独特的产品文化认知体系。

可以说，一款大单品或者一个大单品系列已经具有层级分明的产品文化体系，甚至在某一个层级或者元素方面还具备超级IP（话题性、社交性、传播性）的特质。当然，酒类品牌在建设和传播产品文化的过程中可能经常会遇到的问题就是目标消费者的认可或者信任难题。这就需要营销人员更多地从信息类型、数据支撑、历史事件、重要人物、消费场所等方面来为消费者提供各种深具说服力的证据。而我们看到的诸如围绕“国酒”“巴拿马获奖”“全国评酒会”等开展的品牌传播战就是众多酒类品牌想要争夺到更有利于证明自己品牌/产品信息真实性、权威性的运营努力。

强大的品牌必然被广大的消费者熟知。重视酒类产品文化体系的建设并将之加以系统传播，能够让消费者在心智中积累更多、更丰满的品牌知识，最终能够产生消费偏好甚至消费忠诚。当然，酒类产品文化体系离不开一个原点，那就是产品质量。如果脱离这一原点，那么品牌建设无疑就成了建在沙漠上的空中楼阁。曾经由“酒精酒”“年份酒”“塑化剂”和“甜蜜素”等事件引发的几次中国酒类行业震动，无不指向了品牌建设的原点——在食品安全前提之下以“原料、工艺”为核心的产品质量。因此，酒类品牌的产品文化体系建设与传播，也是构建品牌与消费者关系的重要内容之一，它能够充分保证消费者对于所购买产品的知情权，让他们做到“明明白白消费”。当然，从某种程度上说，在很多消费品行业，就像营销者总是试图找到打开消费者购买决策影响因素的“密匙”一样，要让企业主动打开在产能、原料、配方等方面的“黑匣子”也绝非易事。但这并不意味着企业在此方面总是可以闪烁其词甚至无动于衷。对于珍视产品质量的酒类品牌来讲，要让更多的人更深入地了解你的产品，不妨尝试从建立与完善产品文化体系入手。

古井贡，争艳的“酒中牡丹”

秉九酝古法，

配桃花春曲，

采无极之水，

汇原酒精华。

年份原浆，古井贡酒。

纯正原浆，手工酿造。

——“古井贡酒·年份原浆”电视广告语（2008 年）

“曲为酒之骨”。古井贡酒汲取桃花盛开之季所制作的“桃花春曲”，并让高粱、大米、小麦、糯米和玉米等酿酒原料在古老窖池中反复酝酿，酒体风格以“色清如水晶、香纯似幽兰、入口甘美醇和、回味经久不息”为典型特征，被人们形象地称为“酒中牡丹”。1963—1989年，古井贡酒蝉联四届“全国名酒”，一时风光无限，成为徽酒军团的领头羊，并带领同门的众多白酒品牌在区域市场甚至全国市场奋勇征战、广开疆土。

1988年，为了遏制持续的投资过热、物价飞涨对社会经济带来的负面影响，政府推动了“价格闯关”。开始放开对肉、蛋、菜、糖、烟和酒等产品的价格管制。1988年7月，政府放开13种名白酒价格之后，各大名白酒企业纷纷涨价，“古井贡酒”也从原先的14.5元骤然调高到48元一瓶。紧接着在较大的通胀压力之下，包括名白酒在内的很多商品价格持续上涨，以致市场购买力难以承接。1989年政府开始对宏观经济进行为期3年的“治理整顿”，在货币政策收紧的同时限制政府部门的白酒消费。随后，名白酒价格出现下跌，导致白酒企业全线亏损，而银行此时也不愿再为企业放贷，这对于那些之前依靠银行贷款添置设备、扩张产能的白酒企业来说更是雪上加霜。生存还是死亡，这一问题残忍地摆到了企业面前。1989年底，古井贡公司率先通过将“60度古井贡酒”酒精度降低到55度，同时价格降低60%的方式，有效避开了当时名白酒基础计税价格较高的制度限制，“降价降度”让古井贡绝处逢生，也成了当年名白酒中唯一一家业绩没有滑坡的企业，其率先在市场上突出重围[①]。此外，“降价降度”的做法，不仅顺应了白酒低度化市场消费的潮流，有效降低了酒厂的生产经营成本，

① 吴育怀，张圣雄，王效金的经营怪招[J]. 决策与信息，1998（11）：30–31.

也确立了古井贡酒作为中等价位名白酒的市场定位①。1989—1992年,古井贡酒厂连续进入中国工业企业利税500强名单。1992—1998年，古井贡公司位列行业前三甲。1998年，古井贡公司白酒业务实现了销售收入12亿元、利税4.64亿元的经营业绩②。在此期间,古井贡酒厂利用“秦池标王事件”成功出击山东区域市场，还在山西朔州假酒案之后首度发声，在全行业倡导白酒企业践行社会责任。

进入21世纪之后，市场消费环境和行业发展政策发生了新的变化。早从1992年开始，五粮液等白酒价格重拾升势，跟随者众。在经历了多元化发展不畅和项目投资导致现金流紧张之后，2001年白酒从量税的加征使当年古井贡公司的利润从2000年的两个多亿下降到8000万，这成为压倒骆驼的最后一根稻草③。古井贡这朵“酒中牡丹”开始在风中摇曳,经过厉兵秣马式的艰苦卓绝的努力，试图等待时机再次迎来“盛开”的那一天。而凭借“千年贡酒”和“老八大名酒”的深厚品牌积淀，辅之以顺应市场消费变化的产品结构调整以及强有力的市场开拓，古井贡厚积薄发，循序崛起，再次站在了中国白酒行业的风尖浪口。

启动“年份原浆”，迎来品牌复兴

“酒是陈的香”。消费者对白酒的这一质量感知，也鼓励着中国市场上的众多白酒品牌开发出“窖龄”“酒龄”“窖酿”“窖藏”“洞藏”“陈藏”“典藏”“封藏”“老酒”和“封坛”等各种形式的陈酿型产品。在这类产品中，以“年份酒”最为有名，其引发的行业讨论和消费争议也最多。其实，围

---

① 罗士民．变与不变的辩证法——古井贡的营销哲学[J]．企业文化，1998（4）：5-6.

② 张晓鹏，卢泓．酒中牡丹今更艳，古井贡酒贡人民——安徽古井集团十年飞速发展经验总结[J]．酿酒，1999（5）：69-71.

③ 黄小伟．古井：一场酿了十年的危机[N]．南方周末，2007-04-26（C17）.

绕产品概念展开营销是古井贡在提升品牌核心竞争力方面屡试不爽的竞争武器之一。古井贡早在1996年就在全国率先推出以“5年陈酿、10年陈酿”为代表的“古井贡酒龄酒”①。但年份酒的市场启动还是发端于茅台和五粮液强势切入这一领域之后。表50显示了1996—2008年主流白酒品牌推出年份酒的大致情况。

表50　1996—2008年主流白酒品牌推出的年份酒

时间	白酒品牌	年份酒
1996年	古井贡	5年、10年
1997年	茅台	30年、50年
1998年	茅台	80年
1999年	茅台	15年
2000年	汾酒	30年
2002年	衡水老白干	10年十八酒坊
2005年	五粮液	10年、15年、30年、50年、60年
2005年	酒鬼酒	6年、9年、15年
2006年	泸州老窖	9年、18年、28年
2007年	剑南春	15年、30年
2008年	古井贡	年份原浆

此外，中国白酒市场上还有一个消费现象值得关注：谈“勾兑”而色变。在国家标准《白酒工业术语》（GB/T 15109-2008）中，对“勾兑调味”做出的解释为：“把具有不同香气、口味、风格的酒，按不同比例进行调配，使之符合一定标准，保持成品酒特定风格的专门技术”。可见，只有在不同的基酒之间进行勾调兑味，特定企业的白酒产品才能保持酒体平衡和独有风格，因此“勾兑”属于正常的酿酒工艺范畴。20世纪60年代，为了缓解酿酒用粮的紧张情势，很多白酒企业开始采用食用酒精添加增香

① 邬盛根．我为概念，概念为我——“古井贡”品牌核心竞争力提升策略[J]．中国广告，2001（6）：77-80.

类物质的新勾调工艺来模拟原浆酒的口感和香气。到20世纪80—90年代，随着食用酒精质量的普遍提高和调香、串香等勾调技术的改善，新工艺白酒（液态法、固液法）的生产工艺得到优化，并为酒厂普遍采用。在原轻工业部于1992年发布的行业标准《液态法白酒》（QB1498-92，已于2010年被废止，现行的国家标准为GB/T 20821-2007《液态法白酒》）中就明确指出："本标准适用于以谷物、薯类、糖蜜为原料，经液态法发酵蒸馏而得的食用酒精为酒基，再经串香、勾兑而成的白酒。"之后，先后经由1997年"秦池用四川白酒勾兑事件"和1998年"山西朔州甲醇兑水假酒案"的媒体发酵，使得市场上很多消费者认为白酒勾兑就等同于"假酒""毒酒"。这一现象持续至今都难以从众多消费者的认知中抹去。因此，不少白酒企业为了更形象地告知消费者白酒产品的品质，纷纷采用了"原浆"这一说法。

2000年，古井贡"原浆酒"上市，宣传口号为"原汁原味原浆酒，找回过去感觉"，定位于礼品消费和中高端餐饮消费，试图在竞争对手林立的中国白酒市场找到差异化的产品属性并树立独特的品牌形象。在酒店分销网络完成铺货和动销之后，2008年，古井贡将"年份"和"原浆"两个概念融合，推出价格布局在100~500元之间的"年份原浆酒"，定位中高端市场，并提出"桃花春曲、无极水、明代窖池、九酝酒法"的产品品质传播诉求。从产品概念层面来看，"年份原浆"将年份酒进一步分为了"原浆级"和"非原浆级"，这一创新型的产品命名方式引发了行业震动[①]，但同时也为古井贡的高端产品定位提供了更有说服力的支撑点。同年，古井贡公司向国家工商总局商标局申请注册"年份原浆"商标，其间由于收到多家白酒企业的异议申请，先后经历了驳回、复审、异议答辩和裁定等环

① 梁岩岩，刘伟，温睿. 古井志：古井贡酒的昨天、今天、明天[J]. 社会观察，2010（4）：76-79.

节，于 2016 年正式获得商标注册。之后一直到 2019 年，五粮液公司、剑南春公司等向北京知识产权法院提出宣告“年份原浆”商标无效的请求，均被驳回或者收到维持原判的终审判决。

经过重新定位，古井贡将“年份原浆”系列产品的终端零售价格定在 128~400 元，价格卡位在泸州老窖和剑南春之间，紧跟洋河、郎酒和泸州老窖的步伐[①]。此外，围绕主推“年份原浆”系列酒的战略实施，古井贡公司还对产品结构也进行了精简，产品数量从 2007、2008 年的 847 个、259 个优化到了 2010 年的 126 个[②]。从某种程度上，正是“年份原浆”系列酒受到了市场的广泛认可，将古井贡再次带入了高速增长的轨道，并推升其逐渐回归中国白酒品牌的主流阵营。此外，通过准确的目标市场选择，深度分销模式的建立、核心区域市场的战略布局、营销组织结构的调整、厂商合作模式的变革和品牌传播活动的强力启动等系列营销管理举措多管齐下，古井贡公司在以“年份原浆”系列酒为主导的发展新时期取得了不俗的业绩[③]。古井贡公司的净利润也从 2008 年的 7600 万元增长到 2018 年的 16.95 亿元（图 15）。在此期间，为了规避“年份酒”可能引发的市场争议，古井贡年份原浆产品上的文字描述也先后经历了从“古井贡酒・年份原浆・X 年”到“古井贡酒・年份原浆・X”再到“古井贡酒・年份原浆・古 X”的变化，其中的“X”代指“5、8、16、20”等数字。目前，年份原浆作为古井贡的核心战略单品，已经形成了中高端全面覆盖的产品组合格局（表 51）。

---

① 王科，吴英．古井贡：两年调整，发力在即——对话古井贡酒股份有限公司总经理刘敏 [J]．新食品，2009（8）：72-73.

② 张爱华．与古井“贡”舞——古井集团董事长曹杰先生专访 [J]．社会观察，2010（2）：60-61.

③ 刘爱华．探秘古井贡酒年份原浆增长奇迹 [J]．新食品，2011（3）：69-71.

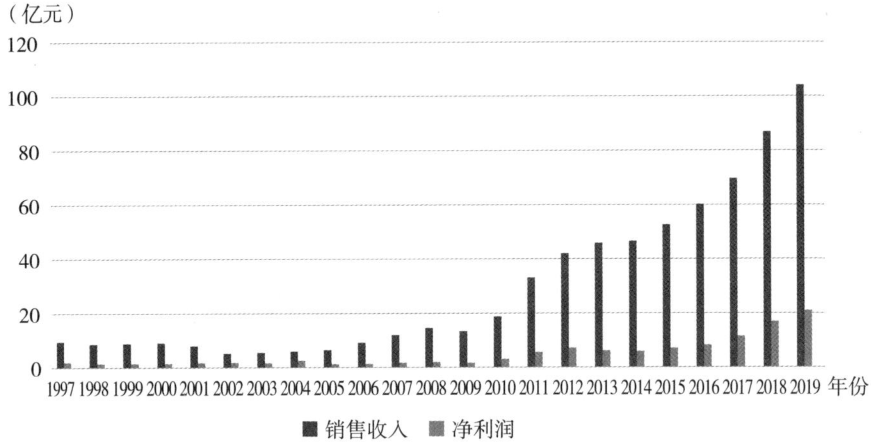

图 15　1997—2019 年安徽古井贡酒股份有限公司业绩表现

资料来源：古井贡酒 1997—2019 年年报。

表 51　古井贡“年份原浆”系列“142”产品组合

	产品形式	市场定位
1 个形象产品	古 26	1000 元以上高端
4 大战略单品	古 7、古 8、古 16、古 20	200~800 元次高端
2 大百元战略单品	献礼版（省外幸福版）、古 5	100~200 中端

现今的“年份酒”一方面要让消费者明明白白消费，另一方面也成为白酒品牌重新梳理价格体系的重要参考指标。2014 年，安徽文王贡推出“而立、不惑、天命”三款产品，并公布可追溯配方，例如“而立”产品的酒体分别由 2012 年（43%）、2010 年（41%）、2009 年（13.9%）和 2004 年（2.1%）的基酒构成。2016 年，泸州老窖针对“国窖 1573 经典装 52 度成品酒”实施年份化定价，同时建立起“瓶贮年份酒”定价体系。2020 年，贵州醇还在市场上扛起了“真年份酒”的大旗，备受瞩目。为了进一步规范和引导白酒年份酒的生产经营，中国酒业协会于 2019 年 1 月 20 日发布了《白酒年份酒》团体标准（T/CBJ 2101—2019）。其中，将年份酒定义为“以传统白酒（固态法、半固态法）工艺酿造，经贮存 3 年及以上基酒勾调而成，标注年份为所用主体基酒加权平均酒龄，不直接或间接添加食用

酒精及非自身发酵产生的呈色呈香呈味物质，具有本品固有风格特征的白酒”。而且，还规定主体基酒总量应不小于基酒总用量的80%，标注年份取加权平均酒龄的整数。虽然该团体标准还无法在全行业强制性执行，但至少可以为中国白酒的“年份酒”生产经营提供有效的指引。

“酒中牡丹”领衔，徽酒百花争艳

在中国白酒市场上，素有“东不入皖，西不入川”之说。之所以这样说，主要是指四川和安徽两个省份既是白酒生产大省，也是消费大省。在这两个市场上，本省白酒企业众多且价格带设置较为密集、消费者对本土品牌的认可度和忠诚度较高，因而外地品牌要开发这两个省份要遭遇十分激烈的市场竞争。由此，也锻造出整个徽酒军团在营销创新方面的竞争能力①。2018年，安徽省内拥有约550家白酒企业，其中规模以上企业112家。古井贡2018—2019年在华中地区（主要包括安徽、湖北、河南和江苏）总营收占比高达90%。2019年，口子窖在安徽省内实现营业收入38.35亿元，总营收占比83%；迎驾贡酒在安徽省内实现营业收入21.24亿元，总营收占比61%。此外，宣酒、高炉家酒、文王贡酒、皖酒和金坛子等强势地产白酒品牌在安徽市场也都有不俗的表现。皖酒市场竞争之激烈并不难想象（表52、表53）。

表52　2018年安徽省主要白酒企业业绩表现

	营业收入（亿元）	净利润（亿元）	综合毛利率（%）	销售量（万千升）	广告宣传费（亿元）
古井贡	86.86	16.95	78.03	8.28	6.44
口子窖	42.69	15.33	74.29	3.34	2.12
迎驾贡酒	34.89	7.79	64.55	4.83	2.44
金种子酒	13.15	1.02	61.42	1.55	1.42

注：（1）金种子酒的酒类产品实现营业收入8.76亿元；

（2）古井贡旗下黄鹤楼酒业有限公司2018年实现营收8.66亿元。

① 秋雨. 古井贡稳健发展背后的“大营销”思维[J]. 酿酒，2017（6）：115-117.

表 53　徽酒品牌的主要产品系列

徽酒品牌	主要产品系列
古井贡	年份原浆系列、古井贡老名酒系列、“小罍子”小酒系列、亳菊健康酒系列
口子窖	口子窖系列、老口子系列、口子坊系列、口子酒系列
迎驾贡酒	生态洞藏系列、迎驾金（银）星系列、百年迎驾贡系列
金种子酒	金种子系列酒、种子系列酒、和泰系列酒、醉三秋系列酒、颍州系列酒

古井贡作为徽酒军团的绝对龙头，从竞争最为激烈的安徽市场搏杀出位，又凭借深厚的品牌文化基因开始挖掘全国性品牌的潜力[①]。在品牌传播层面，古井贡公司奉行“全国覆盖 + 省市深耕”的媒介选择策略，与中央电视台和凤凰卫视等全国性电视媒体和安徽卫视等强势地方性电视台的黄金资源紧密合作，再借助酒类行业媒体、其他行业权威媒体以及新浪网、搜狐网、人民网和新华网等网络传媒广泛而巨大的传播力量，通过“聚焦核心媒体”实现了到达最广泛受众、传播最大化信息、影响最大化群体的营销目标[②]。在古井贡的带领之下，徽酒正以全新的姿态积极开展着“稳本部、开外埠”的市场扩张工作。2018 年，迎驾贡酒共投放 2.44 亿元的广告宣传费用，其中全国性广告宣传费用为 1.76 亿元，除安徽市场之外，重点攻打江苏、上海、山东、河南、湖南、湖北、江西等省外市场；金种子酒共投放 1.42 亿元的广告宣传费用，其中地区性广告宣传费用为 1.06 亿元；口子窖共投放 2.12 亿元的广告宣传费用，其中全国性广告宣传费用为 1.97 亿元，省外市场以北京和天津为形象市场，以江苏、上海、河南、浙江和山东为重点突破口。

当然，作为白酒消费的重要市场，安徽也吸引着剑南春、郎酒、洋河和泸州老窖等众多白酒品牌的关注，它们纷纷投下大量营销资源来争抢终端和顾客。例如 2015 年以来，洋河就将安徽市场作为“新江苏市场”的组

① 唐朝. 古井贡酒将达成一个“小目标”[J]. 证券市场周刊，2019（34）：47–48.

② 梁金辉. 浅谈传媒创新对古井贡品牌传播的深远影响 [J]. 传媒，2011（2）：35–36.

成板块之一，市场建设从地市一级进一步细化到县一级市场，以海之蓝作为市场先锋并强推梦之蓝 M3、M9，现在许多地级市场销售收入已经突破亿元，整个安徽市场更是超过了 15 亿元。而剑南春在 300~400 元价格带也稳步扩张着市场份额，在核心终端店和宴席市场推广方面持续发力。这都对以古井贡为首的徽酒形成乌云压顶式的竞争态势，既要固守本土市场，还要开发省外甚至全国市场，徽酒与其他全国名白酒品牌之间的较量短时间之内依然难分胜负。

双香型驱动，古井贡的“诗和远方”

2003 年之后，古井贡先后经历了多元化运营不畅、改制屡次受挫、证监部门税务调查、面临退市风险和高层剧烈震荡等一系列不利事件，致使企业举步维艰。到 2008 年的时候，古井贡开始陆续启动各方面的强力改革，其中包括剥离大量非酒业资产、精简人员竞聘上岗、大幅压缩中低端产品线、以“年份原浆”为核心优化产品结构、引入战略投资者等。与此同时，古井贡将全国市场布局分为生存板块（安徽市场）、发展板块（江苏、山东、河南、浙江和河北市场）和潜力板块（北京、深圳、上海、东北等市场），并进行营销资源的倾斜和聚焦，由此公司的市场开发走上了复兴之路[①]。2009 年，上海浦创股权投资有限公司以 4.56 亿元的价格受让安徽古井集团有限责任公司 40% 的股权，企业改制的顺利实施进一步释放了企业的经营活力。

2010 年，古井贡提出了以分销渠道下沉为目标的“三通工程”：路路通、店店通、人人通（图 16），从产品分销、终端建设和营销人员匹配三

① 杨勇胜，李晓峥．古井贡酒：十年复盘暨展望，回归与振兴的徽酒龙头 [R]．招商证券，2018-06-12.

方面保证了产品物流、资金回收和营销计划的畅通实施和执行。以终端直营为导向的“三通工程”与大商分销、流通模式共同构成了古井贡的直分销模式。2014 年之后，古井贡公司还进行了“三通工程”考核方案的优化调整和完善，通过 KPI 系列指标推动公司产品在核心市场的落地与突破[①]。

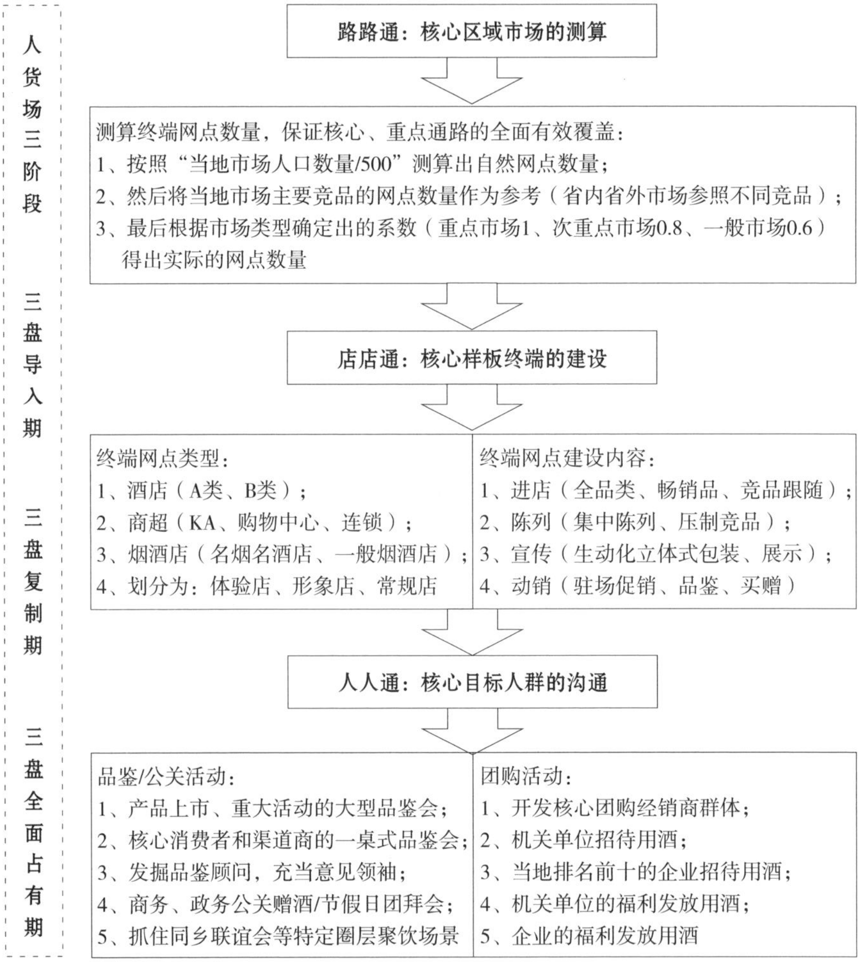

图 16　古井贡以“三通工程”为基础形成“三盘互动”体系

资料来源：根据公开资料《古井贡酒年份原浆三通工程执行标准》整理

---

① 菲遥. 古井贡酒，千年文化缔造“酒中牡丹”[J]. 商业文化，2016（1）：66-71.

2013—2015年中国白酒行业进入深度调整，古井贡公司却逆势而行甚至稳定增长，这也与公司的深度渠道建设有紧密的联系。现在，为了配合公司加速全国化的市场布局，原先的“三通工程”已经进一步完善为古井贡品牌复兴“165”计划（表54）。

表54　古井贡品牌复兴“165”计划

体系结构	主要内容
1个营销纲领	路路通、店店通、人人通；“抓动销、去库存、深渠道、稳价格”
6大工程	品牌复兴、团队重塑、客户新锐、管理创新、培训提升、安全环保
5抢行动	抢商、抢人、抢店、抢销量、抢开瓶

2016年，古井贡以8.16亿元的价格收购了湖北省唯一的“全国名酒”黄鹤楼51%的股权，挺进湖北市场。成为继洋河、汾酒之后（洋河公司收购了江苏省内另一个“全国名酒”双沟，山西汾酒公司拥有“汾酒”和“竹叶青”两大“全国名酒”），又一个拥有两个“全国名酒”品牌的白酒企业，而且同时还实现了横跨两省的战略布局。至此，古井贡公司形成了“浓香＋清香”两大香型为一体的运营格局，其中古井贡酒以“大国浓香，年份原浆”为品牌定位、黄鹤楼提出了“大清香回归”的品牌战略。2017年，古井贡推出了“年份原浆·功勋池”和“年份原浆·中国香”系列新品，定位高端、超高端市场。2018年，公司决定不再开发新的古井系品牌运营商，并逐渐将“年份原浆”作为独立品牌来运作。2016—2020年，古井贡酒连续四年成为央视春晚及元宵晚会的特约播出赞助商，为品牌传播占据流量制高点，极大地提升了品牌的广度、深度和高度，强力塑造“中国酿·世界香”的深厚品牌文化属性。

就目前来看，古井贡酒除安徽本部市场之外，省外市场以河南和湖北较为突出，河北、山东、江苏和浙江等市场处于快速扩张期。古井贡2018年在华中地区实现销售收入占比90.57%，安徽省内销售收入占比60%左右。就在古井贡欲突破重围，实现品牌复兴的同时，泸州老窖、剑南春、汾酒和郎酒等竞争对手也都提出了类似“加速全国化，冲击前三甲”的发展目标，并都制定了雄心勃勃的跨越式发展规划和实施细则。由此可见，“酒中牡丹”古井贡想要与众多竞争对手争妍斗奇，还需要做到在更长时间之内保持“绽放”，才能保证持续散发出迷人的芬芳。

每一次接触都是互动体验的契机

顾客总是通过这样或者那样的机会与品牌产生接触，而每一次接触都能够向顾客传递出相关信息，并让顾客产生有关品牌的感觉和体会。日积月累，顾客就会形成关于某个品牌的综合体验，并指引其未来的购买决策。北欧航空公司前任总裁卡尔宗（Jan Carlzon）认为：品牌与顾客的每个触点，都能成为给顾客营造美好体验的地方，是品牌营销的“关键时刻”（moments of truth）。品牌接触点是那些直接与顾客发生接触并能被顾客感知的各种营销活动。每一个品牌接触点都是潜在顾客获取品牌信息的关键机会①。整合营销传播专家汤姆·邓肯（Tom Duncan）认为：“每一个与品牌有关的、消费者或潜在消费者与一个品牌之间的承载信息的互动都可以被称为品牌接触点。”

管理品牌接触点实际上就是企业品牌和消费者实现信息互动的过程②。在传统的营销场景中，品牌接触点是有限的，顾客通过媒体、产品、员工和销售终端来接收和感知品牌传递出来的诸多信息。在很大程度上，传统的顾客在接收品牌信息方面是被动甚至是容易被操控的。互联网络时代尤其是移动互联时代到来之后，一方面，人、事、物之间近乎无限的连接性裂变出更多的品牌接触点；另一方面，内容制造和信息传播的主动权向顾客手中转移又给企业控制信息内容和传播方向带来了巨大的挑战。

顾客对于特定品牌的感知，正是通过无数个接触点的累积进而获得关

① 翟旭说．品牌触点设计：显而易见的传播关键点 [EB/OL]．简书 .2019-05-17．https://www.jianshu.com/p/57c0fed268de.

② 吕荣胜，拓晓瑞．品牌接触点战略管理研究 [J]．河北科技大学学报（社会科学版），2008（3）：22-26.

于该品牌的信息和知识体系，然后经过评判形成偏好，最终用他/她的口碑传播或者通过购买决策中的选择予以回应。品牌接触点是企业与消费者经验、情感、价值沟通的重要入口①。在每一个接触点上，以顾客感兴趣、想看到的活动形式邀请其参与、进入仪式，会形成较为深刻的个人经历和情感体验，这将为顾客资产和品牌资产的积累做出积极的贡献。

有意识的设计品牌接触点、找出关键接触点并给予积极维护管理，通过持续的互动体验营销活动引导和加深顾客对品牌核心价值的感知和认可，是品牌接触点管理思维要达成的终极目标。品牌与顾客之间的连接触点如图 17 所示。李渡的“沉浸式场景化体验”围绕整舵（江西李渡酒厂）、分舵（知味轩）和小舵（李渡高粱合作社）三个层级开展形式多样的互动营销活动，其中的一条运营主线就是企业对品牌接触点进行了分类分级，然后在每一层级扩展关键接触点的密度，形成了立体式的互动体验效果。作为工业旅游的一种重要方式，很多酒类企业定期、不定期做“回厂游”，吸引更多经销商和意见领袖深度参与活动，也是在主动地制造和设计更多的品牌接触点，以扩展品牌传播范围，提升品牌感知强度。此外，工业旅游不仅可以为品牌与消费者接触提供良好契机，还能够为企业带来不菲的收入。根据张裕股份公司证券事务部门与投资者互动平台披露的信息，2018 年公司旅游门票业务收入 1472 万元、酒类销售业务收入 3490 万元、餐饮客房业务收入 5122 万元，其他旅游业务收入 197 万元。

---

① 阴雅婷. 大数据环境中的品牌接触点传播变革与协同建构 [J]. 广告大观（理论版），2019（5）：56–61.

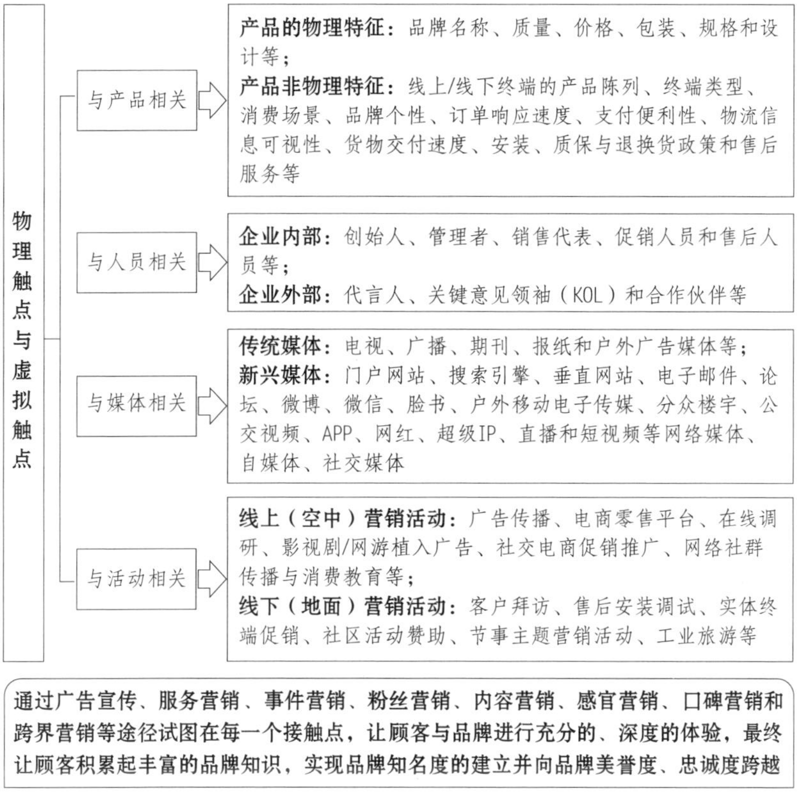

图 17　品牌与顾客的连接触点

“但使主人能醉客，不知何处是故乡”。酒，本身就是文化气息浓郁的产品，容易引发人的话题和活跃人的情绪。以酒为媒，在各种场景中为顾客带来更多难忘的美好时刻，才是酒类品牌开展体验营销活动的真谛所在。良好而深刻的体验驻留记忆、引发回想，还能够产生正面的品牌口碑效应。持续的品牌深度体验，能够增加消费者的品牌知识，从而让消费者形成更多的品牌记忆点，产生话题、传播机会，最终提升品牌的活跃度、记忆度、互动性。每一次与顾客的接触，都是品牌与顾客进行轻度或深度互动的沟通和体验过程，也是提升品牌关系的契机。

杜康，“何以解忧”的诘问

世界上最快，又最慢，

最长，又最短，

最平凡，又最珍贵，

最易被忽视，又最令人追悔的是，时间。

不错过，不白过。

人生几何，对酒当歌。

酒祖杜康。

——“洛阳杜康”电视广告语（2015 年）

“何以解忧？唯有杜康。”曹操的《短歌行》中的这句诗可以说是杜康品牌最为著名的广告语。在古代传说中，杜康被人们称为“酿酒始祖”，千百年来一直为人们所传颂。与杜康相关的古典文献、民间传说和逸闻趣事更是数不胜数。现今，杜康是人名、也是地名，还是白酒的品牌名称。与杜康相关的酒文化源远流长，而杜康酒也不负众望。1988 年，来自河南省汝阳、伊川的杜康酒还被外交部指定为国宴用酒，一时间市场上出现了一瓶难求的现象[①]。而在杜康品牌的发展过程中，最引人注目的话题之一便是旷日持久的商标争议。

根据法律出版社 1993 年出版的《中国商标十年（1983—1993）》中的叙述：河南省伊川县杜康酒厂在 1972 年恢复试产历史名酒杜康酒。1974 年河南省商业厅投资建设汝阳县杜康酒厂，并于 1975 年开始生产杜康酒。1975 年陕西白水县杜康酒厂开始筹建，并于 1976 年生产杜康酒。之所以在这三个地方同时筹建杜康酒厂，主要是由于相传杜康造酒时曾在现今的河南汝阳、伊川一带活动，而陕西的白水则是杜康的卒地[②]。但在当时，来自河南和陕西的三家杜康酒厂均未将“杜康”作为商标予以注册，只是将其作为酒的特定名称加以使用。例如：伊川杜康酒厂曾用“古泉”“古泉溪”商标生产杜康酒，而汝阳杜康酒厂生产的杜康酒使用的是“酒泉”商标[③]。而在 1989 年的第四届“全国评酒会”上，来自伊川杜康酒厂的杜康酒（大曲浓香 55 度）和汝阳杜康酒厂的杜康酒（大曲浓香 52 度）均获得了“国家优质奖”的称号。

---

① 鲁达．中国梦，杜康梦：洛阳杜康控股有限公司总经理吴书青的创业传奇 [J]．中国酒，2013（5）：12–23.

② 林晨．“杜康酒争”品评 [J]．瞭望周刊，1991（1）：17–19.

③ 文彬．杜康之忧谁能解？ [J]．中国质量与品牌，2005（1）：53–54.

正是由于上述特殊历史原因，为之后广受关注并消耗相关企业巨大精力的杜康商标争议留下了隐患。自20世纪80年代起，杜康商标争议波及河南、陕西两省三地的白酒企业，涉事企业你方唱罢我登场，在以各自立场打造和传播杜康品牌的同时，也对企业自身的长远发展造成了极大的影响。2009年，随着原伊川县杜康酒厂和汝阳杜康酒厂的战略整合，原先三家杜康酒厂的商标争议演变成了“洛阳杜康”和“白水杜康”之间的品牌大战，并且一直持续至今，争议之声仍不绝于耳。

“杜康”商标，“一家注册，三家使用”

20世纪70年代，在政府“复兴杜康，为国争光”的号召之下，伊川县杜康酒厂、汝阳县杜康酒厂和陕西白水县杜康酒厂先后创建，开始生产“杜康”白酒产品。之后，随着整个社会品牌意识的增强，这三家酒厂于1980年同时向国家工商总局商标局申请注册“杜康”商标。但在当时并没有商标共有制度设计，只能由一家企业来注册。经过政府部门协调和三家酒厂协商，最后决定由伊川县杜康酒厂完成“杜康”商标注册，同时准许其他两家酒厂使用该商标。1981年12月，伊川县杜康酒厂顺利获得了“杜康”注册商标（商标注册号152368，国际分类33，现商标持有人为“伊川杜康酒祖资产管理有限公司”）。1983年，在国家商标局的协调之下，河南伊川县杜康酒厂分别与汝阳县杜康酒厂、陕西白水县杜康酒厂签订《“杜康牌”商标使用许可合同》《关于“杜康牌”商标使用合同协议书》，同意后两者在商标有效期之内无偿使用“杜康牌”商标，并通过各自在产品包装上标注企业名称的形式以达到相互区分的目的。由此，形成了“杜康”商标“一家注册、三家使用”的特殊格局[①]。第一轮的“杜康”商标争议告

① 庞新智．追赶“新”的脚步——《“两伊”杜康大战记略》得失追记[J]．新闻爱好者，1988（8）：11–13+39.

一段落。正因如此，市场上也就产生了“伊川杜康”“汝阳杜康”和“白水杜康”的说法。在三家杜康酒厂共同使用“杜康”商标并进行品牌宣传的带动下，杜康酒在市场上迎来了一轮新时期的快速发展。

这样特殊的处理方式，暂时缓解了三家杜康酒厂的商标使用异议难题。在早期的市场开拓过程中，“伊川杜康”和“汝阳杜康”都将河南市场作为主攻对象，似乎两者之间的市场竞争更为激烈一些。例如2000年在郑州举办的全国秋季糖酒会上，伊川杜康公司的广告语为“正宗杜康，根在伊川”，而汝阳杜康公司的广告语为“汝阳杜康，酒祖故乡”，两者针锋相对的浓烈火药味可见一斑；2004年，伊川杜康和汝阳杜康还围绕“中华杜康酒”的酒瓶外观专利和酒盒包装发生过争议。此外，由于汝阳原称“伊阳”，“伊川杜康”和“汝阳杜康”之间的商标和市场争夺还被人们形象地称为“两伊战争”。而“白水杜康”一开始也只是专注于陕西市场的区域性品牌，能够在一定程度上与另外两家河南杜康酒厂“和平共处、相安无事”。

接下来杜康酒的热销还引发了假冒伪劣现象。开始的时候，三家杜康酒厂还能够一致对外，共同打击不法厂商，但随后就连各自的销售和广告宣传等方面也出现了分歧[①]。1987年,河北部分地区发生了假杜康酒中毒事件，消费者产生了对真假杜康酒的质疑。部分不法分子的制假也殃及了河南省两家杜康酒厂的声誉和市场销售。伊川杜康开始在媒体上强调自己是“杜康”商标的合法持有人，敬告消费者谨防假冒。这一举动也将汝阳杜康置于困境。汝阳杜康虽然也在宣传方面做出了努力，但还是深感不能掌握商标主动权而带来的丝丝痛楚。至此，伊川杜康和汝阳杜康的矛盾开始公开化[②]。1989年，汝阳杜康向国家商标局申请注册“杜康村”“杜康河”

---

① 郭宜，丁一鹤. 杜康之忧，同根相煎何太急 [J]. 法制与经济，2005（4）：50–53.

② 杜康三分，何以解忧 [J]. 中国商界，2005（10）：90–93.

和“杜康泉”三枚商标，并于1990年获得初审公告，此举正式开启了第二轮以“杜康”近似商标为主线的纷争。虽然伊川杜康酒厂立即提出了异议申请，但这三枚商标还是在1995年被核准注册。2003年，经过国家工商管理总局商标评审委员会商标合议审理并做出商标异议复审裁定：认为伊川杜康酒厂的商标异议复审裁定理由不成立，该三枚商标予以核准注册[①]。旋即商标争议进入行政诉讼环节。2004年，北京市第一中级人民法院做出判决：认为“杜康村”“杜康泉”“杜康河”商标与已注册商标“杜康”商标近似，对商评委的裁决予以撤销。之后在2005年北京市高级人民法院的终审判决中，“杜康”商标被认定为知名商标，维持了一审判决，驳回国家商评委和第三人汝阳杜康酒厂的上诉请求。第二轮的“杜康”近似商标争议暂时告一段落。

商标大战，从“三足鼎立”到“两军对垒”

根据《商标法》，注册商标的有效期为10年，期满应按照相关规定办理续展手续。1993年，第152368号杜康牌商标面临续展，鉴于商标注册的特定历史原因，并充分考虑和照顾三家杜康酒厂的各自利益。国家商标局提出了两个兼顾各方利益的解决方案：（1）暂时搁置争议，维持杜康商标“一家注册，三家使用”的现状；（2）为永久性解决争议，建议三家酒厂各自注册带有地名标志的注册商标。但三家杜康酒厂未能就“杜康”商标继续许可使用事宜达成一致意见。经过折中处理，国家工商总局商标局同意汝阳县杜康酒厂和陕西白水县杜康酒厂分别申请注册“汝阳杜康”“白水杜康”商标，并于1996年核准该两枚商标注册。在此之后，才为伊川杜康

---

① 葛高远，翟智高．“伊川杜康”力争商标权的前前后后……[J]．中国防伪，2004（3）：2.

酒厂办理了第 152368 号杜康牌商标的续展[①]。然而,“杜康”“汝阳杜康”和“白水杜康”同时成为合法注册商标之后，三家企业围绕“杜康”商标的争议并没有由此而平息，反而有了第三轮纷争（表 55）。

表 55 “杜康”“汝阳杜康”和“白水杜康”商标争议

“杜康”商标 VS“白水杜康”商标争议	
1996 年	陕西白水县杜康酒厂向国家商标局申请注册“白水杜康”（商标注册号 915685，国际分类 33），并于 1996 年 12 月 14 日被核准注册
2001 年	河南省伊川杜康酒厂向国家工商行政管理总局商标评审委员会提出撤销第 915685 号“白水杜康”商标的申请
2008 年	2008 年 12 月 8 日，国家工商行政管理总局商标评审委员会做出商评字 [2008] 第 29562 号商标争议裁定书：对第 915685 号“白水杜康”商标的注册予以维持。河南杜康公司不服裁定，向法院提起行政诉讼
2009 年	2009 年 5 月 8 日，北京市第一中级人民法院做出行政判决 [（2009）一中行初字第 499 号]：维持国家工商行政管理总局商标评审委员会做出的关于第 915685 号“白水杜康”商标争议裁定。河南杜康公司不服判决，向北京市高级人民法院提起上诉
2010 年	2010 年 7 月 28 日，北京市高级人民法院做出行政裁定书 [（2009）高行终字第 1102 号]：准许上诉人河南杜康酒业股份有限公司撤回上诉
“杜康”商标 VS“汝阳杜康”商标争议	
1996 年	汝阳县杜康酒厂向国家工商总局商标局申请注册“汝阳杜康”（商标注册号 915686，国际分类号），并于 1996 年 12 月 14 日被核准注册
2001 年	河南省伊川杜康酒厂向国家工商行政管理总局商标评审委员会提出撤销第 915686 号“汝阳杜康”商标的申请
2005 年	2005 年 12 月 12 日，国家工商行政管理总局商标评审委员会做出商评字〔2005〕第 4187 号商标争议裁定书：对第 915686 号“汝阳杜康”商标的注册予以维持。伊川杜康公司不服裁定，向法院提起行政诉讼
2006 年	2006 年 9 月 14 日，北京市第一中级人民法院做出行政判决 [（2006）一中行初字第 129 号]：维持国家工商行政管理总局商标评审委员会做出的关于第 915686 号“汝阳杜康”商标争议裁定
2007 年	2007 年 9 月 13 日，北京市高级人民法院做出终审判决 [（2006）高行终字第 523 号]：驳回上诉，维持原判。伊川杜康公司不服判决，向最高法申请再审
2008 年	在最高人民法院的主持调停之下，伊川杜康就争议商标案件和汝阳杜康达成和解之后撤诉

① 常宝堂. 陕西白水杜康酒业有限责任公司诉洛阳杜康控股有限公司商业诋毁纠纷案 [J]. 人民法治，2018（9）：29-35.

围绕商标争议，为了证明自身是“正宗的杜康”，三家酒厂都使出了浑身解数：伊川杜康推出杜园、白虎泉来正本溯源，汝阳杜康修缮杜康祠和酿酒遗址为己正名，白水杜康将杜康庙、杜康泉和杜康墓遗迹作为有力的反击证据[①]。然而在无情的市场竞争下，伊川杜康和汝阳杜康最终走到了一起。2002 年，伊川县杜康酒厂宣布破产，后被收购，并于 2008 年重组为“河南杜康酒业股份有限公司”。2007 年，汝阳杜康（集团）总公司（原汝阳县杜康酒厂）宣布破产，后被收购，并于 2008 年重组为“汝阳杜康酿酒有限公司”。2009 年，在政府部门的极力斡旋之下，“河南杜康酒业股份有限公司”和“汝阳杜康酿酒有限公司”在经过战略重组之后，成立“洛阳杜康控股有限公司”。“杜康”商标归属于伊川杜康酒祖资产管理有限公司，并授权洛阳杜康控股有限公司使用。至此，历时 20 多年的“两伊战争”以握手言和的方式得以终结。而前三轮发生在“伊川杜康”“汝阳杜康”和“白水杜康”三者之间的商标大战也逐渐演变为第四轮以“洛阳杜康”和“白水杜康”为主体的激烈品牌纠纷（表 56、表 57）。

表 56　洛阳杜康与白水杜康商标侵权案

时间	案件进展
2016 年	洛阳杜康控股有限公司向河南省洛阳市中级人民法院起诉陕西白水杜康酒业有限公司，要求白水杜康停止在其生产销售的酒产品包装上突出使用“杜康”文字，赔偿经济损失 3000 万元
2017 年	2017 年 5 月 2 日，河南省洛阳市中高级人民法院做出一审判决 [（2016）豫 03 民初 169 号]：白水杜康向洛阳杜康支付包含合理开支在内的各项损失共计 1500 万元。双方均不服判决，向河南省高院上诉
2018 年	2018 年 4 月 16 日，河南省高级人民法院做出终审判决 [（2017）豫民终 857 号]：维持一审判决

① 鲁峰．酒祖杜康，鏖战困境 [J]．销售与市场（评论版），2011（9）：44-47.

表 57　白水杜康与洛阳杜康商业诋毁纠纷案

时间	案件进展
2016 年	陕西白水杜康酒业有限公司向陕西省渭南市中级人民法院起诉洛阳杜康控股有限公司，称洛阳杜康公司使用“杜康商标唯一持有企业”广告语对其形成商业诋毁
2017 年	2017 年 1 月 12 日，陕西省渭南市中级人民法院做出一审判决 [（2016）陕 05 民初 23 号]：洛阳杜康停止在其产品包装上使用“杜康商标唯一持有企业”；洛阳杜康登报申明，恢复陕西白水杜康酒业有限公司的商誉
2017 年	2017 年 6 月 5 日，陕西省最高人民法院做出终审判决 [（2017）陕民终 154 号]：维持一审判决。洛阳杜康不服判决，向最高法申请再审
2018 年	2018 年 3 月 16 日，最高人民法院做出民事裁定书 [（2017）最高法民申 4643 号]：维持二审法院的判决，驳回洛阳杜康控股公司的再审申请

豫酒 VS 陕酒，百花争鸣又一春

在历届全国评酒会上，曾经获得过“全国名酒”称号的白酒品牌名单中，也不乏陕西和河南的白酒品牌，其中就包括“宝丰酒”“宋河粮液”和“西凤酒”。而且，河南省和陕西省无论在白酒的产量还是在销量方面，都在中国占据着重要的位置。但是由于各种原因，2000 年之后，两个省的白酒企业在全国化、高端化的行业发展浪潮中，步伐稍显落后。

来自河南省的白酒品牌众多，在 20 世纪 90 年代中期可以说是群雄傲立于国内市场，其中张弓、宝丰、宋河、赊店、杜康和仰韶就是典型代表，“东南西北中，好酒在张弓”“东奔西走，要喝宋河好酒”和“赊店老酒，天长地久”等广告口号在当时的全国市场上广为人知。而张弓酒厂率先攻克低度化白酒的诸多技术难关，于 1975 年推出的 38 度张弓大曲，更是被誉为中国第一瓶真正意义上的低度白酒。来自河南的宝丰酒，曾与山西汾酒、湖北黄鹤楼并称为“中国三大清香名酒”。1998—2004 年，上一轮白酒繁荣期表现亮眼的鲁酒和豫酒两大板块在新一轮的市场竞争中逐渐退守省内市场，省外市场规模萎缩。发展到现在，河南省和山东省的白酒市场都呈现一个共同的特点，诸侯割据，各霸一方，全省市场缺乏能够一统天下的强势本土领导型品牌，这也为外地品牌进入该省市场撕开了一个口子。现今，作为白酒消费大省，河南市场和山东市场是国内众多品牌竞相争夺的省外重点市场，甚至成为部分白酒品牌的第一大省外市场。

根据《河南省酒业转型发展行动计划（2017—2020 年）》，2016 年全省实现饮料酒产量 551.59 万千升。其中，全省规模以上白酒企业 133 家，实现产量 118 万千升（全国第 2 位），实现销售收入 329 亿元（全国第 5 位），实现利润 28 亿元（全国第 7 位）。2018 年，河南省工业和信息化委员会发布豫酒“五朵金花”和“五朵银花”企业名单（表 58）。其中，2018 年实现销售收入 12.6 亿元的宋河酒业还提出了在 2025 年销售收入突破 60 亿元并在主板上市的战略发展目标；仰韶启动研发创新型“陶香型”白酒，并成功推出“彩陶坊”高端产品，2019 年仰韶酒业销售收入和税收分别突破 20 亿元和 3 亿元，成果显著；2017 年营收突破 7 亿元的赊店老酒股份有限公司正在有序推进企业上市，欲成为河南省首家白酒上市公司。豫酒品牌意欲重振雄风的摩拳擦掌之势，跃然纸上。

表 58　豫酒“五朵金花”和“五朵银花”名单

五朵金花	五朵银花
河南赊店老酒股份有限公司	河南寿酒集团有限公司
河南仰韶酒业有限公司	河南皇沟酒业有限责任公司
河南省宋河酒业股份有限公司	河南省张弓酒业有限公司
河南五谷春酒业股份有限公司	宝丰酒业有限公司
洛阳杜康控股有限公司	贾湖酒业集团有限责任公司

就陕西白酒企业来讲，除了白水杜康酒业之外，还有西凤酒、太白酒、长安酒、西安酒、秦川酒、城固酒、泸康酒、秦洋酒、三粮液、隋唐酒、延河酒、龙泉酒、老榆林酒等众多品牌。西凤酒、太白酒和白水杜康由于

良好的市场表现还被人们形象地称为“陕西白酒三剑客”，其中西凤酒是整个陕西白酒军团的领头羊（表 59）。2019 年，陕西西凤酒厂集团有限公司实现了销售收入 60.3 亿元、利税总额和利润总额分别达到 20.7 亿元和 10.8 亿元，三项指标均创造出历史新高。西凤酒的销售收入有 70% 左右的份额来自陕西市场，其在本省的江湖地位就像是汾酒之于山西市场、衡水老白干之于河北市场一样，属于绝对的领导品牌。由于拥有着处于绝对强势地位的本省白酒品牌，外省品牌进入山西、河北和陕西市场，基本失去了在各个地市级区域市场全力推进的战略性机会，这也是这三个省级白酒市场竞争格局与河南、山东市场之间的最大差异之一。

表 59　2012—2017 年陕西西凤酒股份有限公司业绩表现

单位：亿元

年度	营业收入	净利润	毛利率
2012 年	32.47	2.35	54.61%
2013 年	36.75	2.56	49.47%
2014 年	33.21	1.56	48.62%
2015 年	28.03	2.63	50.84%
2016 年	28.67	3.50	53.58%
2017 年	31.70	4.48	54.94%

资料来源：陕西西凤酒股份有限公司首次公开发行股票招股说明书（2016、2017、2018 **版**）。

“杜康”的商标争议和品牌竞争，一方面说明相关企业在市场竞争中愈发重视品牌保护和建设的重要性，另一方面折射出品牌保护不力可能会给企业带来的灾难性后果。是非曲直，斗转星移。围绕“杜康”品牌的商标争议可能还会继续，但豫酒军团和陕酒板块如想在中国白酒市场激流中傲立潮头，面对的仍将是一场旷日持久的硬仗。

商标大战，历来都是费力劳神的事情

谈到品牌，就不得不提及商标，因为这两者之间存在着紧密的联系和明显的区别。

根据《商标法》的相关规定：包括文字、图形、字母、数字、三维标志、颜色组合和声音等，以及上述要素的组合，均可以作为商标向国家商标局申请注册；依法首先申请注册并获准的商标注册人（自然人、法人或者其他组织）享有商标专用权，受法律保护。

根据现代营销学之父菲利普·科特勒（Philip Kotler，1931—）的定义：品牌是一个名称、术语、标记、符号或设计，或者是它们的组合，其目的是识别某个销售者或某群销售者的产品或服务，并使之同竞争对手的产品和服务区别开来。

如果仅从字面意义上来看，商标与品牌之间似乎有很多相似之处，例如都是一种名称或者标识，都可以在不同销售者之间产生具有排他性的区隔功能。但是，这两者之间还存在着不小的差异：（1）品牌首先是一个受法律保护的注册商标，使用并宣传不属于自己的注册商标不仅侵权还会为他人作嫁衣裳；（2）品牌是为特定目标群体熟知和认可的注册商标，尽管每一枚注册商标都有在市场上成为品牌的可能，但是最终能够成为品牌的注册商标相对数量并不算多。因此，通俗一点来讲，商标归于法律层面，而品牌属于消费者认知范畴。一家企业要让消费者通过识别商标来辨认出自己的产品，需要付出长期的艰辛努力和持续的广告传播，在成功地攻占了消费者心智之后，该商标就集聚了人们的关注和认可，顺理成章地进化成为品牌。可见，要实现从“商标”到“品牌”的飞跃，时间成本和金钱成本不可谓不高。

就连现今在中国酒类市场独步天下的“飞天”茅台，也在商标使用和归属问题上碰到过如鲠在喉的痛楚。“飞天”牌商标最早用于贵州茅台酒出口型产品上，而鉴于当时工贸分离体制，茅台酒厂只负责生产，产品的调拨出口归属中国粮油进出口总公司及其下属分公司。1958 年中国粮油食品进出口总公司驻外机构香港五丰行在部分海外市场注册了“飞天”牌商标，中国粮油食品进出口总公司广西分公司于 1966 年在国内注册了“飞天”牌商标。之后，“飞天”牌商标数度易手，在不同时期曾先后归属于中国粮油进出口总公司、广东食品进出口公司、广西粮油食品进出口公司，最后由贵州粮油食品进出口公司获得了该枚商标在国内、外的所有权[①]。当时同样来自贵州省的董酒和习水等企业的出口产品也曾使用过“飞天”商标。1985 年，贵州粮油食品进出口公司在国内重新注册了“飞天”商标，之后贵州茅台酒厂开始通过与之签订《商标许可使用协议》的方式付费使用该商标。之后，经过 25 年的申请、协调和斡旋，“飞天”商标的转让难题终于开始破冰。2004 年和 2011 年，贵州茅台集团先后以协议方式有偿从贵州粮油食品进出口公司手中受让了注册于境外的“飞天”牌贵州茅台酒商标和注册于国内的“飞天”牌商标。至此，“飞天”商标在国内、外的使用权和所有权终于全部归于贵州茅台集团旗下。

“飞天”商标所有权转让的顺利解决除了贵州茅台集团的长期努力之外，还由于矛盾双方的股东都是贵州国资委下属企业，协调难度相对要小一些，但前后仍然用了 30 年的时间才彻底解决这一问题。此外，贵州省监管层呵护茅台酒品牌的良苦用心可见一斑。由此，我们也联想到了整个中国酒类行业的其他商标争议，其中曾经备受关注的就包括“国酒茅台”“年份原浆”“解百纳”“赖茅”“江小白”“牛二”“杜康”“女儿红”“奔富”“卡

① 茅酒管家.“飞天”牌商标的归属也曾一波三折，曾经和贵州茅台停止关系？[EB/OL]. 搜狐网，2019-05-14. http://www.sohu.com/a/313795581_100171045.

斯特”和“杏花村”等案例。而很多商标争议的产生不仅仅是由于企业法律意识不足，更多的是属于特定时期的历史遗留问题。然而，无论是哪一种情况，只要是卷入了商标争议，涉事企业就会进入一场旷日持久、前途未卜的宣传大战和维权大战。胜败输赢，虽皆伤神费劲，但品牌保护和维权对于企业来讲是一件天大的事情，须据理力争、志在必得。

江小白，踏着青春的步伐

我有一瓶酒，

有话对你说。

约了有多久？

我在等你有空，

你在等我主动。

我是江小白，

生活很简单。

——某款“江小白”小酒产品包装文案（2015 年）

2016年2月22日，新浪大V杜子建在微博上发出“我有一壶酒，足以慰风尘”这一诗句并向广大网友征集下文。这一诗句出自唐代诗人韦应物的《简卢陟》，原文为：“可怜白雪曲，未遇知音人。恓惶戎旅下，蹉跎淮海滨。涧树含朝雨，山鸟哢馀春。我有一瓢酒，可以慰风尘。”诗中的最后一句经由杜子建改写之后被赋予了新的韵味。瞬间，在触发情感共鸣和自我表达需求的驱动下，网友在微博、微信和论坛等社交媒体中的续写接力就以排山倒海之势席卷整个互联网络，仅3天时间，该帖就获得了评论超2万、转发近10万、阅读量超300万的巨大传播效应。其中，网友@夜帝王NW于2月23日凌晨续写发布的“我有一壶酒，足以慰风尘。尽倾江海里，赠饮天下人。”获得了最高点赞量，并经由网友再次转发得以在更广的范围内传播。从这一案例我们可以看到互联网络在极短时间之内集聚巨大流量进而催生几何级数式病毒传播效应的强大力量。而网络营销过程中，以内容为引爆点，激发目标群体的广泛关注、互动、参与和转发，最终进行有效转化，也成为众多网络营销操盘者在新的传播环境中必须掌握的必杀技之一。

20世纪80年代至今，中国企业的品牌传播媒介组合大致经历了三个阶段：（1）以电视端为龙头的传统媒体时代。1997年全国省级卫视实现上星，由此形成了“央视+强省级卫视”的电视媒体格局、并与户外广告、广播广告和平面媒体等一起组成了传统媒体组合。可以说，“强媒体、硬广告、大传播”是20世纪80—90年代企业进行品牌传播的主要策略。（2）电脑端崛起，开始分流。1997年网易创建，1998年新浪、搜狐、腾讯成立，2000年百度诞生，标志着中国进入互联网时代。门户综合网站和行业垂直网站的先后崛起，再加上传统纸媒的电子化和数字化，共同推动着企业传播环境向互联网化转型。（3）移动端兴盛，在线化成常态。2007

年苹果公司推出iPhone智能手机、2009年新浪微博的诞生和2011年腾讯微信的出现先后以目不暇接的速度将人们带入了移动互联传播的全新时代，各种传统媒体、新媒体和自媒体的在线化、社交化、互动化、移动化成为这一时期的主要特征。去中心化、社交化、数字化、移动化已经成为现今品牌信息发布和开展传播活动的主流模式，而语音、图片、影像和文字一道成为主要的传播表现形式。此外，亚文化群体的分化、泛娱乐化生活态度的形成和碎片化信息接收模式的开启，全新的传播环境扑面而来，不禁让所有企业打了一个喷嚏。当然，背后也潜藏着大量的新型商业机会。2012年之后，各种深具互联网思维的品牌运营商开始出现在汽车、服饰、食品等众多领域，这一群体还被人们赋予了一个新的称谓“互联网品牌新势力”。它们通过内容营销在平台上聚合流量，再行分类和转化，迅速成为许多行业不可忽视的新兴颠覆性力量，这种“轻资产＋大流量＋广传播＋找代工”的革新型运营模式也开始冲击许多行业长期以来所恪守的商业逻辑。

古往今来，人们把酒言志、借酒抒情的事例不胜枚举，更有丰富的故事典故流传于民间，深植于人们的心智当中。酒，无论是独斟还是聚饮，都能够活跃人的思维、激发人的情感，其在增进人与人之间情感表达和沟通方面的社交载体功能早已被众多的酒类品牌营销者深刻重视并广泛应用。曾几何时，酒的名称和典故、酒瓶的形状和色彩都是与目标消费群体实现深度沟通的虚拟或者物理载体。谁又曾想过，借助酒同时又超越酒本身，通过不断变换的酒标语录也能够与消费者实现充分沟通，而且目标对象还是众多白酒品牌一直以来可望而不可及的年轻群体？诞生于移动互联时代的江小白就是这样一个品牌，它的横空出世为我们带来了一场营销传播的思想风暴和商业模式的变革洗礼。而公司起初由于广告预算不足，迫使江小白通过传播成本较低的网络社交媒体开展品牌推介和消费者互动，竟然引爆了一场始料未及的创新型营销运动。

走心文案，激起心智涟漪

白酒品牌传播诉求与价值主张应该是什么？这与人们普遍对白酒产品的质量认知和目标群体的消费诉求息息相关。此外，从历史发展的角度来看，酒行业的兴衰与经济的繁荣程度呈正相关关系。高品质白酒的稀缺性与社交属性发生共振，还催生出“高大上”的品牌传播惯性。历来，中国白酒品牌在向外传递品牌主张的过程中，讲历史、讲文化、讲格调、讲厚重、讲大格局、讲大情怀等是主流的传统操作方式。而且，随着年龄增长和社交场合增多，一批又一批以消费瓶装饮料为主的年轻群体也开始加入消费饮料酒的行列。只不过，不同时代的消费群体在获得信息和知识的途径以及诉求偏好上都有分属各自时代的烙印。

2010 年之后，中国逐渐进入移动互联时代，人与人、物与物、业与业相连接的综合成本在持续降低而效率却获得了大幅度提升。在智能移动终端的普及和网络接入资费大幅降低的双重作用之下，微博、微信、网络视频平台等新兴媒体成为人们随时随地获取、传播信息和表达自我的重要载体。人们的信息沟通和传播环境正在发生着深刻的变化。2011 年 12 月 27 日，全新白酒品牌江小白在新浪微博上发出一条信息：“我是江小白，生活很简单。”基此官宣正式“出道”。为了满足年轻消费群体对白酒口感的需求，江小白技术团队经过反复调研和调试，生产出了采用单一高粱酿造，口感更加趋于单纯、酒体接近伏特加的低度白酒[①]。2012 年 3 月成都春季糖酒会上，第一代产品——江小白语录瓶公开面向市场发售。简约的包装、卡通的虚拟代言人、较低的酒精度、印制在酒标上的文案语录句句扎心，一贯离年轻群体很远的白酒瞬间成了他们完成个性化、时尚化表达的

① 王振家．江小白：青春小酒的逆袭 [J]．光彩，2013（9）：18–19.

社交载体。同时，江小白避开了与传统白酒品牌在中高端政商务市场的直接竞争，定位于满足年轻人释放各种小情绪、小心情的小聚会时刻。此外，在江小白的微博营销过程中，“人人都是江小白”的品牌理念还让年轻群体在虚拟世界拥有了表达自我的话语权，充当了意见领袖[①]。中国白酒行业似乎进入了另一个消费者主权时代，而这次的扛旗手却是年轻人。

最初，江小白瓶身的文案语录由企业自行设定。2016 年，江小白公司邀请年轻群体参与文案创意和内容生产环节，也迎来了第二代产品——江小白表达瓶。消费者通过扫描瓶身上的二维码，就可以输入自己想要表达的文字。一旦文案被选中，就会被江小白公司采用，并投入生产、投放市场。2017 年，江小白在集聚年轻人巨大流量的哔哩哔哩（B 站）上线同名动漫《我是江小白》，再次与年轻群体展开了新一轮的二次元互动交流，并引发数轮品牌的再次传播。江小白与年轻消费者之间互动化沟通、个性化表达进入了一个新的发展阶段。类似的品牌传播案例不断在江小白身上重演且效果显著。江小白看似令人眼花缭乱的操作手法背后隐藏的是其深谙与年轻群体沟通之道的精准洞察力。

江小白的目标人群是年轻人，公司采用更加互联网化的思维，将社交媒体和自媒体当成传递品牌独特价值主张的主要阵地，这也是现代年轻群体社交化生存的写照[②]。短时间之内，江小白这款来自重庆的小曲清香型青春小酒系列（容量为 100mL，酒精度为 45 度、40 度和 35 度），以清新、活泼的互动沟通方式激起了年轻消费群体的深度情感共鸣，获得了极大的行业关注和消费支持。2014 年，江小白获得 5000 万元的销售收入，实现收支平衡。可以这样讲，江小白对传统白酒市场的这次奇袭之所以能够取得成功，其实是白酒的社交属性功能在年轻消费群体中的充分体现。紧随

① 罗玉婷，殷俊．文化商品的新媒体营销方式分析——以江小白的微博营销为例 [J]．新闻研究导刊，2014（4）：67-69.

② 赵正．营销神话失灵，江小白产品软肋凸显 [J]．商学院，2018（9）：38-41.

其后，采用类似包装和传播手法的跟随者或模仿者趋之若鹜，涌现在了面向年轻人的青春小酒市场，例如云小白、衡小干、刁小妹、梁大侠、爱疯、洋小二、泸达人、燕小白、九小白、牛小二、疆小白、小涩郎、我叫MT、革命小酒、抖氿、小二郎，等等。

青春小酒，大佬频试牛刀

谈到“小酒”，其实这并不是一个新鲜词汇，其特指用小瓶包装的饮料酒。通常小酒的容量在50~250mL之间，而50mL容量的小酒往往归于收藏范畴的小酒版之列，用于日常饮用的小酒容量以100mL、125mL为主。长期以来，许多酒类企业为了满足消费者在不同场景的饮酒需求，开发出了适合“随喝随开、即兴消费”的小包装酒，例如红星、牛栏山、汾酒、劲酒、竹叶青、张裕白兰地等就一直拥有小酒系列产品，这类小酒可以称为“传统小酒”。而有些小酒，还成为特定公司的主导产品之一，例如红星二锅头的56度100mL装的绿瓶小酒就是公司的畅销产品之一、劲酒的小酒产品一直以来在市场上很畅销。另外还有一点值得注意的是，传统小酒产品似乎主要关注的是中低端市场。

通过以上分析可以看出，一家企业独立运作小酒在中国酒类行业并不算得上是主流的做法。江小白在短时间内迅速蹿红，让众多白酒品牌瞠目结舌的同时也意识到了蕴藏在新一代年轻群体身上的巨大消费潜力。此外，知名白酒品牌一直以来想要培育新一代年轻消费者的想法竟然以这种方式被再次唤醒。一时间，以青春、时尚、文化为名，众多酒类企业开始向青春表白、向年轻致敬，又一轮对小酒市场的开发浪潮喷薄而出。2013年之后，五粮液、泸州老窖、洋河、古井贡、舍得和金种子等知名白酒企业陆续推出了青春时尚小酒（表60），想要一同踩上小酒市场爆发的节奏。而小酒市场在主流品牌的再次推动之下，也成了一个不可忽视的细分市场。2016 年，郎酒还对旗下于 2004 年推出的小酒“歪嘴郎”围绕年轻化、时尚化进行了重新定位。2018 年，五粮液旗下的歪嘴酒系列产品销售达到 100 万件，销售额突破 4 亿元。以青春、时尚为名，一时间参与者蜂拥而入。

表 60　传统白酒品牌所推出的部分小酒产品

企业	小酒名称	上市时间	容量	酒精度	香型	品牌主张
泸州老窖	泸小二	2013 年	125mL	42 度	浓香型	想得开，玩得嗨
泸州老窖	泸达人	2013 年	125mL	52 度	浓香型	怎么喝都有范儿，我是泸达人
五粮液	干一杯	2013 年	100mL	46 度	浓香型	好兄弟，干一杯
衡水老白干	幸福小酒	2014 年	125mL	43 度	老白干香型	小滋味，大幸福
剑南春	小剑酒	2014 年	100mL	46 度	浓香型	小剑酒，真朋友
泸州老窖	歪歪帽	2015 年	100mL	45 度	浓香型	歪歪帽，有格调
五粮液	歪嘴小酒	2015 年	100mL	45 度	浓香型	人生五味，乐在歪嘴
汾酒	闹他小酒	2015 年	125mL	42 度	清香型	轰趴聚会，约约朋友
郎酒	小郎酒	2016 年	100mL	45 度	兼香型	小郎酒，酒质好。二两一瓶，量正好
西凤酒	问剑小酒	2017 年	125mL	42 度	凤香型	燃烧吧，江湖。真情不改，兄弟干杯
洋河	洋小二	2017 年	125mL	42 度	浓香型	致青春，敬故事，青春小酒配故事
金种子	荞小健	2018 年	100mL	40 度	配制酒	我的青春我做主，我的青春不简单
古井贡酒	古井小罍子	2018 年	130mL	42 度	浓香型	古井小罍，人手一枚
沱牌	沱小九	2018 年	100mL	45 度	浓香型	喝小九，朝前走
洋河	洋河 KING 酒	2019 年	125mL	42 度	浓香型	洋河小蓝瓶，有范儿才是 KING
五粮液	火爆原度小酒	2020 年	100mL	70 度	浓香型	小酌不将就，好酒小瓶装
古井贡酒	小罍神	2020 年	100mL	72 度	浓香型	小罍神，有大爱

传统白酒品牌在开发青春小酒市场的过程中，也一反“高举高打”的

惯常传播策略，而是采取更为活泼、更易与年轻人产生关联的方式来传播品牌。例如 2016 年，“泸小二”与《谁的青春不迷茫》电影展开跨界营销，而在网络上还流传有“泸小二”的新型创意喝法（表 61）；2017 年，小郎酒以 1.5 亿元的价格获得冠名第二季《中国新歌声》爱奇艺网络播放的冠名权；2018 年，金种子旗下青春小酒“荞小健”在抖音平台发起“荞来荞去嗨是你”抖音短视频挑战活动；而洋河推出的洋河 KING 酒，诉求的是“时尚小酒，喝出道理”“释放，要 K 酒！我就是道理！”，能够点燃年轻人激情的青春小酒市场热度一时难减。

表 61　网络流传的“泸小二”创意喝法

创意名称	创意混调配方
柔声倾诉	泸小二 + 康师傅陈皮酸梅 + 冰块
午后阳光	泸小二 + 加多宝
初恋心语	泸小二 + 冰糖柠檬 + 冰红茶

传统上，高端白酒品牌注重挖掘和传播“雅”文化基因，定位于中低端市场的白酒品牌着重强调“俗”文化诉求，却都脱离不了家国情怀、江湖豪迈的说教理念。而以江小白为代表的青春小酒品牌更加关注的是年轻人群的小我、自我表达，成功拉近了品牌与消费者之间的距离①。由此，我们可以简单总结出青春小酒市场的品牌传播和市场培育特点：（1）创造话题，然后利用互联网的病毒传播特质，影响到更多的潜在消费群体；（2）结合年轻人所处的时代背景和成长经历，从“成长的痛苦”中找到能够激发情感共鸣的痛点，用专属年轻群体的语言和符号与他们沟通；（3）不“装”也不“端着”，摆脱“高大上”的姿态，放下身段拉近与消费者的距离，实现“亲切、贴心”交流。正是这种“新瓶装旧酒”的全新操作方

① 戴世富，张莹. 娱乐至上：互联网时代品牌传播的秘笈——以重庆青春小酒“江小白”为例 [J]. 东南传播，2014（11）：106–108.

式，让青春小酒成了一个全新的白酒细分子市场，而其主要的特征之一就是年轻化、时尚化。

流量加持，剑指路在何方

从出道以来，江小白通过一系列的网络互动营销事件让更多的人参与品牌的文案内容创造和话题讨论，并通过发起或者赞助深受年轻群体喜爱的活动来增强品牌黏度（表 62）。2016 年，江小白通过微博官宣："只要在成都、重庆地铁拍摄到江小白所投放的海报照片或者江小白产品照片，并 @ 我是江小白官微和朋友，就能获得抽奖或者代言江小白的机会。"2017—2019 年，江小白移动小酒馆分别以"混出自己的味道""Say No"和"混饮派对"为主题，在全国数百个城市推出系列线下营销落地活动，直接面对年轻用户群体，鼓励人们用 MIX 混饮方式来饮用江小白。与此同时，还通过促销激励手段成功引导年轻人通过微信朋友圈、抖音小视频等别具一格的社交形式来扩散品牌信息，线上线下形成闭环的运营思路再次加强了江小白自身的 IP 特质。可见，激发目标群体的深度参与、互动和转发已经成了江小白品牌传播的常规手段。再比如，江小白通过植入《好先生》《匆匆那年》《火锅英雄》《北上广依然相信爱情》等影视剧和签约网络歌手创作《重庆味道》《顶两口》等歌曲的方式，为品牌提供更多的展露机会。

表 62　江小白的互动营销事件

时间	互动营销事件
2011 年 12 月 27 日	以"我是江小白，生活很简单"为题，通过微博发布上市信息
2012 年 12 月 21 日	以"醉后真言"为主题，在重庆举办同城"约酒大会"
2013 年 12 月 21 日	以"远离孤单，从约酒开始"，在重庆举办同城"约酒大会"
2014 年 12 月 21 日	以"我是江小白，约酒不孤单"为主题，在重庆举办同城"约酒大会"

续表

时间	互动营销事件
2015 年 12 月 30 日	以“小约在冬季”为主题，在重庆、北京等多城市举办“约酒大会”
2016 年 12 月 2 日	“江小白品牌重庆创新创业约酒会暨 JFC 成立大会”在重庆举办
2017 年 3 月 21 日	联合青年艺术家推出《看见萌世界》《联系》限量版艺术酒瓶
2017 年 9 月 1 日	“江小白 YOLO 音乐现场”全国十城巡演在北京启动
2017 年 11 月 9 日	推出《我是江小白》动画，并在优酷、腾讯、芒果 TV 等平台上线
2017 年 12 月 1 日	“首届江小白 Just Battle 国际街舞赛事”在重庆启动
2018 年 2 月 4 日	“江小白 JOYBO 街头文化艺术节”在重庆开幕
2018 年 4 月 20 日	所赞助的《假如这世界上只有中文歌》街舞大赛在北京拉开帷幕
2018 年 12 月 1 日	“第二届江小白 Just Battle 国际街舞赛事”在重庆启动
2019 年 12 月 1 日	“第三届江小白 Just Battle 国际街舞赛事”在重庆启动

本着“生活很简单”的品牌理念，江小白在选择社交媒体展开传播、去除白酒惯常的过度包装、主打产品数量较少、摒弃频繁促销打折等方面也做到了“简单、简约”[①]。就这样，采用“卡通图案、网络流行语、吐槽自嘲、扎心段子”等标配式包装、沟通手段，江小白成功地打造出了集“情绪宣泄、价值主张、时尚表达，情感共鸣”为一身的青春小酒网红品牌形象。江小白也在巨大流量的加持之下，成为一个现象级的网络超级 IP。

“线上传播、线下渠道”。江小白在成就网红身份、IP 属性的同时，并没有忘记如何将线上的巨大流量转化为线下客流。为此，江小白采取了双管齐下的渠道开拓策略，一方面在天猫、京东、酒仙网等综合类、垂直类电商平台设立虚拟店铺，另一方面在线下进行分销渠道的建设。江小白出身重庆，自然离不开对川渝本部市场的深度开发。而四川市场作为白酒品牌的“兵家必争之地”，必然会遭遇一场巷战。江小白树立起“打下成都，引爆全川”的市场开发理念，并采用了深度分销模式强力进入市场，仅成都市场就被分成了 7 个大区、7 个纵队、1 个大本营和 4 个办事处。拥有线上巨大流量加持，再加上地毯式的分销渠道招商和 C 端网点密集型铺货，

① 张语涵. 江小白：把“去营销战略”落地 [J]. 清华管理评论，2018（12）：47-51.

江小白用了将近一年的时间啃下了成都市场，经过模式复制，在四川市场上势如破竹。2015 年之后，江小白走出川渝，又成功进入河南、湖北等区域市场。到 2018 年，江小白初步实现了泛全国化的市场建设布局。

分销网络建设的持续推动，再加上线上、线下的高频次品牌传播，有效形成闭环，促使江小白取得了现象级的市场成功。江小白拥有如此巨大的流量效应，以至于国际饮料巨头都想与之发生交集，希望能够“蹭点流量”。2019 年 9 月 2 日，可口可乐旗下品牌“雪碧”宣布与江小白联名推出限量版礼盒：雪碧白酒柠檬风味汽水、江小白柠檬气泡酒与白酒风味雪碧。

江小白市场体量的增大也倒逼着企业沿着白酒产业链条进行纵深布局，向重资产模式转型。2016 年以来，江小白先后收购重庆江津驴溪酒厂、江西蓑衣米酒有限公司和重庆市重粮酒业有限公司，完成了清香型和浓香型的产品结构布局。同时，还投资兴建“江小白酒业集中产业园”“江小白高粱产业园”，旨在扩张基酒生产能力。至此，江小白在完成品牌形象塑造和分销渠道搭建之后，进一步向上游的供应链条延伸。在这个过程中，公司还进一步推出“天生自由”（40 度，500mL、700mL）、“三五挚友”（40 度，750mL）和“拾人饮”（25 度，2000mL）等大容量产品，更有果酒、梅酒、气泡酒和米酒等其他饮料酒品种，目的在于以更为丰富的产品结构满足诸多消费场景的饮酒需求。其中，“拾人饮”以大容量、低酒度、口感爽的产品特点，被人们形象地称为适合多人聚饮场景的“团建神器”。

“我是江小白，世界上的另一个我”。“表达瓶”“IP 营销”“同城约酒大会”“JFC 朋友会”和“小酒馆场景营销”共同构成了江小白在移动互联时代开展有效社交营销的利器①。品牌理念的趣味性（简单、时尚）、产品包装的趣味性（简约、拟人）、文案内容的趣味性（走心、共鸣），也让江

---

① 杨叶护. 江小白社会化营销的 5 个打法 [J]. 销售与市场（管理版），2017（10）：24–26.

小白从形式和内容上与年轻群体成功达成了简单、亲切的沟通[①]。而江小白主打的品牌调性，也暗合了这一时期在年轻群体中先后流行的丧文化、佛系文化和嘻哈文化等潮流。不到 10 年的时间，主打“小清新、小情绪、小聚会”的江小白通过满足市场的“悦己型”消费需求，接受了市场的洗礼，完成了阶段性战略突围。2020 年 2 月，江小白总经理陶石泉在酒业家举办的网络直播节目中公开宣布：2019 年，江小白公司实现合并销售收入达 30 亿元（含税）。可以看出，江小白俨然已经成为中国白酒行业的一支新兴力量。而关于小酒市场的争论仍然不绝于耳：青春时尚小酒是否只是一股风潮？小酒市场的壮大是否会像传统白酒消费一样受到香型的影响？小酒是否能够成为主流产品形式，还是主流市场的补充？市场是检验商业判断的唯一路径，这些问题都有待时间为我们提供答案。

① 张文文，王佳，郝雪婷. 趣味性设计在白酒品牌中的应用——以重庆小酒“江小白”为例[J]. 中国民族博览，2018（10）：164–166.

数字化营销的逻辑

根据营销大师菲利普·科特勒的观点，市场营销就是在可获利的前提下识别并满足消费者需求的过程。我们把这句话分拆为三个部分来看：(1)商业项目以赢利为目标，而能够做好分工协作和利润分享机制的商业模式是项目盈利的根本保证。供应商、生产商、渠道商、营销服务机构（物流、仓储、金融、法律、咨询等）之间只有形成协同机制，才能以更高的效率和更低的成本为消费者提供各种产品或者服务。(2)消费者是最终为商业买单的“衣食父母”，要懂得他们的购买行为背后潜藏的需求动机。如何了解他们的消费需求变化和消费行为特征，是企业为其提供精准服务的前提。因此，企业要开展系统的市场调研并形成营销信息系统，通过市场细分、目标市场选择和品牌定位将有限的资源投放到机会成本最低的地方。(3)接下来，就要重点考虑如何去满足消费需求的问题。我们通常所讲的 4Ps 组合（产品、价格、渠道和促销），就是企业在满足消费者需求的过程中所采用的工具和方法。

市场营销的本质或者底层逻辑并没有变化，变化的只是实现各个营销目标所采用的手段。因人而异、因时而异。在社会经济发展的不同阶段，受法律、制度、收入和技术等因素的指引和驱动，企业的营销方式发生了翻天覆地的变化。互联网和物联网让人、事、物在短时间甚至瞬间的连接性变为可能，近乎无限的连接性产生了海量的数据，数据的在线化、可视化、移动化和智能化为整个企业的运营系统赋予了全新的、更大的能量，让企业离市场需求更近、离合作伙伴更近、离消费者更近，这是企业在开展数字化运营过程中应该奉行的核心逻辑。而数字化运营逐渐向市场营销领域延伸与深度应用的过程，自然就给我们带来了数字化营销这一崭新的话题。

就中国酒类行业来讲，数字化营销大体可以分为三个阶段：（1）2000年之后，互联网络接入服务的逐渐普及带来用户信息接收方式的变化，促使酒类品牌在传统媒体和网络媒体之间重新分配广告预算，以在一定程度上追逐顾客流量的转移轨迹。这个时候，企业的品牌传播渠道开始出现分化，也可以说互联网络为品牌信息的传递提供了一个崭新的场所。（2）自2003年淘宝网上线之后，以物流基础设施和网络支付路径成型为标志，中国电商零售生态环境逐步成熟，到2008年通过网络平台买卖酒类产品逐渐可行，更多酒类企业通过自建电商平台或者进驻第三方综合、垂直电商平台的方式搭建起了虚拟分销渠道。（3）2011年之后，包括智能手机在内的各种智能终端开始普及，再加上移动互联接入资费大幅下调，中国从之前的互联时代转瞬进入移动互联时代。企业对于营销传播信息的内容及走向的控制能力也受到了前所未有的挑战。与此同时，消费者的行为收集与整理在大数据处理的帮助下由之前的“遥不可及”变为“唾手可得”。在传播数字化和渠道在线化的驱动之下，粉丝经济、社群营销、内容营销和直播带货等营销手段也在中国酒类行业获得了比较广泛的应用。

可见，数字化营销在中国酒类行业的兴起、普及和深度应用，是整个商业环境数字化趋势带动下的必然结果。顾客在哪里，营销者就去哪里和他们建立连接。顾客的连接点在哪里，营销者就去哪里为他们提供品牌沟通内容和更便利的交易机会。在现今的数字化生活和工作时代，顾客的流量聚合场景从原先的卖场终端、居住小区、电梯、公共交通系统、学校、银行等物理层面的现场集聚场景逐渐向线上各类门户/垂直网站和网络社群的虚拟点击量、浏览量、互动体验量转移和迁徙。可以说，顾客流量聚合场景在时间和空间的分布上产生了质的变化。然而，在数字化运营时代，营销活动以消费者为中心的原则并没有改变，改变的只是品牌与顾客连接的界面和边界。跟随目标顾客群体的行动轨迹和现身场景，在网络公域流量、网络私域流量和现实中，包括终端在内的流量产生和聚合的诸多连接点与场景展开立体式营销活动，是数字化营销的真谛。简而言之，酒业的数字化营销就是要求酒类品牌善用各种数字化工具进而让各种营销工作的开展更富有效率。以新零售为例，零售商与消费者之间的关系随着“人、货、场”之间的逻辑转化发生了革命性的变化：场景可以随时随地存在，人可以随时随地连接，货可以随时随地找寻（图 18）。不管主动还是被动，众多酒类品牌都在积极地参与着这场数字化商业革命。企业针对 B 端、C 端所开展的各种规模不等的营销活动，似乎以一种新鲜而又陌生的方式出现到了我们面前。

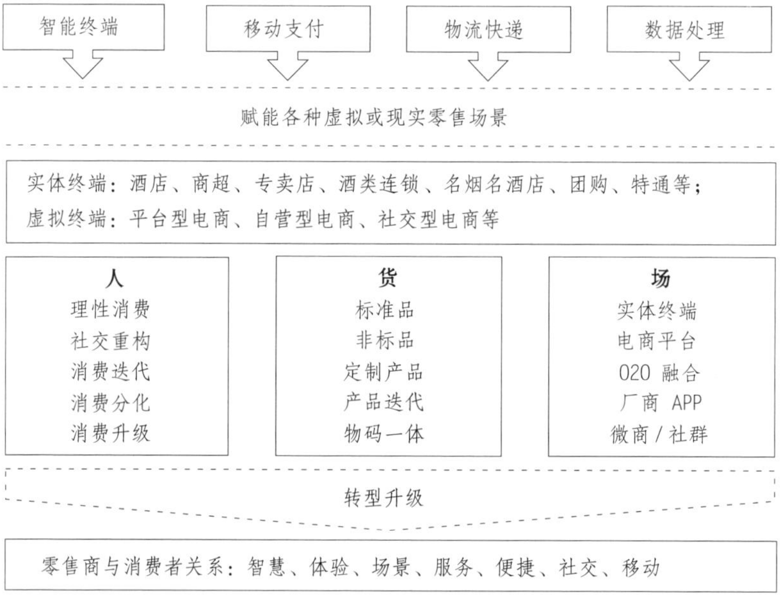

图 18　新零售场景中的“人、货、场”

现今，数字化运营已经被应用到了酒类企业的整个营销活动设计和管理过程中，只不过在不同企业之间存在着敏感程度、响应速度和应用深度方面的差异。需要注意的是，数字化本身依然只是为营销活动赋能的工具。

虽然数字化运营并没有改变商业的本质，却能够给整个营销体系赋能，让企业以更精准、更快速、更个性化的方式来识别和满足消费者需求。

2017年，阿里巴巴宣布以224亿港元的价格收购旗下拥有欧尚、大润发两个品牌的高鑫零售集团。长期以来，高鑫零售是国内规模最大的零售集团，市场份额连续多年位居国内零售行业首位。对此，大润发创始人黄明端曾发出了这样的感叹：“我们战胜了所有的对手，但却输给了这个时代”。现今，数字化运营已经成了所有企业必须面对的重大商业挑战。在趋势面前，唯有那些顺势而为的企业能够存活下去，才能拥有继续成长的机会。企业只有一次又一次勇敢地走出当前所处的舒适区，再经过艰苦卓绝的运营努力创建出全新的舒适区，周而复始方得基业长青。

郎酒，“一树三花”走四方

采自海拔一千米高度，

取自深山一千米深度。

传承千年酿造工艺，

历经一个多个日夜至洞藏老熟。

酱香典范，红花郎。

——“郎酒·红花郎”电视广告语（2013年）

早在20世纪80年代之前，四川古蔺郎酒厂就形成了三种白酒香型并重的产品格局，其代表性产品分别为“郎酒”（酱香型）、“古蔺大曲”（浓香型）和“郎泉酒”（兼香型）。郎酒的这种多种香型产品格局，被人们形象地称为“一树三花”。其中，“郎牌”郎酒还于1984年首次获得“全国名酒”称号，成为十三大名酒之一。进入20世纪90年代之后，随着市场经济春风的推动，郎酒迎来了新的大发展时期。在1996年的时候，郎酒的销售收入一度达到5亿元。之后，由于白酒行业调整和经营机制不畅，郎酒也经历过阵痛时期。2001年，郎酒集团实现2.5亿元销售收入，亏损1.5亿元。2002年，郎酒集团正式并入泸州宝光集团，公司也从国有企业变为民营企业。改制转型当年，郎酒集团销售收入突破4亿元，同时公司通过降低成本支出、收缩品牌数量等有效手段，让郎酒集团重新走上了上升的轨道。[①]之后，郎酒被注入了新的活力，走出了铿锵有力的步伐，其品牌影响力、产品结构和销售收入都达到了前所未有的规模。

而且，我们也注意到，2002年之后，中国经济经历了历时十年的黄金增长，包括中国酿酒行业在内的几乎所有行业都迎来了自己的黄金十年。在这一时期，经济的快速发展引发了一轮持续时间较长的消费升级。就中国白酒产业来讲，在这个过程中出现了两个比较明显的发展趋势——高端化和全国化。众多白酒品牌在税收政策调整和消费升级的大背景之下，纷纷推出中高端、次高端甚至是超高端产品。此外，包括洋河、古井贡、汾酒、郎酒、舍得等在内的传统白酒品牌走上了泛全国化或者深度全国化的进程。无论是收复失地也好，还是首次开拓也罢，白酒品牌都走上了一条全新的发展道路。郎酒也不例外，踏着时代的节奏，随风而上，还奏出了

① 徐波．百年老企中兴路——四川郎酒集团改制转型的思考[J]．求是，2004（7）：38-40.

“神采飞扬”的音符。

“红花郎”出彩，神采飞扬中国郎

说到郎酒在市场上的强势崛起，就不得不提到在21世纪初期郎酒公司经过精心准备和策划而推出的“红花郎”。2001年，郎酒公司特邀的中国陶瓷设计大师卢尚平开始了对酒瓶外观和造型的设计工作，起初将其命名为“郎牌郎酒”。2004年，郎酒集团将之更名为“红花郎”，并投放2000多万元登陆央视，结合雅典奥运会开幕式、晚间奥运专题报道和闭幕式等推出“神采飞扬·中国郎”品牌形象广告和“酱香典范·红花郎”产品广告。雅典奥运期间，国内民众爱国强国情感的高涨及其对诸多赛事的高度关注，再加上当时郎酒焕然一新的品牌口号引发了强烈的情感共鸣，让人们在很短时间内记住并认可了郎酒想要传播的品牌形象。从此以后，郎酒逐渐形成了与央视及其推出的大事件报道、重磅节目紧密捆绑来推升品牌的传播思路。之后，在央视春晚、元宵晚会、中秋晚会、春晚节目评选、CCTV体坛风云人物颁奖盛典、香港回归十周年、CCTV中国年度经济人物评选、《世界杯》射手榜、CCTV青年歌手大赛、黄金强档剧场等众多央视黄金广告资源招标中都能够频繁看到郎酒的身影。

在这一时期的郎酒品牌传播过程中，公司紧紧围绕“中国郎”和“神采飞扬中国郎”两大诉求，频繁地借助不同时期的各种体育、慈善、娱乐和国家大事等热点事件将品牌传播向纵深推广，也让更多的人记住了这个迅速崛起的品牌。在此期间，郎酒的部分代表性品牌口号就包括：“震灾无情人有情，神采飞扬中国郎”“强我国防，中国郎”“同心同德，中国郎”“人民军队扬国威，神采飞扬中国郎”“香港明天更美好，神采飞扬中国郎”“顶天立地中国郎”和“喝郎酒，打胜仗，神采飞扬中国郎”等。

依托强大的品牌传播推力，郎酒的经营业绩也发生着翻天覆地的变化。

2003 年的时候，郎酒还属于年销售收入 2.8 亿元的区域性品牌。2011 年，郎酒公司的销售收入达到 103 亿元，其中酱香型产品 64 亿元（其中红花郎产品 51 亿元）、浓香型产品 30 亿元、兼香型产品 9 亿元。也是在这个过程中，酱香型白酒红花郎成为郎酒公司举足轻重的大单品。

推动“群狼战略”，布局“群郎共舞”

2006 年，郎酒公司提出“群狼战略”，即在同一市场区域，将“多品牌 + 多战线”同步推进作为开发模式，以“销售大区 + 办事处 + 城市经理”和“事业部 + 大区品牌经理 + 城市品牌专员”为营销组织架构实现双轨运行，各自做到业绩为王。这主要体现在两个方面：（1）鼓励公司员工在团队协作和市场竞争中具备充足的“狼性”精神；（2）以“郎”为核心充分拓展产品线，形成能够有效突破各个细分市场的产品组合。在此基础上，公司还制定出区域市场开发布局的“351 工程”：在特定区域市场，由 3~5 个事业部和 3~5 个经销商组成协同作战的团队，让郎酒的品牌影响力和销售量成为该区域的第一，并在该区域取得年销售收入 3000 万元、5000 万元和 1 亿元的递增格局。从 2006 年到 2008 年，区域市场的数量布局要实现 30 个点、50 个点和 100 个点的递增格局，最终郎酒要在 2015 年实现 100 亿元的销售收入。

早在 2003 年的时候，郎酒公司就推出了 100mL 装的兼香型“小酒”，只不过它一开始是作为消费者购买其他郎酒系列产品时所赠送的“非卖品”，俗称“歪嘴郎”。2007 年，郎酒公司推出另一款兼香型战略产品“新郎酒”，主打“和谐兼香 · 新郎酒”的产品定位，也借此基本完成了郎酒兼香型白酒系列产品构架。2012 年，在江小白青春小酒的带动下，国内白酒的小酒产品迎来了爆发式增长时期。原先的“小酒”在升级之后成为“小贵宾郎酒”，仅在 2014 年就收获了 10 亿元的销售收入。2016 年，“小贵宾郎酒”进一步更名为“小郎酒”，2018年的销售收入约25亿元。[①]此外，2005年之后，随着白酒年份酒的市场热捧，酱香型白酒红花郎（10年、15年）和青花郎（20年）逐渐成为郎酒公司的核心战略产品。

为了恢复郎酒公司在浓香型白酒领域的传统优势，公司于2011年推出定位中高端市场的“郎牌特曲酒”，加上公司一直经营的面向中低端市场的古蔺系列酒等，公司在浓香型白酒领域的产品组合基本成型[②]，2018年，郎牌特曲实现约15亿元的销售收入。2011年，“青云郎”（30年陈）、“红运郎”（50年陈）和“百年郎”超高端产品上市，并跃升为郎酒酱香型白酒头部产品，加上公司之前一直主推的红花郎和青花郎，郎酒的酱香型产品架构更为完善。2015年，“顺品郎”问世，再加上原先成功开发的“如意郎”“贵宾郎”“嘉宾郎”和“福郎”等产品，郎酒搭建起了中高低端全面覆盖的浓香型白酒组合架构。之后，“郎牌郎酒”“郎哥”相继加入“郎”字号行列，公司以“郎”字为中心的“一树三花齐争艳”的产品组合格局已然成形（表63、表64）。此外，为了推动旗下品牌的市场销售，郎酒公司在2015—2020年期间先后邀请郎平、孟非和陈宝国作为其不同品牌的代言人。伴随酱香型白酒在市场受到追捧，郎酒三大香型产品的销售额占比也发生着相应的变化。2017—2019年，郎酒公司旗下的浓香型、兼香型产

表63　以“郎”为中心的产品组合

市场定位	主要产品
超高端	百年郎、青云郎、红运郎
高端	青花郎
次高端	红花郎
中高端	新郎酒、郎牌特曲、老郎酒（郎牌郎酒）
中低端	嘉宾郎、贵宾郎、如意郎、福郎、顺品郎

---

① 王永．郎酒IPO：激进增长营收破百亿，据称广告费达30亿[EB/OL].〔2019-08-23〕. http://finance.sina.com.cn/stock/observe/2019-08-23/doc-ihytcitn1378909.shtmL.

② 王巍栋．内外兼修是大道——访郎酒集团董事长汪俊林[J]．现代商业，2011（31）：55-59，54.

表 64　郎酒三大香型产品组合

香型	主要产品
酱香型	百年郎、青云郎、红运郎、青花郎、红花郎、老郎酒（郎牌郎酒）、朗哥
浓香型	郎牌特曲、福郎、贵宾郎、嘉宾郎、如意郎、天宝洞藏酒、古蔺系列酒
兼香型	小郎酒、新郎酒、顺品郎

注：除酱香型产品的品牌结构比较稳定之外，郎酒公司旗下浓香型与兼香型的品牌之间偶尔会出现相互转化的情况，例如“顺品郎”之前主要为浓香型产品，后来被调整到兼香型阵营；2020 年 5 月，以“兼香朗特·孟非窖藏”的推出为标志，郎牌特曲逐渐从浓香型产品向兼香型产品过渡。

品的销售额占比呈现逐步下降的趋势，从 60% 下降到了 36%。

在组织结构上，伴随着以“郎”字号为中心的不同香型系列产品不断加入产品组合阵营，公司形成“事业部 + 销售大区 + 城市办事处”的分销渠道管理模式，以便于品牌在区域市场的落地和市场开发布局工作的推进。而且，为了保证各个大单品和不同香型产品的齐头并进，事业部在整个营销组织架构中的独立性也获得了逐步加强，即以准公司制运营模式全权负责相应品牌的市场管理工作①，而事业部所管理的品牌组合也跟随着公司新产品开发和大单品战略的调整而发生相应的改变（表 65）。郎酒系列大单品战略（表 66）的有序推进，同时也促动着公司对之前盛极一时的 OEM（原始设备制造商）经销商买断经营产品进行相应的调整。从 2011 年开始，郎酒开始重点梳理、清理由经销商开发定制的“贴牌郎”“买断郎”产品，在合同到期之后逐个收回“郎”字号产品经营权，以保证其被公司赋予的中高端属性。至此，郎酒以“群郎共舞”为特征的“群狼战略”开始落地生根，市场销售也出现节节攀升态势（图 19）。

① 张汉澍．郎酒营销变革：汪俊林大权下放五大事业部[N]．21 世纪经济报道，2013-01-09（19）．

表 65　郎酒销售公司旗下事业部的阶段性调整

时间	事业部设立与变更	调整背景
2006 年	确立品牌事业部管理机制	确立“品牌事业部 + 销售大区 + 城市办事处”的市场开发模式，充分实现“品牌能落地、产品进渠道、终端能动销”的营销功能
2012 年	五大事业部：红花郎、新郎酒、老郎酒、郎牌特曲、流通品牌	新郎酒（2007 年）、郎牌特曲（2011 年）等新“郎”字号产品线逐渐加入，构成清晰的五大产品线系列
2015 年	六大事业部：红花郎、新郎酒、老郎酒、郎牌特曲、流通品牌、小郎酒	小郎酒从流通品牌事业部剥离，单独运营；打造除红花郎之外的另一个全国化大单品
2016 年	五大事业部：红花郎、小郎酒、新郎酒、郎牌特曲、郎酒原浆	老郎酒 1898、老郎酒 1956 从 2016 年 1 月 1 日起停产并重启“郎”牌郎酒；老郎酒事业部被并入红花郎事业部；2016 年推出郎酒原浆系列产品，新设立郎酒原浆事业部；开始清理原流通品牌事业部的买断品牌
2017 年	三大事业部：青花郎、小郎酒、郎牌曲酒	郎牌原浆、新郎酒事业部被并入郎牌特曲事业部；成立青花郎事业部，并将红花郎事业部并入；确立三大香型事业部
2019 年	五大事业部：青花郎、小郎酒、郎牌特曲、郎酒庄园、综合渠道	增设综合渠道［主攻电商平台、海外市场、KA（重要客户）渠道运营］、郎酒庄园（年份老酒的高端私人定制）两大事业部

表 66　郎酒大单品系列的品牌定位

战略单品	香型	定位	品牌主张
青花郎	酱香型	高端	中国两大酱香白酒之一
红花郎	酱香型	次高端	酱香典范，红花郎
郎牌特曲	浓香型	中高端	来自四川 · 浓香正宗
小郎酒	兼香型	中端	全国热销的小瓶白酒

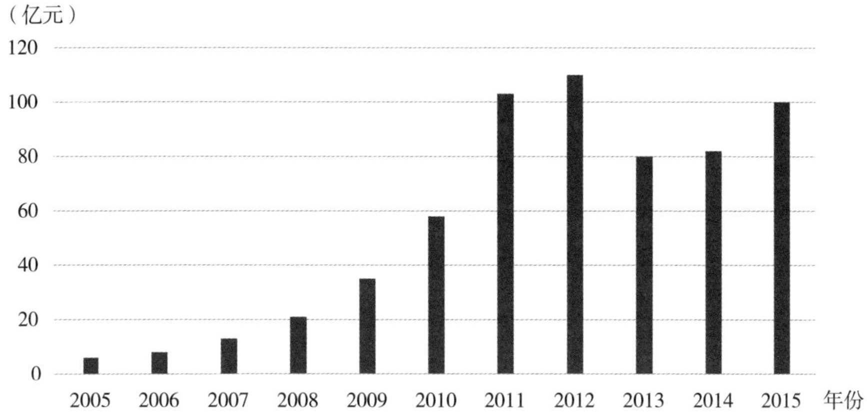

图 19　2005—2015 年郎酒集团销售收入

2019 年，郎酒庄园正式面世。该项目被郎酒公司誉为集农业、工业、商业为一体的世界级酒庄，目标是在未来成为郎酒品质的价值表达基地和白酒爱好者的向往之地，成为酱香白酒文化的赋予者和传播者，也将成为协助郎酒向超高端品牌进阶的物理和文化载体。按照设想，郎酒庄园将在品牌文化展示与传播、消费者教育、工业旅游、休闲度假、个性化定制等方面积极发挥重要作用，成为郎酒品牌建设和传播的崭新高地和整合平台。2020 年 1 月，一贯奉行“高举高打”传播策略的郎酒公司在央视黄金时段推出 120 秒的郎酒庄园广告宣传片，瞬间吸引了公众的注意。2020 年 5 月 1 日，集中国东方文化、赤水河谷地域文化和郎酒文化为一体的“郎酒庄园・天宝洞休闲度假酒店”正式开门迎客，郎酒庄园的品牌文化体验与传播之旅开始向外界徐徐揭幕。虽然郎酒庄园将郎酒的“群郎战略”又推至了一个全新的层面，但其战略究竟将以何种形式扎实落地，并有效为组织、品牌和营销体系赋能也将在未来考验着郎酒公司的管理智慧。

“一树三花”齐发力，换作青花做“头狼”

2013年，茅台在营业收入和净利润两方面同时超越五粮液，成为名副其实的“中国酒王”。经过短暂的调整，茅台持续的提价都难掩市场的热情，其在定价权方面的优势显露无遗。茅台酒的持续提价，一方面带领整个酱香型白酒企业板块取得远高于行业平均利润的高速度增长，另一方面其留出的价格空档也让酱香型白酒次高端市场成为新的争夺空间，再加上习酒、郎酒等品牌全国化布局的推进，酱香消费的氛围逐渐浓烈起来。[①]由此，带动了整个市场对于酱香型白酒稀缺性和高投资回报的再认识，也引发了内外资本在贵州仁怀的投资热潮。2019年贵州省仁怀市共实现酱香酒产量约31万千升（全国年产量在40万千升左右），年内还启动了以赤水河流域产业带为核心的“世界酱香型白酒产业基地核心区”建设项目，志在大力推动“产区、企业、产品”的共同发展。贵州省酿酒行业在2019年实现了603.66亿元的利润总额，再创新高，酱香板块可谓功不可没。

湖北劲牌、江苏洋河、河南仰韶以及一些业外资本纷纷加码投资酱香酒生产项目或者通过收购中小型酱酒企业进入这一市场。贵州茅台集团旗下的另一个酱香白酒品牌“习酒”也表现非凡，在2017—2019年分别实现了36亿元、56亿元和80亿元的营收，2019年又提出了投资84.6亿元建设1.9万千升酱香酒的项目计划。贵州国台酒业股份有限公司2019年实现销售收入18.88亿元和净利润4.11亿元，还立志成为中国资本市场第二家上市的酱香型白酒企业。贵州金沙酒业2019年实现15.26亿元的销售额，比上年增长165%，其中高端产品“摘要酒”销售额占比42%。2015年之后，五粮液公司先后推出“永福酱酒10”“永福酱酒老酱”和“飞天15酱”

---

① 范劲松，龚小乐，熊欣慰．茅台千元时代，酱香黄金时代[R/OL].〔019-06-29〕. http://down.hibor.com.cn/docdetail_2651523.html.

等酱香型系列酒产品。2016—2017年，洋河公司正式收购贵州贵酒有限公司、厚工坊迎宾酒业，进入酱香板块。舍得早在2001年就推出过限量生产的“吞之乎”酱香酒品牌，并在2019年进一步推出了“吞之乎”超高端酱香酒品牌。以芝麻香型著称的山东景芝酒业也在2017年与贵州钓鱼台国宾酒业联合推出了定制款酱香型白酒产品。2019年，旗下拥有贵州珍酒的金东集团宣布将投资245亿元实现酱香酒业务的进一步扩张，进取之心不言自明。2020年，由史玉柱巨人集团投资的“黄金酒业”正式落地茅台镇，意欲抢占酱香酒风口。市场上新出现的造酒新势力“酣客公社”“酱酒智造”和“谷小酒”等投资运营的品类也都重度参与酱香型白酒。就连远在黑龙江的北大仓酒业也喊出了“中国第三大酱香——北大仓君妃酒”的口号。可以看出，“酱香热”席卷全国。

身在风暴中心的郎酒，自然察觉到了酱香酒热潮所蕴含的巨大商机。不仅如此，郎酒还往前又迈了一大步。2017年，青花郎的品牌口号从“中国高端酱酒青花郎”变为“青花郎，中国两大酱香白酒之一”。郎酒对标茅台，主打两大酱香酒品牌之一的品牌定位，凸显了品牌和品质的稀缺性。[①]同时，郎酒将中央电视台的重点广告资源由红花郎变为青花郎，还在全国主要城市完成了800场次的“青花盛宴·中国高端酱酒鉴赏会”，这成为郎酒引起广泛认同的重要品牌落地活动。在线下品牌传播方面，郎酒公司表示，要在未来五年的时间里投入100亿元的广告宣传费用，保证在高铁和机场每五分钟就要有一次郎酒的品牌展露机会。2017年，青花郎、红花郎销售同比分别增长122%、51.8%。[②]从2018年1月1日开始，“青花郎”出现在央视“国家品牌计划TOP品牌”之列，以全新姿态来传播品牌形象。2019年，53度青花郎进行了两次产品调价，出厂价从780元先后上

---

① 邓德隆. 从二元法则看青花郎的未来[N]. 中国证券报，2019-12-09（A02）.

② 张璐. 郎酒“蹭茅”和“小酒”战略失误，三年上市业绩200亿被指不切实际[EB/OL]. 长江商报，2018-07-09. http://changjiangtimes.com/2018/07/586552.html.

调到了 859 元、909 元，建议市场零售价为 1198 元。[①]2020 年 7 月，青花郎开始执行 1299 元的零售价，以 53 度茅台酒为价格标杆，青花郎一路走来紧追不舍。

其实，郎酒能够重返百亿阵营，“青花郎，中国两大酱香白酒之一”这一品牌占位可谓功不可没，通过与品类领导者进行关联比较，提升了市场对于青花郎的品牌认知。当然，有人也认为这种做法有“傍大款”“搭便车”的嫌疑。这句广告语还曾引发过酱香酒企业领域的一场小争议，在 2018 年网上就流传过署名为“贵州仁怀酱香酒同仁”的一封公开信，题目为“酱酒人致郎酒的公开信：中国只有一个正宗酱香，不存在两大酱香”，对其做法表达出强烈的不满。不过从消费者心智定位角度来看，这又不乏是一个有力的品牌口号。此外，为了让大规模品牌传播活动得以有效落地，除了在商超、酒店和电商等渠道着手搭建分销网络之外，郎酒还在地面启动了终端专卖体系建设。自 2018 年 4 月首家青花郎专卖店落户四川成都以来，其发展呈现加速迹象。截至 2020 年 6 月底，郎酒公司共开出 438 家青花郎专卖店，基本覆盖了全国所有省份的主要城市。

四川省“2020 年全省优质白酒产业振兴发展推进会”发布的数据显示：2019 年四川省规模以上白酒企业实现营业收入 2653 亿元，其中川酒“六朵金花”（表 67）所实现的营业收入和利润就高达 1532 亿元、369 亿元，分别占全省的比重为 57.7%、82.2%。之前“六朵金花”的成员企业、曾孵化出“水井坊”品牌的四川全兴酒业有限公司，已于 2011 年成为上海糖业烟酒（集团）有限公司旗下控股 67% 的企业，2012—2017 年全兴酒业的营业收入分别为 1.54 亿元、1.21 亿元、0.93 亿元、0.76 亿元、1.16 亿元和 1.44 亿元，其“品全兴，万事兴”的品牌口号至今仍让人记忆犹新；“四

① 赵正. 青花郎被动涨价、终端价格倒挂，品牌力不足惹争议？[EB/OL].〔2020-01-18〕. http://www.bmronline.com.cn/index.php?m=content&c=index&a=show&catid=9&id=2463.

川沱牌舍得酒业股份有限公司”于2017年变更为“舍得酒业股份有限公司”，公司推行“舍得+沱牌”双品牌组合策略，其曾经荡气回肠的品牌口号“悠悠岁月酒，滴滴沱牌曲”依然令人回味无穷。其他川酒企业也不甘示弱，“十朵小金花”在2019年共实现69.3亿元的业务收入，其中位居川酒头部位置的丰谷酒业实现销售收入12.78亿元。2019年，郎酒集团实现的营业收入为120亿~130亿元，入库税金30亿元①，显示出十分明显的高速增长态势。同时，郎酒还与茅台、习酒共同组成了中国酱香型白酒的“前三强”阵营。位列川酒“六朵金花”之一的郎酒，在新时期以“青花郎”为龙头品牌战略，正在有条不紊地向着崭新的方向迈进。郎酒在未来的品牌进阶之旅，仍让人充满期待和遐想。

表67 现今的川酒“六朵金花”和“十朵小金花”

六朵金花	十朵小金花
宜宾五粮液股份有限公司	四川省绵阳市丰谷酒业有限责任公司
泸州老窖股份有限公司	四川泸州三溪酒类（集团）有限责任公司
舍得酒业股份有限公司	四川远鸿小角楼酒业有限公司
四川水井坊股份有限公司	四川省文君酒厂有限责任公司
四川剑南春（集团）有限责任公司	四川省古川酒业有限公司
四川郎酒集团有限责任公司	四川省宜宾市叙府酒业股份有限公司
	四川江口醇酒业（集团）有限公司
	四川仙潭酒业集团有限责任公司
	四川广汉金雁酒业有限公司
	四川泸州玉蝉酒业集团有限公司

① 张璐. 郎酒预计去年实现营收120至130亿，力争2020年完成上市计划[EB/OL]. 长江商报，2020-01-20. http://www.changjiangtimes.com/2020/01/604239.html.

单品牌 VS 多品牌，向左走还是向右走

在中国酒类行业，很多企业旗下所运营的知名品牌都不止 1 个，例如奉行双品牌驱动或者多品牌战略的典型例子就有“舍得 + 沱牌”“国窖 + 泸州老窖”“古井贡 + 年份原浆 + 黄鹤楼”“内参酒 + 酒鬼酒 + 湘泉”“衡水老白干 + 十八酒坊”和“燕京 + 漓泉 + 惠泉 + 雪鹿”等。究竟是采用单品牌还是多品牌，取决于企业的战略考量。采用单品牌战略的企业，无论旗下产品类别的多寡，其仅运营 1 个品牌。而采用多品牌组合战略的企业，往往通过两个以上品牌来切入更多品类竞争或满足同一品类中更多目标市场的消费场景需求。而且，有的企业在采用多品牌战略的时候还会赋予个别品牌相当大的独立运营权。在食品、饮料、酒类和日化等领域，多品牌组合的案例比比皆是。

无论企业经营多少个品类，均可以采用单品牌或多品牌经营策略。此时，企业可有 4 种选择：（1）经营一个品类，采用一个品牌；（2）经营一个品类，采用多个品牌；（3）经营多个品类，采用一个品牌；（4）经营多个品类，采用多个品牌。企业的多品牌组合，可以通过新创、收购两种途径来实现。在中国酒类行业，国内同类企业之间的收购频次和规模以啤酒最为普遍，白酒行业次之。例如，1998 年茅台收购贵州习酒；2002—2009 年间华泽集团对于白酒企业的收购行为遍布湖南、四川、山东、黑龙江、陕西、贵州、江西和安徽等地；古井贡酒在 2016 年收购黄鹤楼；2013—2016 年间洋河先后收购江苏双沟酒业、湖北梨花村酒业、湖南泊罗春酒业和贵州贵酒；2017 年老白干通过收购丰联酒业，将湖南武陵酒业、山东孔府家酒业、河北板城酒业和安徽文王酿酒业纳入麾下；自 2018 年起，今世缘就一直在推进收购山东景芝酒业的事宜；2020 年，国台收购贵州怀酒；

等等。

2020年，青岛啤酒修订公司章程，将苏打水等饮料和威士忌、蒸馏酒纳入经营范围，并表示未来对黄酒业务也感兴趣，由此给人们打开了通过并购切入新业务板块的遐想空间。此外，行业还出现了川酒投（泸州老窖持股42%）、川酒集团、环球佳酿等专注酒类产业链整合的资本平台，而环球佳酿更是以对标以资本并购著称的帝亚吉欧而引发广泛关注。在中国酒类行业，五粮液公司、青岛啤酒公司和张裕公司是践行多品牌组合战略的三家代表性企业。

青岛啤酒公司之所以采取多品牌策略，主要源于20世纪90年代开始在全国范围之内开展的数轮大规模的啤酒厂收购行为。在将百余个品牌纳入麾下之后，青岛啤酒公司形成了多品牌组合架构，并先后经历了“1+5”“1+3”和“青岛啤酒主品牌＋崂山啤酒第二品牌”三个不同发展阶段。而华润集团在1993年通过收购方式强势进入中国啤酒行业，其在品牌组合战略方面采用了跟青岛啤酒迥然不同的路径，从2004年开始大力推广“雪花啤酒”品牌，并逐步替代之前所收购的一系列区域性啤酒品牌，之后包括蓝剑等在内的众多被收购品牌先后从市场上销声匿迹。

张裕公司的多品牌策略，始于2002年公司启动的品牌重塑战略。当时公司的紧迫任务是提升品牌在中高端市场的认知度和影响力，改变一贯的中低端品牌形象。起初，公司主要以“张裕·解百纳”和“张裕·卡斯特”两个子品牌为杠杆来撬动消费者的品牌认知，凭借良好的产品品质、准确的市场定位和大规模的品牌传播，效果显著。初步站稳脚跟之后，张裕公司陆续推出“黄金冰谷”“爱斐堡”“摩塞尔十五世”“瑞纳城堡”和“巴保男爵”等其他酒庄酒品牌。此外，2014年之后，“张裕·醉诗仙”和“张裕·可雅”也成为张裕公司重点打造的产品品牌。2019年，张裕公司宣布启动低端产品“去张裕化”，拟将低端葡萄酒和白兰地产品归于“多名利”品牌麾下，用“张裕出品”字样加以背书。2013—2019年，张裕还先后通过6次海外收购行为，进一步丰富了自己的多品牌组合架构。

五粮液公司的多品牌策略，始于1994年启动的“五粮醇”OEM总经销买断模式，其间经历若干次的调整，目前形成了由“1+3”五粮液主品牌和“4+4”五粮液系列酒品牌组成的多品牌组合模式。五粮液公司是中国酒类行业多品牌运营的典型代表，用近20年的时间基本梳理出更为合理的管理模式：（1）“五粮液”主品牌由五粮液公司自营；（2）除金六福、京酒等极少数品牌之外，绝大多数系列酒品牌的注册商标所有人均为五粮液公司；（3）根据战略功能和定位的不同，五粮液系列酒品牌分别交由五粮液公司自营和OEM总经销商买断运营。此外，五粮液公司还通过收购河南五谷春酒业和河北永不分梨酒业等企业，进一步扩宽了公司多品牌组合的实现路径。

还有一点值得注意，多品牌组合与品牌延伸有着明显的区别。品牌延伸通常指的是企业利用已经成熟的品牌名称进入同一品类的其他细分市场或者进入其他的品类。例如，如果将白酒、啤酒、葡萄酒、黄酒和保健酒都看作饮料酒这一大品类之下的子品类，茅台公司从白酒进入啤酒、葡萄酒和保健酒等领域没有启动全新品牌，而是充分利用“茅台”品牌本身的影响力，就属于典型的品牌延伸。而企业无论是采取单品牌还是多品牌策略，是否对顾客资产和品牌资产的累积做出持续贡献依旧是考量其策略有效性的唯一标尺。

牛栏山，低调的“收割者”

神州处处有陈酿，

这酒，“牛”。

一年销售几亿瓶，

这是为什么呀？

因为它是咱老百姓爱的亲民酒。

嘿嘿，我也好这口。

牛栏山，正宗二锅头，地道北京味。

——“牛栏山陈酿”电视广告语（2015 年，王刚代言）

北京牛栏山酒厂创建于1952年，致力成为中国最大的民酒品牌，现为北京顺兴农业股份有限公司旗下的分公司。“牛栏山”与创建于1949年的“红星”（北京红星股份有限公司现隶属于北京首都酒业有限公司）共同占据着北京二锅头市场的绝大部分份额，是京酒板块的两大明星类品牌。曾几何时，红星主打的品牌口号“二锅头的宗师”和牛栏山宣传的“正宗二锅头，地道北京味”在市场上针锋相对，大有一山不容二虎之势。斗转星移，来自北京的“双子座”白酒品牌，都意欲在全新的市场空间抢夺到更多的竞争话语权。2011年，牛栏山与央视结缘，开启全国化布局。2016年，红星推出“每个人心中都有一颗红星”系列品牌传播活动，声势浩大，激发消费共鸣，进一步深耕全国化市场。一时间，牛栏山的“白牛二”和红星的“大小二”都成了各自在全国市场的畅销大单品。

在讨论众多白酒品牌案例的过程中，还有这样一个比较典型的现象值得我们重点关注：以价格为有效区隔点，主攻中高端市场的“名酒”与主攻中低端市场的“民酒”，两者在品牌定位、形象塑造、市场开发和消费者培育等方面都存在着理念和操作方面的巨大差异，而且许多企业在不同的行业发展阶段在“走高价格的名酒路线”与“走低价格的民酒路线”之间还产生过不同的看法，甚至是左右为难、来回反复的纠结。只要市场有足量的需求存在，就会有企业为之行动。产品本身并没有高低贵贱之分，只要是能够恰到好处地满足目标消费群体的产品都应该归于“好产品”的范畴。相比中高端酒，低端酒受产业政策和经济增长速度的影响相对较小，因此，2012—2015年中国白酒行业的深度调整期间，民酒定位的牛栏山还取得了逆势增长的良好业绩。[①]要说牛栏山之“牛”，就在于其围绕准确的

① 苏铖．顺鑫农业：价格接地气，成长抗周期[R]．深圳：安信证券，2019.

市场定位，实施了一整套行之有效的营销传播和市场开拓方法。

“白牛二”逆袭，牛栏山突围

长期以来，北京牛栏山酒厂生产经营的主要是高酒精度的“潮白河”牌清香型二锅头白酒。20世纪七八十年代曾推出的浓香型产品“北京大曲”“北京特曲”和“红粮大曲”风靡一时。而“红粮大曲”至今在市场上都有销售。20世纪90年代初，以孔府家酒为代表的低度浓香型白酒品牌开始风靡全国，而市场经济的春风让众多思想还沉浸在计划经济时期的企业得了“重感冒”。1992年，牛栏山酒厂经营困难，经过调研发现，当时市场上的消费者热捧的是低酒精度的浓香型白酒。1993年牛栏山酒厂推出了浓香型白酒产品“华灯”牌北京醇。通过低于主流竞争对手的产品价格和在北京电视台投入大量广告等方式，在北京醇产品的带领之下，牛栏山酒厂的业绩开始增长。北京顺鑫农业股份有限公司招股说明书公布的数据显示，北京牛栏山酒厂1995—1997年的营业收入分别为2.9亿元、4.9亿元和4.4亿元。而红星二锅头在当时也顺应这一消费趋势推出过浓香型产品“红星御酒”。1998年顺鑫农业上市，北京牛栏山酒厂的独立法人资格被注销并成为其旗下的分公司。之后，“牛栏山”品牌逐步走上舞台中心。

以亚洲金融危机为直接导火索，中国白酒行业从1998年开始进入深度调整期。2002年的时候，牛栏山酒厂的销售额下滑到了1.35亿元，而且主要集中在北京郊区和河北市场。在当时浓香型白酒开始在全国市场不断升温的同时，牛栏山酒厂也在河北市场试验性地推出了低度浓香型白酒——42度500mL装的“牛栏山陈酿”白酒。一开始的时候，“牛栏山陈酿”分为绿标与红标，其中绿标主攻河北市场，红标主攻北京市场，之后绿标逐渐取代红标而成为主流产品。同年，牛栏山酒厂管理层提出了被后来者津津乐道的“321市场工程”，其主要是将调整产品结构和渠道网络建设作为了突破口。[1] 与此同时，“正宗二锅头，地道北京味”的品牌传播口号也被确立。

“无心插柳柳成荫。”低度浓香型产品“牛栏山陈酿”白酒上市，汹涌而来的自然动销让牛栏山酒厂也始料未及。随后，牛栏山一方面通过餐饮终端直营的方式进攻北京市场，另一方面与掌握着北京市场巨量商超资源的北京朝批商贸公司进行合作，绿瓶牛栏山顺利进入北京市场。2005 年，黄瓷瓶经典牛栏山交由在北京市场餐饮终端运营方面经验丰富的创意堂公司。至此，原先专注于北京郊区和河北市场的牛栏山成功进入北京城区市场，渠道建设在餐饮、商超和流通渠道实现了多点全面开花。再辅以品牌传播和终端促销，经过 4 年左右时间的市场建设，牛栏山在北京市场的动销问题逐渐得到解决，市场进入收获期。[2] 牛栏山酒厂的销售收入从 2004 年的 2.1 亿元迅速增长到 2006 年的 4.4 亿元。

也是在 2002 年的时候，长期以来在北京市场称雄、在全国市场拥有较好品牌形象的红星二锅头顺应当时的行业趋势，在兼顾中低端市场的同时开始发力中高端市场。牛栏山酒厂也在 2005 年之后开始生产经典二锅头、珍品 30 年、百年牛栏山等中高端产品。超低的价格和密集型的分销让牛栏山逐渐在北京市场站稳脚跟，并于 2008 年在销售量上赶上一直在北京市场称王的红星二锅头，全年实现销售额 15 亿元，其中北京市场突破 10 亿元大关。2014 年，“牛栏山陈酿”白酒销售量突破 2000 万箱，销售额接近 20 亿元，成为中国白酒市场上名副其实的大单品，销量占比超 90%，收入占比超 60%。2017 年，牛栏山发布了公司的“五大战略单品矩阵”（表 68），其中就包括牛栏山陈酿产品。2018 年仅这一大单品的销售

---

① 牛栏山如何从一口小镇老烧锅变成全国销量 TOP10？ [EB/OL].〔2015-12-27〕. http://1118.cctv.com/2015/12/17/ARTI1450318686726422.shtmL.

② 向宁，廖琼，黄学辉. 牛栏山北京现象——六年，从 2 亿到 15 亿 [J]. 新食品，2008（23）：44-46.

额就突破了 30 亿元。

表 68　牛栏山“五大战略单品矩阵”

战略单品系列	香型	代表产品
高端二锅头系列	清香型	经典二锅头（俗称“黄龙”）和珍品 30 年二锅头（俗称“青龙”）
传统二锅头产品	清香型	46 度、52 度牛栏山二锅头和 100mL 装 46 度小酒（俗称“扁二”）
牛栏山百年系列	浓香型	牛栏山 36 度三星百年陈酿（俗称“三牛”）和红色百年系列
国民白酒	浓香型	牛栏山陈酿 42 度（俗称“牛二”“白牛二”）
珍品牛栏山系列	浓香型	珍品陈酿 39 度、42 度、52 度

现今，北京牛栏山酒厂旗下主要运营牛栏山二锅头清香型产品和百年、珍品、陈酿牛栏山浓香型产品，产品结构较为合理，形成了以中低端市场为主、高端市场为辅的格局。

进阶全国市场，“牛酒”谁与争锋

2003—2012 年，几乎所有主流白酒品牌都在中国经济黄金十年的浪潮中享受着高端化、全国化的春风。而在此期间，牛栏山由于品牌力不足和高端化运营不畅，将更多的精力放在北京以及周边中低端白酒市场的深耕细作。2007 年，为了配合公司打造强势品牌的战略意图，牛栏山还邀请著名影视剧明星王刚作为品牌代言人。但是，这一时期，牛栏山的主销区域为北京市场。以数据为例，2010 年，牛栏山的销售额为 25 亿元，而北京市场就占到 18 亿元[①]，其中在北京市场年销售收入达到亿元的经销商有 6 家：创意堂、朝批、京糖、京柳、丰祖园和首森。此外，牛栏山始终格外

① 彭伟，黄学辉. 牛栏山，成熟市场如何大幅再增长 [J]. 新食品，2011（9）：70–72.

重视经销商的服务和扶持工作，为经销商在市场开拓、终端促销、退换货等方面提供强力支持。[1] 再加上单品利润高（牛二利润率超 30%）、资金周转快（终端销售一个月可以周转 1~2 次资金，有的甚至高达 3 次）[2]，最终培养出了一支忠诚度极高的经销商队伍。

从 2011 年起，牛栏山开始加大在中央电视台的广告投放力度，逐步发力走上全国市场的发展路径，并一步步完善了市场开发战略布局（表 69）。2013 年，牛栏山与酒类垂直电商平台酒仙网签署战略合作协议，并将每年的 12 月 18 日确立为“网络牛酒节”。2017 年，牛栏山与综合类电商平台京东达成战略合作关系，持续发力线上渠道，并推出“倍儿牛”和“牛角尖”网销专属产品。线上线下渠道的建设、市场的稳步扩张和产品的持续热销对牛栏山的产能提出了新的挑战，也是在这个过程中，牛栏山建立起了北京、河北、山西和四川四大生产基地。2018 年，牛栏山在全国市场上销售收入突破一亿元的省级（包括直辖市）市场数量已经达到 22 个。其中，销售额达到 500 万元、1000 万元和 5000 万元的经销商数量分别达到 193 个、134 个和 36 个。外埠市场销售收入持续增长，占比已经达到 70%，全国化布局成绩斐然。[3] 至此，牛栏山基本形成了泛全国化的市场布局，公司也进一步提出了全国市场纵深发展、大单品多头并进和打造外埠样板市场的新发展战略。

---

① 肖铭. 无密可解牛栏山 [J]. 新食品，2013（19）：70–73.

② 范劲松，房昭强，龚小乐. 样板市场表现强劲，全国复制拓展可期 [R]. 济南：中泰证券，2019.

③ 李强，熊鹏. 酒肉主业突出，全国化扩张持续爆发 [R]. 长春：东北证券，2019.

表 69　牛栏山逐渐升级的全国化市场开发布局

年份	市场战略布局	主要内容
2002 年	321 市场工程	全力打造“牛栏山”一个品牌；充分利用“中华老字号”企业和“地理标志保护产品”两个优势；集中做好“引竞争机制、开发新产品、抓终端建设”三件大事
2004 年	一城两洲三区	深耕一个市场：北京；同时拓展“长江三角洲、珠江三角洲”和“东北区、西北区、华北区”市场
2012 年	“1+4+5”战略	深耕一个核心市场：北京；建设 4 个地级亿元市场：天津、保定、呼和浩特和沧州；培育 5 个省级亿元市场：山东、山西、河南、内蒙古、辽宁
2015 年	“2+6+2”战略	两个战略市场：北京、天津；6 个重点市场：山东、辽宁、内蒙、山西、河北和河南；两大潜力巨大的区域市场：长三角和珠三角
2019 年	“1+4+N”战略	在京津冀、长三角和珠三角三大战略发展区域推进样板市场培育工程——1 个根据地样板市场：北京；4 个外埠样板市场：南京、长春、东莞、苏州；最后复制出 N 个标准化、规范化的外埠样板市场格局

2019 年，获得生产许可证的白酒企业数量为 10862 家，其中规模以上白酒生产企业数量为 1176 家。目前，如果从销售量方面来看，北京牛栏山酒厂可以在中国白酒行业“称王”，其 2019 年的销量甚至超过茅台、五粮液、洋河、泸州老窖和汾酒 5 家大佬之和（表 70、表 71）。顺鑫农业旗下的白酒业务由“北京牛栏山酒厂”和“内蒙古顺鑫宁城老窖酒业有限公司”组成，其中牛栏山酒厂占绝对大的比例，宁城老窖主攻内蒙古市场，占比较小。再从销售收入层面来看，牛栏山已经与山西汾酒、古井贡基本相当。通过不到十年时间的泛全国市场网络建设与开发，牛栏山已经成为中国白酒行业的“牛酒”。2019 年，中国白酒企业当中营收超过 100 亿元的共有 9 家：茅台、五粮液、洋河、泸州老窖、汾酒、剑南春、郎酒、古井贡和牛栏山。在由众多传统名优白酒品牌组成的百亿企业阵营当中，牛栏山也当仁不让。牛栏山之“牛”，可谓显山露水、风头正劲。

表 70　顺鑫农业旗下白酒业务

年度	销售量（万千升）	营业收入（亿元）	毛利率（%）
2019 年	71.76	102.89	69.06
2018 年	62.10	92.78	49.63
2017 年	42.93	64.51	54.86
2016 年	33.34	52.04	62.59
2015 年	29.13	46.48	62.12
2014 年	26.50	41.20	57.30
2013 年	21.84	37.44	60.35
2012 年	17.05	32.38	51.49
2011 年	13.39	25.04	56.81
2010 年	11.05	16.99	54.88

资料来源：顺鑫农业股份有限公司 2010—2019 **年年报**。

表 71　2019 年中国白酒上市公司年销售量和销售额

企业名称	销售量（万千升）	销售额（亿元）
茅台	6.46	854.30
五粮液	16.54	501.18
洋河	18.60	231.26
泸州老窖	14.27	159.17
汾酒	12.57	118.80
古井贡	9.03	104.17
酒鬼酒	0.79	15.12
今世缘	3.16	48.70
老白干酒	6.49	40.30
舍得酒业	1.27	30.50
水井坊	1.35	35.39
口子窖	3.43	46.72
迎驾贡酒	4.71	37.77
伊力特	2.81	23.02
金种子	0.59	5.11
金徽酒	1.64	16.34
青青稞酒	1.78	11.59
郎酒	4.64	83.16

资料来源：相关上市公司 2019 **年年报**。

从整个白酒行业来看，终端零售价格低于50元的低端市场销量占到行业70%的份额，市场规模在千亿元，主要由地产酒和散装酒为主。[①]如果说茅台酒是中国酒类高端市场上走“上层路线”的代表，那么牛栏山就是中低端市场上走“群众路线”的代言人。作为大众酒市场上的长跑冠军，凭借广泛的品牌影响力和全国市场进阶的提速，未来将释放出更大的“低调”收割市场的发展潜力。

光瓶酒江湖，消费也升级

光瓶酒，顾名思义，就是不用盒子装的酒，与盒装酒相对应。20世纪90年代之前，几乎所有的白酒产品，不论其品牌身份“高低贵贱”，均以光瓶酒的形象示人。进入21世纪之后，经济发展和消费升级共同推动着中国白酒品牌的中高端化，众多名优白酒产品在价格上涨的同时也纷纷引入了形式丰富的包装，这也让光瓶酒成为低端市场的代名词。2012年之后，白酒行业经历了深度调整，而牛栏山等主打光瓶酒的白酒企业没有受此影响，销售额不降反升，再加上江小白等应用互联网思维来运营青春小酒的企业在市场上异军突起，光瓶酒又一次重回人们的视线。而在此期间，涪陵榨菜、康师傅方便面、拼多多和牛栏山等企业的持续回暖甚至崛起，还引发过人们对于“消费降级”现象的热烈讨论。

一直以来，光瓶酒具有“大众群体、低端市场、亲民价格”等典型特点，是适合人们日常饮用场景的“口粮酒”。低端光瓶酒酒市场具有日常消费频次很高、产品价格敏感度较高、产品周转快、厂商库存压力小、抗周期性强等诸多特点，具体表现在：（1）从产品品质层面来讲，限于成本控制和市场接受能力等因素，低线光瓶酒大多以液态法酿制白酒为主，在产

---

① 范劲松. 从财务视角还原全面的顺鑫农业[R]. 济南：中泰证券，2018.

品质量安全的基础上从消费口感和饮用之后不上头方面下功夫；（2）从终端价格层面来讲，由于受到中低端盒装酒的价格“三八线”（主流价格带为30~80元）压制，传统光瓶酒的主流价格地带在30元之内，尤其以5~15元居多；（3）从渠道建设层面来讲，光瓶酒运营基本遵循着“先餐饮，后商超，再流通”的渠道开发次序；（4）从促销层面来讲，多频次大力度的盖内、箱内、箱外终端促销形式丰富，户外、门头和店招是主要的传播方式。① 可以说，光瓶酒无论从口感、价格，还是从渠道、促销层面，都体现着与大众消费如影随形的“亲切感”。

其实，名优白酒品牌在高端化进程中，并没有将光瓶酒市场拱手相让，只不过使用的是“只做不说”的障眼法。它们一方面通过经销商买断经营方式来释放低端产能，另一方面自身也在默默耕耘着光瓶酒市场，例如玻璃瓶装汾酒和尖庄一直以来就是汾酒和五粮液的主推系列产品之一。近年来，随着光瓶酒在市场上的再次崛起以及在消费升级的浪潮簇拥之下，知名白酒品牌也纷纷加入竞争行列，只不过抛弃了原先“只做不说”的做法，变成了“既要做，还要说”的逻辑。

2015年，江西李渡酒业推出高端光瓶酒“李渡高粱1955”（52度，500mL装），以卓越的老酒品质为背书，以“李渡，一滴澎湃八百年”为品牌口号，零售价也从最初的380元一路上涨到2019年12月的820元，打破了之前由自己创造的中国市场光瓶酒价格纪录。在成功运营面向低端市场的泸州老窖二曲光瓶酒（52度，浓香型，俗称“圆二曲”）之后，泸州老窖于2019年推出高线光瓶酒——泸州白瓶酒（500mL装，浓香型），52度和38度产品分别定价298元、278元，并提出了“好酒不用装”的传播口号。也是在2019年，四川舍得酒业推出公司旗下的首款高线光瓶酒产品“沱牌特级T68”，定价68元，品牌传播诉求为“有品质，敢简单”，

① 田卓鹏．中国光瓶酒营销白皮书2017[R]．北京：北京卓鹏品牌营销咨询有限公司，2017.

之后还推出定价为88元的艺术家联名光瓶酒“大笑沱牌”。此外，郎酒公司在2019年推出升级换代版顺品郎，以68元（42度产品）和88元（45度产品）的价格定位抢占大众光瓶酒市场，打出的品牌传播口号为“花开富贵，和谐兼香，顺品郎”。小刀酒将“刀刀入口，不醉不归”的品牌诉求在2019年升级为“品燕赵风骨，领北派浓香”的品牌口号，并在2020年重新定位为“喝小刀，成大器”，且邀请影视明星孙红雷作为品牌代言人。衡水老白干于2020年推出“冰川”（39.8度产品）和“冰峰”（67度产品）高线光瓶酒。2020年汾酒旗下的42度、53度玻汾产品经过价格上调之后，终端零售价成功站上了50元价格带。2020年古井贡推出市场零售价为45元/瓶的高线光瓶酒“老瓷贡”。可见，重视光瓶酒的市场开发已经成为众多知名白酒企业的共识。

通过以上的分析，目前可以把光瓶酒分为以下6个阵营：（1）以老村长、龙江家园等为代表的东北产区阵营；（2）以牛栏山、红星等为代表的京派阵营；（3）以江小白、谷小酒、肆拾玖坊等为代表的造酒新势力阵营；（4）以玻璃瓶装汾酒（俗称“红盖汾”“黄盖汾”）、五粮液尖庄、小郎酒和顺品郎、泸州老窖二曲、西凤375等为代表的传统名优白酒阵营；（5）以李渡为代表的高线光瓶酒阵营；（6）其他盘踞在区域市场的强势地产酒阵营。值得注意的一点就是，光瓶酒市场正在逐步分化，从原先的大众、低端市场向时尚、中高端市场演进，零售价格也在冲破盒装酒的“三八线”，甚至向更高的价格地带推移。此外，以移动互联深度渗透为时代大背景，未来光瓶酒的营销也将正式进入3.0模式——以“超级入口+超级场景+超级内容”为新的营销驱动力。[①] 作为一个独立的细分市场，光瓶酒可谓方兴未艾。

---

① 田卓鹏. 中国高线光瓶白酒8090后营销白皮书[R]. 北京：北京卓鹏品牌营销咨询有限公司，2017.

“既要好看的皮囊，又要有趣的灵魂”，这是现今光瓶酒在消费升级背景之下需要重视的消费诉求。在整个国内市场“少喝酒、喝好酒”的升级态势之下，光瓶酒也将在品质、包装、口味、香型、价格等方面呈现出全新的竞争格局，而“品质”作为产品销售的起点，也将愈发受到光瓶酒市场开发者的重视。

让强大的顾客资产支撑起品牌成长的空间

任何企业都想让自己的品牌强大起来。那么，怎样的一个品牌才能被称之为“强大”？一个品牌的强弱，取决于技术开发与产品设计、物流与供应链、财务/人资/营销等价值创造板块及其相互之间的协同联动效应，以及在市场竞争过程中的综合能力反应。而这种综合竞争能力的直观衡量指标就是企业的经营业绩。归根结底，品牌之所以强大，是因为它能源源不断地为企业带来销售收入和净利润。而无论企业选择怎样的商业模式，其是否能够存活以及存活质量的高低，都取决于顾客是否愿意持续地为其产品或者服务买单。因此，一个强大的品牌身后肯定存在着通过货币投票的方式支持企业产品销售的大量现有顾客和潜在顾客群体，而这群顾客基数的大小以及每一位顾客在较长时间之内重复购买产品的次数，又决定了企业销售规模的大小和未来增长空间。因此，顾客实际上就成为能够为企业带来预期回报的可变资产，被称之为“顾客资产”（Customer Equity）。顾客资产有大小之分，越强大的品牌拥有的顾客资产就越大。根据“顾客资产”概念的提出者罗伯特·布拉特伯格（Robert Blattberg）和约翰·丹顿（John Deighton）的界定，从理论上来讲，顾客资产＝（现有顾客数量＋潜在顾客数量）× 每位顾客的终身价值。

市场营销管理工作要完成两大任务：一方面要尽力留住现有顾客，另一方面又要努力吸引新的顾客。在保留或者吸引顾客的过程中，通过让顾客满意甚至忠诚进而激发出顾客尽可能多的重复购买行为，最终让企业的销售收入、净利润和市场份额等关键经营指标屡创新高。由此可见，品牌的市场竞争力强弱实际上是由企业的顾客资产规模大小来决定的。

改革开放之后，中国酒类行业经过数轮调整，每一轮调整都代表着一次行业的重新洗牌。有的酒类品牌之所以总是能够及时转变理念、化被动为主动，进而实现基业长青，最根本的原因是：这些品牌能够始终以顾客为中心，对经营模式进行实时调整，最终获得了目标顾客的支持与青睐。例如：顾客的终端购买行为发生变化，它调整渠道结构；顾客的信息接受方式发生变化，它改变媒体组合；顾客的购买诉求发生变化，它重塑品牌形象；顾客的消费需要升级，它优化产品组合……总的来看，这类品牌在以下 4 个方面表现优异，并借此积累了强大的顾客资产：（1）始终关注顾客的消费诉求和购买行为模式变化趋势；（2）始终关注良好的顾客体验和高水平的顾客满意度；（3）始终关注商业模式和营销工具组合的阶段适用性；（4）始终关注品牌与顾客的沟通和关系建设。

在此期间，还有一些酒类品牌，它们在某一特定时期风光无限，却在接下来的行业调整中一蹶不振甚至被直接甩出赛道，原因可能有很多，但究其根本在于它们较长时间地远离了顾客，最终顾客抛弃了它们。在穿越不同行业发展周期的过程中，有的酒类品牌可能始终关注的是某一特定的细分群体，有的酒类品牌可能会用全新的细分群体代替原先的目标顾客，还有的酒类品牌可能会将尽可能多的不同细分群体都纳入自己的目标顾客范畴，而企业选择的目标顾客群体是否得当以及是否能够让顾客满意，最终决定着品牌的影响力和感召力。企业在选择顾客，顾客也在选择企业。只有始终具备强大顾客资产的企业，才能获得品牌持续成长的广阔空间。

青岛啤酒，争做领“鲜”潮牌

在青岛啤酒，

找遍地球每个角落，

只为更优质的大麦和酒花。

经典 1903，

精心慢酿，

传世麦香。

青岛啤酒，畅享欢聚时刻。

——“青岛啤酒·经典 1903”电视广告语（2014 年）

青岛啤酒，始建于1903年，其与哈尔滨啤酒、北平啤酒和光明啤酒等生产厂共同支撑起了中国啤酒工业的早期格局。1947年之前，公司曾先后生产和销售过“日耳曼”“青岛”“朝日”和“麒麟”等品牌的啤酒产品。①1959年，青岛啤酒产量首次突破1万千升，并在1963年举办的第二届全国评酒会上被评为中国啤酒行业唯一的“全国名酒”。根据政府于1984年制定的《1981—2000年全国食品发展纲要》，到2000年啤酒产量要比1980年增长15倍以上。在该发展纲要的指引之下，1985年由银行和地方政府给予资金支持的“啤酒专项工程”出台，全国各地出现了啤酒厂遍地开花的现象，其中就包括吉林金士百啤酒、黑龙江三星啤酒、新疆大乌苏啤酒、陕西汉斯啤酒、宁夏西夏啤酒、甘肃黄河啤酒、重庆山城啤酒、西藏拉萨啤酒和云南风花雪夜啤酒等。1986年，啤酒以413万千升的年产量首次超过白酒，成为中国酒类行业产量最大的酒种，之后扶摇直上，于1993年跃居世界第二。但是，当时的啤酒厂规模都比较小，例如20世纪90年代中期，年产量在5万千升以下的啤酒厂占到总数的87%，此外还有200多家年产量在2万千升以下的啤酒厂。②这也为之后国内外资本展开的第一轮大规模收购留下了较大的空间。1999年，青岛啤酒产销量在全国率先突破100万千升，公司进入了一个新的发展时期。

2001年中国加入世界贸易组织之后，国外啤酒巨头针对中国市场发起了继20世纪90年代之后的第二轮新建和收购啤酒厂的浪潮，也由此开启了中国啤酒行业新一轮的整合并购大幕。2002年，中国啤酒年产量超越美国，位居世界第一。在百威、嘉士伯、燕京啤酒、青岛啤酒和华润等国内

---

① 苏景玲．驰誉流芳，凝香百年——记青岛啤酒股份有限公司[J]．中国品牌与防伪，2007（9）：44-47.

② 徐广涛．中国啤酒工业发展现状与展望[J]．中国食品工业，1995（9）：36-38.

外行业巨头通过资本收购进行产能扩张的过程中，中国啤酒生产厂的数量也急速较少，市场也形成了新的竞争格局。例如 1999 年国内啤酒企业数量为 474 家，到 2008 年已经减少到了 249 家。这一进程一直持续到了 2014 年，各大啤酒巨头在进一步的规模扩张空间被压缩的大背景之下，销量、营收和利润增长均出现了持续下滑的局面（图 20），例如，燕京啤酒的销量从 2013 年的 571 万千升下降到 2018 年的 392 万千升；青岛啤酒的营业收入和净利润在 2014 年达到峰值之后开始出现明显下滑；华润雪花啤酒从 2016 年开始走上大规模关闭啤酒厂的道路；等等。这都倒逼着中国啤酒行业的领导品牌更加重视中高端市场的培育和建设。然而，青岛啤酒凭借其长时间以来在国内外中高端啤酒市场的坚守和耕耘，始终占据着国产啤酒净利润第一的行业宝座。

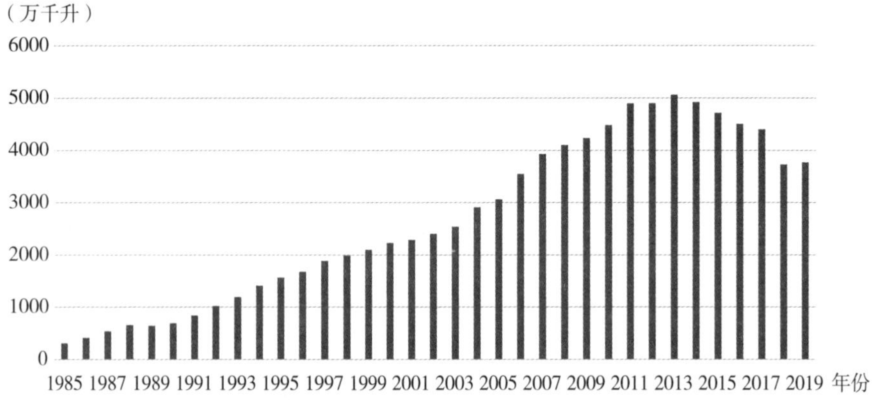

图 20　1985—2019 年中国啤酒行业产量

资料来源：国家统计局、中国酒业协会。

稳步扩张，领先中高端市场

长时间以来，青岛啤酒奉行优质优价的经营策略，聚焦中高端市场。1978 年，全国啤酒产量为 60 万千升，而青岛啤酒独占其中的 5 万千升。

到 1988 年的时候，当整个行业产量增长到 1200 万千升，青岛啤酒的产量仅有 10 万千升，份额不到 1%。[①] 在意识到“有品牌，没规模”的困局之后，青岛啤酒也做出了产能扩张的准备。1992 年青岛啤酒被原国家体改委确定为“全国首批 9 家规范化股份制试点企业”之一，并于 1993 年成为大陆地区在中国香港上市的第一家企业，募得的资金也为企业的扩张提供了保障。1994 年全资收购江苏省扬州啤酒厂和 1995 年与西安汉斯啤酒厂进行合资，小试牛刀。1996 年，新上任的管理层提出“大名牌发展战略”，意欲通过收购区域性啤酒厂来切入大众啤酒市场，青岛啤酒公司开始走上通过并购手段实现生产规模扩张的阶段性发展道路，也由此拉开了中国啤酒行业的并购大幕。

1997—2002 年，青岛啤酒公司的产销量从 35 万千升急剧扩张到 398 万千升，从单一品牌增加到 150 多个子品牌。过多的子品牌给企业的内部生产管理、广告投放、消费者认知等方面造成了较大的负面影响，也造成了公司资金链的紧张。为了让产能规模扩张与经营管理能力提升能够达到协同协应，青岛啤酒公司的管理思路逐渐从“做大做强”向“做强做大”转变。[②]2005 年，青岛啤酒公司提出了“1+5”品牌组合——以“青岛啤酒”为主品牌，再加上“汉斯、崂山、彭城、山水、大白鲨”五个区域性子品牌，同时将原先的事业部管理机制转化为区域性营销公司。2006 年，“1+5”品牌组合战略又被调整为“1+3”——“青岛啤酒”主品牌 + “山水、崂山、汉斯”子品牌。2014 年，将品牌战略调整为“1+1+N”，即青岛啤酒主品牌、全国性第二品牌崂山啤酒，汉斯、山水、银麦等区域品牌。之后，公司更加强化了通过“青岛品牌”和“崂山啤酒”两大品牌来分别占据中高端市场和大众市场的发展路径。

① 高磊，徐玮．重登王位——青岛啤酒的战略扩张之路 [J]．企业管理，2003（3）：66–71.

② 金志国．一杯沧海：我与青岛啤酒 [M]．北京：中信出版社，2008.

目前，就三大国内啤酒品牌来讲，“雪花啤酒”主品牌能够占到华润啤酒公司总销量的90%，因此可以认为其实行的是单一品牌战略。燕京啤酒实行“1+3”品牌发展战略，即“燕京啤酒”一个主品牌、“惠泉、漓泉、雪鹿”三个子品牌。2019年，燕京啤酒公司实现381万千升的总销量，其中“燕京啤酒”主品牌销量占比65%、“1+3”品牌销量占比达到92%。2019年，青岛啤酒公司实现啤酒销量805万千升，其中“青岛啤酒”主品牌产品实现销量405万千升，总销量占比50.31%。2018年第二大品牌“崂山”产品销量占比27%，公司两大品牌销量占比合计达到75%。此外，地处西部的青岛啤酒西安汉斯公司2018年实现收入27.5亿元，占到青岛啤酒公司在华北地区60%左右的份额。[①]可见，青岛啤酒和燕京啤酒实现了主品牌和子品牌同时进阶的发展目标，多品牌架构市场落地情况良好。

目前，青岛啤酒在国内20个省、市、自治区拥有62家啤酒生产企业，其中全资或者控股60家，联营或者合营2家，合计拥有年设计产能1350万千升，在国内拥有15580家经销商。在产能扩张和整合的过程中，青岛啤酒公司始终坚持着“青岛啤酒”主品牌树形象、走高端的运营思路，这一点也在公司业绩中有明确的体现。奥古特、鸿运当头、经典1903和纯生啤酒等主品牌旗下的高端产品在2019年实现销量186万千升，占“青岛啤酒”主品牌销量的比例为45.93%，占公司总销量的比例为23.11%。而且，对于青岛啤酒来讲，山东市场属于绝对的基地市场，是公司的巨大利润池，2019年山东地区销售收入占比高达66.26%。长期以来，就净利润实现层面来讲，青岛啤酒在国内啤酒品牌当中一直充当着领导者的角色（表72）。而在青岛啤酒的带动下，山东省也一直稳居全国啤酒产量的首位（表73）。

---

① 符蓉，沈旸．百年经典，聚焦品牌升级[R]．南昌：国盛证券，2019.

表 72 2018—2019 年主要啤酒上市公司业绩

	2018 年			2019 年		
	营业收入（亿元）	净利润（亿元）	销售量（万千升）	营业收入（亿元）	净利润（亿元）	销售量（万千升）
青岛啤酒	265.75	14.22	803	279.84	18.52	805
华润啤酒	318.67	9.77	1129	331.90	13.12	1143
燕京啤酒	113.44	1.80	392	114.68	2.30	381
珠江啤酒	40.39	3.66	124	42.44	4.97	126
重庆啤酒	34.67	4.04	94	35.82	6.57	94
惠泉啤酒	5.52	0.18	22	5.63	0.20	21
兰州黄河	5.09	–0.68	14	4.55	0.15	12

资料来源：相关公司 2018 年、2019 年年报。

表 73 2018—2019 年全国分省市啤酒产量表

单位：万千升

序号	省 / 市	2018 年	2019 年	序号	省 / 市	2018 年	2019 年
1	山东	473	484	17	江西	73	71
2	广东	392	385	18	云南	72	82
3	河南	256	253	19	重庆	71	67
4	浙江	238	227	20	内蒙古	69	64
5	四川	196	229	21	湖南	56	62
6	辽宁	213	207	22	安徽	61	79
7	黑龙江	185	202	23	上海	50	44
8	江苏	187	182	24	新疆	48	53
9	湖北	136	128	25	甘肃	45	42
10	河北	167	181	26	天津	33	27
11	广西	113	118	27	宁夏	19	21
12	福建	150	158	28	山西	18	18
13	北京	109	91	29	西藏	13	13
14	贵州	103	111	30	海南	4	2
15	陕西	82	71	31	青海	2	2
16	吉林	92	91				

资料来源：国家统计局、中国酒业协会。

激情与梦想，助燃品牌活力

目前，青岛啤酒推行的是“四位一体”的品牌推广模式：产品销售、品牌传播、消费体验和粉丝互动。四个板块相互支撑、协同共进。例如，线下的现场消费体验能够产生口碑、促成销售，而移动互联工具的使用又能够形成线上线下的互动传播闭环，最终又成为品牌传播组合的一部分，还会带来产品在终端销量的提升。青岛啤酒“四位一体”的亮点主要体现在通过线上、线下的现场和虚拟品牌的体验与口碑传播，进而始终能够随着消费环境的变化与消费者之间形成持续的互动，让品牌一直与目标群体保持着高频次、多形式的连接与联系，最后品牌也就变得“鲜活”了起来。

青岛啤酒的产品销售巩固中高端市场。自 2010 年以来，青岛啤酒推出奥古特、逸品纯生、皮尔森、鸿运当头、经典 1903、全麦白啤、IPA 等面向中高端市场的啤酒产品。在分销网络搭建和终端开发维护方面，青岛啤酒采用的是“大客户 + 微观运营”模式，即在特定区域市场授权大户经销商开发市场和掌控终端。此外，企业还在区域市场的重要终端自行承担市场管理和终端推广等工作。① 如果说大客户模式保证了青岛啤酒的产品在各类分销渠道和零售终端的顺利铺货，那么微观运营从人员、资金、陈列、促销、客情等 KPI 指标的设立与考核保证了单店销售量的持续稳步提升。两大板块分别通过一推一拉的相互配合，促使产品在各类通路上的顺畅销售。此外，青岛啤酒还通过自有电商渠道（微信商城 + 青啤快购 App）和第三方电商平台（官方旗舰店 + 官方商城 + 分销专营店 + 网络零售电商）的形式布局线上销售平台网络。为了维护这一庞大的分销网络，青岛啤酒的销售人员在 2008 年之后就一直在 1 万人以上，在 2014 年更是

---

① 马雪梅．青岛啤酒上下两难 [J]．财经，2017（27）：102–105.

达到了 16152 人的规模（图 21）。2019 年，青岛啤酒在全国市场共拥有 11583 名销售人员和 15580 家经销商，全力推进渠道建设和营销活动的执行和落地工作。

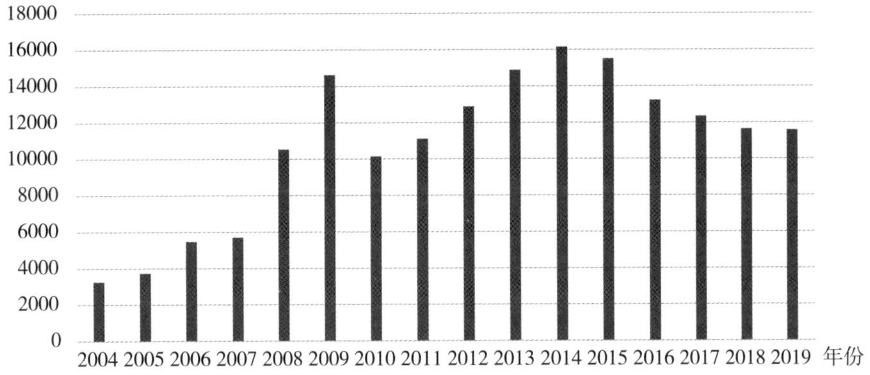

图 21　2004—2019 青岛啤酒销售人员数量变化

资料来源：青岛啤酒股份有限公司 2004—2019 **年年报**。

品牌传播，以体育赞助为媒。体育用品企业和饮料厂商通常采用体育营销来传播品牌。而体育营销不仅仅是赞助体育赛事，更重要的是将体育活动与品牌主张深度关联和契合，这样才能够让消费者认同品牌文化和个性[①]。青岛啤酒在此领域就做得很有声色。2005 年，青岛啤酒成为“2008 年北京奥运会”的官方赞助商，并提出了全新的品牌主张“青岛啤酒，激情成就梦想”。2005—2009 年，围绕北京奥运所弘扬的“同一个世界，同一个梦想”精神，青岛啤酒设计和策划了一系列活动，邀请更广泛的群体参与、体验各类与体育精神相关联的活动，例如“青岛啤酒 · 我是冠军”全民急速大挑战活动和“激情成就梦想 · 奥运全国行”大篷车巡游活动等。2006—2018 年四届足球世界杯期间，青岛啤酒更是围绕主题传播、限量版

① 于月娥．体育营销：重在体育精神与品牌价值融合——专访青岛啤酒品牌管理总部总经理王凯 [J]．广告大观（综合版），2014（7）：109-110.

产品和足球预言秀等活动为球迷的“梦想”助力。2008—2018年，青岛啤酒先后成为“NBA中国市场官方合作伙伴”“CBA联赛官方合作伙伴”“亚足联俱乐部赛事官方赞助商”和“北京2022年冬奥会、冬残奥会官方赞助商”。而中国网球公开赛和厦门国际马拉松赛的赞助商名单中也不乏青岛啤酒的身影。

消费体验，在现场点燃“激情”与“欢乐”。为了让消费者能够身临其境地体验品牌的价值主张和精神内涵，青岛啤酒致力于围绕现场消费搭建各种场景，向市场生动鲜活地传递出“激情”与“欢乐”。现今，发端于1991年的“青岛国际啤酒节”已经通过与各地旅游部门、分公司的协同合作走入了更多的城市，并衍生出“青岛啤酒海上啤酒节”，通过演艺、竞猜、抽奖等形式让更多的消费者领略畅享欢聚时刻、激发鲜活人生的品牌主张。更是通过“TSINGTAO MINI啤酒节”进驻海外市场，倡导全球共聚、激活人生的生活与消费理念。除此之外，凭借赞助或者组织策划“青岛海上马拉松”“青岛啤酒炫舞激情啦啦队选拔赛”“青岛啤酒·欢聚地带”和“消费者最喜好的青岛啤酒”大众品评活动等大型线下路演推广活动，制造更多的现场消费场景和传播话题，将品牌的“激情”“梦想”“畅享”和“欢乐”等元素深深植入消费者的心智。

粉丝互动，线上线下齐“欢”动。如果说消费体验更加关注的是线下的现场消费场景体验，那么我们可以认为青岛啤酒的粉丝互动关注的是消费者的移动化、视频化、社交化和个性化沟通需求。其主要做法为：（1）将原先的线下消费体验活动引入线上传播，并围绕中国农历新年、中秋节等传统节日开展特色主题促销活动，用移动互联平台与粉丝沟通；（2）与京东、天猫、酒仙等电商平台合作，建设虚拟化分销渠道，更大程度地方便消费者购买公司产品；（3）与《魔兽》《深夜食堂》《战狼2》等超级IP联合营销，紧追年轻群体喜好的热点推出新产品，制造话题并促进销售；（4）与肯德基、必胜客和周黑鸭联合推出渠道专属定制版产品，创新产品开发概念并增强渠道黏性；（5）追随消费习惯和场景变化，通过特色产品与消费者互动，例如使用“崂山玩啤”与不同鸡尾酒混调进而引发新的消费体验，推出青岛啤酒“夜猫子啤酒”，并邀请华晨宇作为代言人。2020年4月底，青岛啤酒博物馆更是通过带货直播和全国共计85万人次的粉丝进行了深度互动，在醇香四溢中演绎经典“欢”动。

国际化竞争，百舸争流勇向前

目前，啤酒在整个中国饮料酒行业的产销量占比超过70%，占据着绝对的市场份额。2018年，中国拥有规模以上啤酒企业415家，实现年度总产量3812.24万千升。就市场消费来说，有50%~60%的销量产生自即饮渠道（餐饮、KTV、会所等），而整个市场中约75%的啤酒属于经济型淡爽拉格啤酒（俗称“工业啤酒”，图22）。工业啤酒与精酿啤酒相比，酿造周期短、麦芽汁含量低、口感淡薄、营养价值低，成本和售价较低[①]。2013年以来，中国啤酒市场出现了明显的消费升级，主要表现在两个方面：（1）以熊猫精酿、高大师、拳击猫、大跃和牛啤堂等为代表的精酿啤酒品牌开始在中国市场陆续崛起，并受到市场消费和资本的关注。（2）进口啤酒在数量和金额上屡创新高（图23、图24），产品迅速进入了大众消费类渠道，成为中国啤酒消费市场的一大亮点。主要的进口来源国为德国、墨西哥、比利时和韩国等。（3）青岛啤酒、华润啤酒等国内品牌纷纷推出更多面向中高端市场的系列产品，并逐渐将其作为未来较长时间之内的主攻方向。

① 刘尚义．新常态下中国啤酒工业新思路[J]．酒·饮料技术装备，2018（1）：43-45.

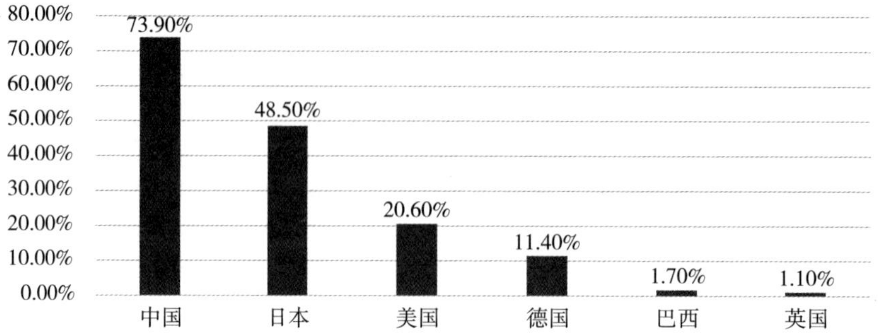

图 22 部分国家经济型拉格啤酒销售量占比

资料来源：刘瑀．百年青啤稳中求进，结构升级产品完善 [R]. 渤海证券，2019-06-29.

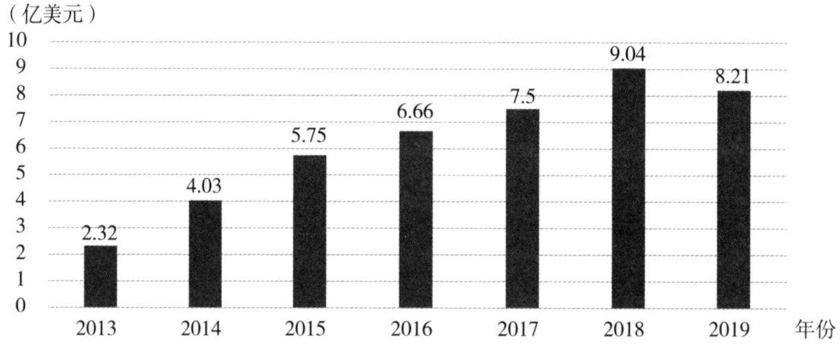

图 23 2013—2019 年中国市场啤酒进口金额

资料来源：海关总署、中国食品土畜进出口商会酒类进出口商分会。

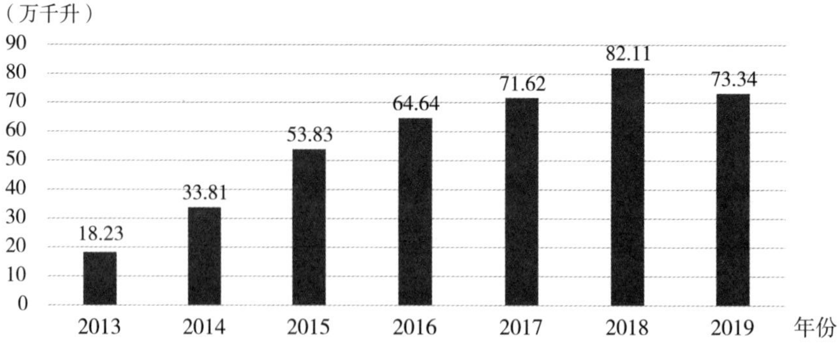

图 24 2013—2019 年中国市场啤酒进口量

资料来源：海关总署、中国食品土畜进出口商会酒类进出口商分会。

进入 21 世纪之后，全球市场渐趋一体化也让中国啤酒生产企业采购更具性价比的生产原料成为可能。目前，中国市场对于啤酒的主要酿造原料——大麦有较高的进口依赖度，每年的进口量占到总需求量的 85% 左右。以澳大利亚为代表的大麦由于具有价格低、出汁率高等特点，已经逐步取代国产大麦成为国内啤酒生产企业的主要酿酒原料。澳大利亚、加拿大和法国为大麦的主要进口国，2017 年中国从这三个国家的进口量依次为 650 万吨、130 万吨和 25 万吨[①]。2008 年和 2018 年，由于受到进口大麦原料、包装材料等成本上涨的影响，国内啤酒行业出现了两轮比较明显的产品价格上涨，而主流瓶装啤酒的容量也在这个过程中从 640mL、355mL 分别降低到了 500mL、330mL。2020 年 5 月，中国商务部在对原产于澳大利亚的进口大麦进行双反调查之后，做出最终裁定：决定自 2020 年 5 月 19 日起对该产品征收 73.6% 的反倾销税和 6.9% 的反补贴税，征收期限为 5 年。这将迫使中国啤酒生产企业转向其他出口国采购大麦原料，否则成本压力就会骤增。

根据英国 GLOBALDATA 公司的统计数据显示，2018 年中国排名前五的啤酒公司总共占据着 70.40% 的市场份额，其中华润啤酒 23.20%、青岛啤酒 16.40%、百威英博 16.20%、燕京啤酒 8.50%、嘉士伯 6.10%。可以看出，无论从行业竞争第一梯队的中外品牌组成格局，还是原瓶 / 原罐进口啤酒的数量和酿酒原料采购来源来看，中国啤酒市场早就已经成为所有国内饮料酒领域中国际化程度最高的子市场之一。

长期以来，青岛啤酒的国内啤酒行业年出口量占到总量的 40%~50%（表 74、图 25、图 26）。值得注意的是，青岛啤酒作为最具全球影响力的中国啤酒品牌，已经成为中国文化的代表性符号之一。在青岛啤酒公司没有营销投入费用的前提之下，其产品或者品牌 LOGO 先后出现在《木乃伊

---

① 刘畅，吴文德. 结构升级，啤酒三岔路口的最佳指引 [R]. 东兴证券，2019-03-11.

3》《速度与激情 6》《超能敢死队 3》等影片中以烘托或者渲染中国文化场景，这就是对青岛啤酒全球基因的最好诠释。2019 年的纽约时装周上，青岛啤酒与国内潮牌 NPC 进行了联名主题走秀，简约设计、复古风格而又不失时尚青春韵味的跨界表达，将“百年潮牌”的经典形象一览无余地展现在世界面前[①]。穿越百年时空，青岛啤酒仍然傲立“潮”头。

表 74　2010—2019 年青岛啤酒港澳及海外地区销售业绩

单位：亿元

年度	销售收入	销售占比	年度	销售收入	毛利率	销售占比
2010 年	3.88	1.98%	2015 年	5.21	35.70%	1.91%
2011 年	4.46	1.96%	2016 年	5.88	40.61%	2.28%
2012 年	4.26	1.68%	2017 年	6.87	40.80%	2.64%
2013 年	4.55	1.64%	2018 年	6.61	37.24%	2.52%
2014 年	4.92	1.72%	2019 年	6.72	36.62%	2.40%

资料来源：青岛啤酒 2010—2019 年年报。

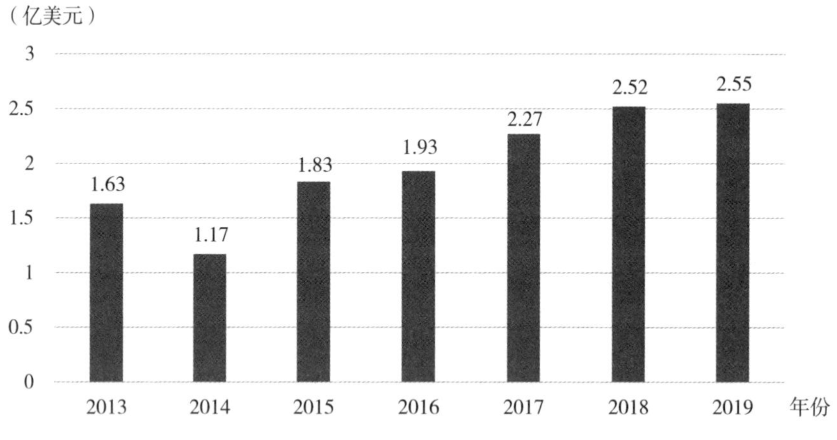

图 25　2013—2019 年中国市场啤酒出口金额

资料来源：海关总署、中国食品土畜进出口商会酒类进出口商分会。

---

① 李皇玫．引领潮流超百年，青岛啤酒纽约时装周的营销制胜之道 [J]．公关世界，2019（7）：68-71.

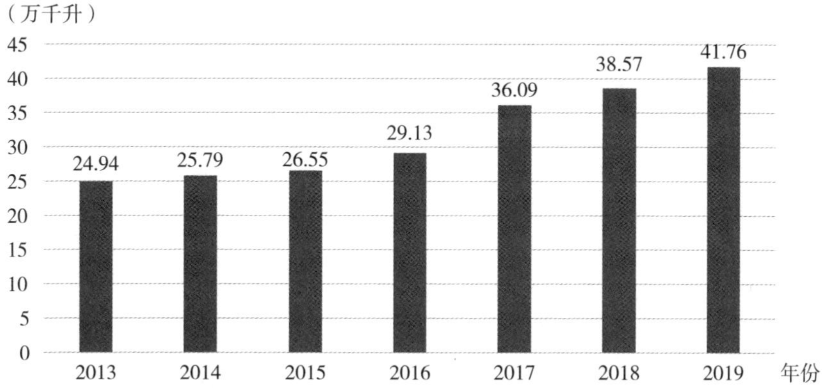

图 26　2013—2019 年中国市场啤酒出口量

资料来源：海关总署、中国食品土畜进出口商会酒类进出口商分会。

品牌联想，将消费者带入深度体验的“专属空间”

潜藏在人们努力和奋斗行为背后的深层原因可能有很多。根据马斯洛的需求层次理论，无外乎生理、安全、社交、尊重和自我实现5种需求类型。通俗来讲，正是由于人们在不同的场合始终要寻找到安全感并不断地追求超越，才能获得持续向前的勇气和动力。1989年，美国社会学家雷·奥登伯格（Ray Oldenburg）出版了《绝对的地方》（The Great Good Place）一书。书中，他创造性地提出“人类的生活和工作主要存在于三个空间，第一空间是居住空间，第二空间是工作空间，第三空间除家庭和职场之外的休闲娱乐、人际交往或者独处静思的空间，例如酒吧、咖啡馆、图书馆、书店、音乐吧、街头公园、桌球厅、俱乐部和旅游区等。”而从市场营销层面来讲，人们身处不同的空间能够产生不同的消费场景，还能够激发出不同角色扮演的消费需求。

在不同的空间中，人扮演着不同的角色，也需要相应的情感表达类型和人际关系支撑。家庭场景需要温馨、关爱、奉献与扶持；工作场景需要创新、突破、超越与成就；夜场消费场景需要宣泄、放松；人生重要时刻需要庆祝、纪念、欢呼……人有向往、要表达、望认同，各类物化载体可以有效地帮助人们缓解自我表达不足或不完整方面的压力，而品牌的利益属性及其构建出的联想空间正好能够恰到好处地迎合这方面的需求。针对不同生活、工作场景所提供的诸多产品或者服务，只有在产品功能利益和情感利益层面与该场景产生深刻互动并引发共鸣的品牌，才能成为真正的王者。

牛二主打“咱老百姓就爱这一口”，亲切、接地气。科罗娜啤酒（Corona）在夜场所喊出的“就为这一刻”（This is living），让人回想、纪念和庆祝各种人生的特殊时刻。芝华士先后采用“这就是芝华士人生”(This is the Chivas life)和“活出骑士风范”(Live with Chivalry)的品牌口号，唤醒人们内心深处乐于分享、勇于担当的精神。喜力啤酒曾用“不断追求，无限精彩”(Never settle for less)和“开启你的旅程”(Open your world)来凸显其勇于追求和探索的品牌精神。张裕五星金奖白兰地的“不过四十喝不出的味道”，一语双关地道出沉稳、沉着的处世哲学和生活态度。泸州老窖的“你可以品味的历史”，将消费者带入时空交错的历史空间，让他们身临其境地感受品牌的昔日荣光和厚重沉淀。洋河的“男人的情怀”，激发的是向上勃发、勇敢成就的宽广豪情。消费者需要被唤醒、被深度带入他/她想要进入的各种理想状态，品牌的出现可以帮助他们勾勒出一个介于现实和理想之间的联想空间，让他们超越现实，离理想中的自我更近。品牌口号、品牌故事、产品文化、场景体验和代言人选择等，都是搭建品牌联想空间的有效载体。你的品牌对应消费者的哪一个空间，就意味着要在相应的消费场景中扮演重要的角色。从这个角度来看，消费者对于部分酒类品牌的抛弃，不是抛弃产品本身，而是品牌没有帮助消费者深度缓解自我表达与情感沟通方面的压力。

产品是物理的、冰冷的、机械的，品牌是虚拟的、有温度的、有情感的。正是品牌个性及其联想为产品注入了生命和灵魂。当消费者看到你，会想到谁？脑海里会出现什么样的场景？会激发出怎样的情绪？想象一下，和谁在一起，以怎样的心情，在什么样的地方，你的品牌的出现不仅毫无违和感，还会给这一场景添染不少亮色甚至成为点睛之笔。如果这些问题都有了准确的答案，那么适合目标群体的品牌联想空间就会跃然纸上。简而言之，品牌联想会将消费者带入一个由时间、地点、人物、剧本和道具五大要素组成的感性消费场景，并由此产生深度的情感体验和充分的精神愉悦。人们需要酒，不管微醺还是豪饮，都是因为这种神奇的产品能够借助品牌联想帮助他们在特定场景中让真实的自己更加贴近理想中的自己，成为“想成为的人”。品牌联想，通过场景搭建和氛围营造为消费者勾勒出清晰完整的专属空间，让你的品牌像一个有想法、有思想、有情感的人，与消费者近距离地去沟通进而激发出他/她的共鸣。如能将他/她带入“专属空间”完成深度体验，你就占据了连接品牌联想与消费认知的制高点，也就为你的品牌注入了非同凡响的内涵与意义。俘获消费者的“身份归属与角色认同”与“精神共鸣与灵魂共通”，尽在炫彩夺目的品牌联想。

雪花啤酒，吹响“勇闯天涯”的号角

成长，

是一种梦想。

成长，

是一种勇气。

成长，

是超越自我的渴望。

雪花啤酒，畅想成长。

——“雪花啤酒·勇闯天涯”电视广告语（2004年）

提起雪花啤酒，大多数人首先会将其与华润集团联系在一起。但是，要追根溯源，我们就不得不提到华润雪花啤酒的发源地——沈阳。沈阳啤酒厂的前身为建成于 1936 年的沈阳太阳、麒麟两家啤酒厂，1949 年被整合并定名为“沈阳啤酒厂”。1964 年和 1972 年，沈阳啤酒厂先后试制出 11 度、12 度雪花啤酒。1979 年，在大连举行的第三届“全国评酒会”上，“雪花啤酒”获得“全国优质酒”称号（银质奖章）。1980 年，沈阳啤酒厂产量首次突破 5 万千升。① 而雪花啤酒与长期身在中国香港的华润集团结缘还在 10 余年之后，且和其日后最大的竞争对手青岛啤酒还有些许关联。1993 年 7 月，青岛啤酒成功在中国香港上市。在阅读完青岛啤酒招股说明书之后，华润创业有限公司时任总经理宁高宁认为国内啤酒产业具有极佳的投资价值，遂决定在此领域一展身手。1993 年 12 月，在华润集团加大国内投资的大背景下，沈阳啤酒厂与华润创业有限公司合资成立“沈阳华润雪花啤酒有限公司”[现更名为华润雪花啤酒（辽宁）有限公司]，此举正式拉开了央企华润大举进入中国啤酒行业的序幕。为了更加稳妥有效地开拓中国啤酒市场，1994 年华润创业有限公司以控股为前提和南非啤酒集团（SAB）合资成立华润啤酒（中国）有限公司 [现更名为华润雪花啤酒（中国）有限公司]，双方持股比例为 51 ∶ 49。南非啤酒集团也借此机会深度进入中国啤酒市场。

华润集团脱胎于 1938 年在香港创建的“联和行”，其主要业务原先集中在中国香港地区的贸易领域。尤其进入 20 世纪 90 年代之后，华润集团加速了从贸易向实业转型的进程，而其主要的手段之一就是凭借资本实力来开展大规模的并购行为，最终形成了在医药、零售、电力、房地产、水

① 高万明. 沈阳啤酒厂发展史略 [J]. 酿酒，1983（3）：51–53.

泥、燃气和金融等众多领域的战略性竞争优势。其实现对国内啤酒领域深度染指的路径也如出一辙。在华润集团的带领下，雪花啤酒舞动资本长袖，新建工厂和并购区域型竞争对手并举，在全国啤酒市场上纵横捭阖，实现了一次又一次的历史性突破。华润啤酒年度总销量从2006年起持续位居中国市场第一，2008年之后，它旗下的“雪花啤酒”更是被称为全球销量最高的单一啤酒品牌。根据《财富》杂志发布的2019年中国500强名单，共5家酒类企业进入榜单，分别为茅台（第122位）、五粮液（第225位）、洋河（第350位）、华润啤酒（第274位）和青岛啤酒（第317位）。华润集团旗下的雪花啤酒正是凭借着敏锐的商业嗅觉、审时度势的商业谋略和骁勇善战的市场操作，“闯”出了一个广阔浩荡的啤酒商业版图。

挥舞资本之手，骁勇善战“闯”规模

中国啤酒产业在经过20世纪80年代的高速发展期之后，整个行业呈现出一派欣欣向荣之势。到1988年的时候，中国大陆地区的啤酒厂数量从1979年的90余家骤增至813家，总产量也从52万千升增加至663万千升。1993年，中国啤酒年产量进一步达到了1192万千升，仅次于美国，位居世界第二。其间，国外资本也看到了中国啤酒市场的巨大发展潜力，纷纷在全国各地圈地建厂、投资拓市。例如，1984年，比利时英博公司通过与广州珠江啤酒厂、北京五星酿酒厂展开技术转让的合作方式开始在中国开展业务，1997年以收购南京啤酒厂为标志直接进入中国市场；1995年，以在武汉设立啤酒生产厂为标志，美国百威公司正式进入中国市场；丹麦嘉士伯公司于1981年在中国香港地区设立啤酒厂，又在1995年收购惠州啤酒厂之后开始大规模进入中国大陆地区的市场。

也正是在这一行业大发展的大背景下，华润集团选择进入啤酒领域。自1993年进入中国啤酒行业之后，华润雪花采取先竞争、再合作，到最后完成收购的扩张路线图，先后在东北市场成功阻击并整合大连渤海啤酒厂和大连棒槌岛啤酒厂，在 2001 年的时候已经在东北市场站稳脚跟。在这个过程中，以东北地区为大本营，华润雪花 1999 年挥师南下，在经过激烈的对抗性竞争之后，于 2001 年与蓝剑成立“华润蓝剑啤酒公司”而顺利进入西南市场[①]，也由此拉开了全国化的序幕。也是在此过程中，华润雪花通过实施“蘑菇战略”（单个区域设厂，然后扩大份额，最终在其他区域复制，形成集群效应）和“沿江沿海中心城市布局战略”，陆续在辽宁、四川、吉林、天津、安徽和湖北等地新建或者收购啤酒厂数十家,并在 2004 年顺利进入行业前三甲。[②]自涉足中国啤酒行业，华润啤酒公司仅用了 10 年的时间，就完成了进入行业第一阵营的战略扩张任务，其规模扩张与增长速度堪称行业楷模。

2002 年，时任华润集团总经理宁高宁曾在企业内刊《华润》杂志上撰文“26 只猫和 1 只虎”。其中，将当时华润雪花旗下拥有的 26 家啤酒厂比作“猫”，把竞争对手比作凶猛的“狼”，如果“猫”最终不能成为一只“虎”，那么就有可能被“狼”吃掉。因此，解决问题的办法就是“让群猫变成一只虎”，并得出结论“大猫非猫，猫大成虎，一只虎的力量远超过 26 只猫”。正是在这一战略思维的指导之下，华润雪花啤酒深刻认识到以并购整合为手段从整体上增强企业实力的重要性，走上了将“雪花啤酒”重点打造成全国性品牌的发展道路，被收购啤酒厂的产能也逐渐向“雪花啤酒”靠拢。

啤酒行业受制于空瓶回收成本（酒瓶在中低端啤酒产品成本占比较高，因此很多啤酒厂会回收空瓶，然后经过清洗消毒再利用）、运输半径较短（单瓶价格较低，超过 150~200 公里难以覆盖成本）和快消品高周转率（鲜啤酒保质期 7 天以内、熟啤酒保质期 6~12 个月的产品特点）等诸多属性的影响，一家企业要建立全国性的品牌和销售网络，只有两个选择路

① 昝慧昉. 华润雪花：啤酒黑马的生意经 [J]. 中国新时代，2007（6）：65–69.

② 刘凤军，史俊敏，李敬强. 华润雪花的整合魔方 [J]. 企业管理，2014（3）：51–54.

径：在消费地通过投资方式新建产能或者并购竞争对手的原有产能。因此，并购在啤酒行业成为企业市场扩张的常见做法。青岛啤酒在1996年被创建于1980年的燕京啤酒拉下销量第一的宝座，当年燕京啤酒的产量在业内率先突破50万千升。1997年燕京啤酒成功登陆资本市场，也走上了收购兼并的扩张之路。之后，在竞争对手扩张的刺激之下，青岛啤酒迅速走上在全国范围之内并购扩张的道路，并于1999年以107万千升重夺销量冠军称号，到2000年的时候青岛啤酒的销量跃升至185万千升，而公司在1998年的销量还仅为56万千升，规模扩张速度之快，不言而喻。正是华润雪花啤酒、青岛啤酒、燕京啤酒、百威、嘉士伯等国内外企业所展开的一轮轮并购和新建工厂的产能扩张，让中国啤酒行业的格局从群龙无首的“春秋时代”走向诸强争霸的“战国时代”。① 华润雪花也沿着这个道路，挥舞着资本长袖狂飙突进，使得啤酒厂的数量（图27）、产能和销量获得了极速的持续扩张。“雪花啤酒”主品牌产品的年销量占总销量的比重从2002年的18.80%增长到2010年的90.62%，2013年“雪花啤酒”主品牌产品的年销量更是突破1000万千升（图28、图29），一直持续至今。

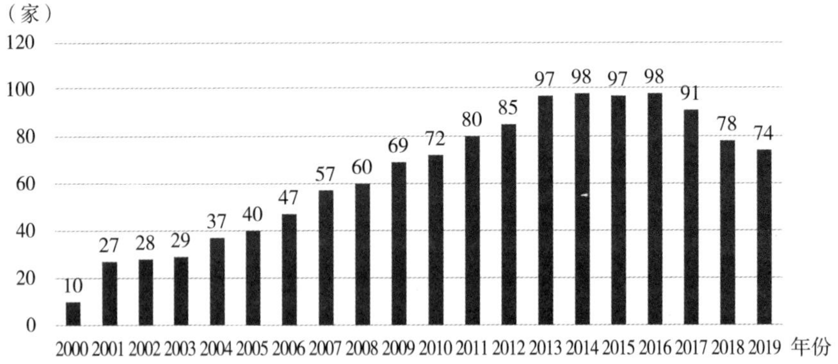

图27　2000—2019年华润啤酒公司旗下啤酒厂数量

资料来源：华润啤酒（控股）有限公司历年年报。

---

① 杨勇胜、李晓峥，欧阳予．啤酒战国策：中国啤酒行业深度报告[R]．深圳：招商证券，2018.

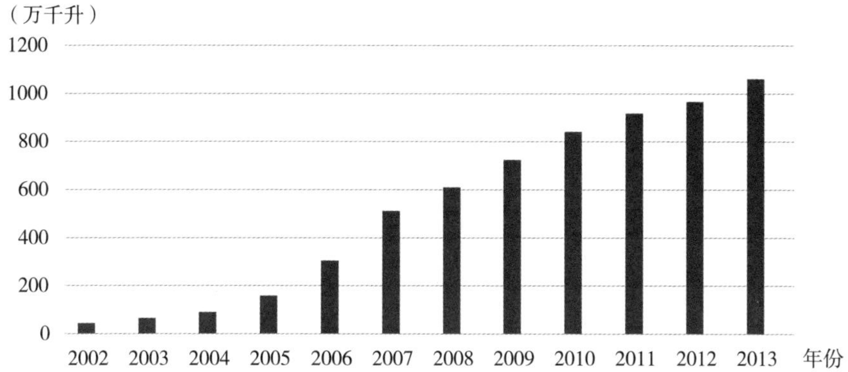

图 28　2002—2013 年“雪花啤酒”主品牌年销售量

资料来源：华润啤酒（控股）有限公司历年年报。

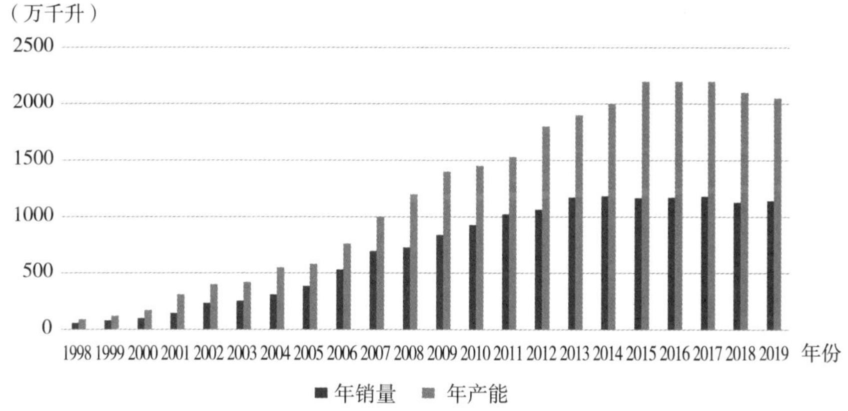

图 29　1998—2019 年华润啤酒公司年产能与年销售量

资料来源：华润啤酒（控股）有限公司历年年报。

2004 年，华润啤酒（中国）有限公司和科特勒营销集团（Kotler Marketing Group）达成雪花啤酒品牌合作协议，随后将企业名称正式变为“华润雪花啤酒（中国）有限公司”，实现了企业品牌与主打产品品牌保持一致。2006 年，华润雪花进一步吹响了全国化的冲锋号角，并于当年实现啤酒销量 530 万千升，超越青岛啤酒和燕京啤酒，成为中国啤酒行业的产销冠军[①]，其中雪花单品销量突破 300 万千升。2011 年，华润雪花成为中国啤酒行业第一个销量超过 1000 万千升的啤酒企业，之后在年销量方面持续在行业居于领先地位。经过华润雪花公司的内部测算，2012 年年底，总销量中有 35% 来自并购的区域性啤酒企业，65% 来自新建的啤酒生产企业。[②]2015 年，逐渐剥离非酒类业务之后，在中国香港的上市公司正式更名为“华润啤酒（控股）有限公司”（以下简称华润啤酒或者华润啤酒公司）。2016 年，在百威英博（AB Inbev，2008 年由比利时英博啤酒公司与美国百威啤酒母公司安海斯合并而成）收购南非米勒（SAB Miller，2002 年由南非酿酒公司与美国米勒啤酒公司合并而成）之后，为了进一步从股权持有层面理顺在中国市场的竞争关系，华润啤酒以 16 亿美元的价格收购了南非米勒酿酒公司持有华润雪花啤酒（中国）有限公司 49% 的股权。2018 年，华润啤酒以其母公司 40% 的股份对价和现金 23.5 亿港元收购了喜力（Heineken）集团中国区 7 家子公司的业务，并获得喜力品牌在中国市场的独家运营权，进一步发力高端市场。

2015 年，华润啤酒实现销售收入 279.59 亿元，以微弱优势超越青岛啤酒。之后，华润啤酒的营收持续超过青岛啤酒，在年销售量和营收层面同时成为中国啤酒行业的“一哥”。2019 年，华润啤酒实现的营业收入和净利润分别为 331.90 亿元、13.12 亿元，年销量 1143 万千升。其中于 2019 年度收购并表的喜力啤酒中国业务为其贡献 11.4 亿元的营业收入和 1.45 亿元的净利润。截至 2019 年年底，华润啤酒在中国内地 25 个省、市和自治区共运营着 74 家啤酒生产企业（表 75），年产能达到 2050 万千升。现今，在产能、啤酒生产厂数量、销量和销售收入方面，华润啤酒均处于中国啤酒行业的龙头地位。

---

① 刘立新．华润雪花：啤酒行业的搅局者 [J]．新财经，2007（6）：80–81.

② 紫凝．华润雪花：创造中国啤酒行业的奇迹 [J]．成功营销，2014（6）：76.

表 75 2019 年华润啤酒在全国运营的啤酒厂

地区	酒厂数量	产能（万千升）	地区	酒厂数量	产能（万千升）	地区	酒厂数量	产能（万千升）
黑龙江	3	110	上海	1	40	贵州	3	80
吉林	2	70	安徽	6	130	四川	9	220
辽宁	9	230	河南	3	100	西藏	1	—
天津	1	30	湖北	3	120	甘肃	1	20
河北	2	120	浙江	6	130	内蒙古	2	30
山西	2	30	福建	1	20	宁夏	1	20
山东	3	70	广东	4	110	陕西	1	20
江苏	5	130	湖南	3	50			
海南	1	10	广西	1	10			

资料来源：华润啤酒（控股）有限公司 2019 年年报。

产品推陈出新，与时俱进“闯”升级

2014 年，中国啤酒行业的年产量出现 24 年来的首次负增长，之后，还出现了连续下降的趋势，这也标志着包括华润啤酒在内的啤酒巨头通过并购或者新建方式扩张产能的做法需要按下暂停键，各大啤酒企业纷纷走上了整合优化产能的路径。在行业调整的大背景之下，啤酒产能过剩的压力一览无余。百威啤酒在 2016—2017 年关停了中国市场的 8 家工厂，嘉士伯更是在 2017 年一口气关闭了 17 家啤酒厂，重庆啤酒、珠江啤酒和燕京啤酒等企业关停工厂的消息也接踵而至。继 2018 年关闭 2 家啤酒厂之后，青岛啤酒计划在未来 3~5 年再行关闭其他 10 家啤酒厂。

也是在 2014 年的时候，华润啤酒在中国的啤酒厂数量达到峰值，旗下共拥有 98 家生产厂。长期以来，华润啤酒通过雪花精制啤酒等面向低端市场的产品来获得市场份额，在此期间，虽然成功推出“雪花勇闯天涯”中高端产品，并在 2013 年推出“雪花脸谱”试水高端市场，但是中高端产品的销量占比较低，还不足以抵消纸箱 / 酒瓶等包装材料成本上升、销量见顶回落等经营压力的影响。从 2015 年开始，以小众、高质为特点的精酿啤酒开始在国内市场兴起，进口啤酒也逐渐获得市场关注和热捧。这都意味着之前行之有效的通过低价抢占市场和获得销量的做法已经不合时宜，整个行业的主流品牌企业在激烈展开传播战、价格战和渠道战的同时，也开始更加注重品牌形象的提升和产品品质的提升。

2016—2019 年，华润啤酒公司持续关停了 27 家啤酒厂（2019 年接收了喜力在国内的 3 家啤酒厂），在优化产能的同时，也走上了推高端产品和品牌重塑的道路。尤其在进入 2018 年之后，试水中高端市场的举动更是让人目不暇接。2018 年 3 月，雪花啤酒推出“勇闯天涯 Super X”淡爽型啤酒，这被定义为雪花啤酒开启品牌重塑的第一款中高端产品，包装选取了炫酷的蓝色。根据公司的产品名称释义：“Super”代表着超级、无限，“X”代表着探索、未知，“Super X”代表着无限探索的可能。2018 年下半年，另一款面向高端市场的产品“雪花·匠心营造”上市。2019 年 4 月，雪花啤酒旗下新品“马尔斯绿”（MARRSGREEN）正式上市，价格定位在“Super X”和“匠心营造”之间。2019 年 7 月，雪花啤酒又推出一款新品“黑狮白啤”，再次夯实了高端、超高端产品组合矩阵。由此，逐渐形成了“雪花啤酒”主品牌旗下面向不同细分市场的丰富产品组合（表 76）。

表 76 “雪花啤酒”主品牌旗下产品组合

市场定位	产品系列	品牌口号
中低端	雪花晶粹、冰酷	“雪花啤酒，畅想成长”
	雪花精制、清爽	“雪花啤酒，享受心情的释放”
中高端	雪花勇闯天涯	“雪花啤酒，勇闯天涯”
	勇闯天涯 Super X	“生而无畏”
高端 \ 超高端	雪花晶尊	“盈樽共饮，雪花晶尊”
	匠心营造	“食刻有匠心”
	雪花爱尔	“顶级酵母发酵，芬芳四溢”
	脸谱系列	“戏如人生”“戏味时分”
	雪花黑啤	“真我感受”
	马尔斯绿	“世界虽然无聊，还好我会创造”
	原浆壹号	“啤酒，要活的”

现今，在全球范围内“雪花啤酒”是单年度销量最大的单一啤酒品牌。目前，除“雪花啤酒”全国性主品牌之外，华润啤酒公司旗下还拥有ZERO、沈阳、西湖、鸭绿江、凯龙和龙津等30余个品牌。其中，“勇闯天涯 Super X、马尔斯绿、匠心营造、脸谱”组成了“雪花啤酒”主品牌旗下的中高端产品组合矩阵，此外，喜力、苏尔（SOL）、黑狮（LÖWEN）和阿姆斯特尔（Amstel）等国际啤酒品牌也加入了华润啤酒公司的中高端产品阵容。

打造超级 IP，整合传播“闯”品牌

2015年之后，企业基于移动互联应用场景的各种情景化、人格化营销现象层出不穷。很多企业也逐渐开始利用社会上已经出现的热点事件或者人物开展品牌营销活动，例如愤怒的小鸟、小猪佩奇、褚橙、三只松鼠、功夫熊猫、小黄人、阴阳师和 papi 酱等自带流量的社会热点，这些热点事件和人物被称为超级 IP，这为企业营销提供了崭新的机会。所谓 IP 营销，就是指品牌找到合适的人格代理载体，以优质内容为价值驱动力，将人与人、人与物、人与事、事与物紧密连接起来，系统开展营销活动，最终实现促进销售和品牌溢价的商业目标。[①] 只要能够产生巨大的话题性故事并引发广泛的传播性，任何人、事、物都可以成为超级 IP。具备超级 IP 属性的可以是一个人、一个机构、一个品牌，也可以是一个事件、一个话题。而只要能够为人们带来正能量的超级 IP，就可以被品牌用于商业目的，进而挖掘粉丝经济的金矿。华润啤酒通过主动制造和借用超级 IP，在不同时期为品牌传播活动找到了强有力的支点。

品牌传播1.0时代：“雪花 · 非奥运营销”突出重围。2005年，百威、

---

① 袁航. 传统品牌如何搭上超级 IP 的快车 [J]. 企业观察家，2018（10）：108-109.

青岛啤酒和燕京啤酒先后成为2008北京奥运会的国际啤酒品牌赞助商和国内啤酒品牌赞助商。借助赞助北京奥运会事件，青岛啤酒进一步深化“激情成就梦想”的品牌主张，燕京啤酒打出了“感动世界，超越梦想”的品牌口号。经过深思熟虑，雪花啤酒决定另辟蹊径，将注意力集中在广大的消费者身上——借用体育或者奥运元素，做出精准的差异化品牌营销。①2006年，德国世界杯期间，雪花正式提出“啤酒爱好者正式合作伙伴”的传播创意，并与央视“球迷世界杯”栏目合作展开大规模的宣传，并将原先在中央电视台播放的“畅想成长篇”更换为这一新的版本，并在时间跨度上将新的品牌传播诉求一直延伸到了2008年。一时间，“啤酒爱好者，您的正式合作伙伴。雪花啤酒”这一品牌传播口号以独特的方式吸引了市场的注意。虽然没有对北京奥运会和德国世界杯进行官方的赞助投入，但是雪花啤酒还是凭借着“啤酒爱好者正式合作伙伴”成功完成了“伏击”，其间产生的业内外热议和广告本身的传播效应，已经深具超级IP特质，也被奉为国内品牌传播的经典案例之一。

品牌传播2.0时代：“雪花·勇闯天涯”震撼登场。2005—2017年，紧紧围绕“超越、挑战、进取”主题词，“雪花·勇闯天涯”全国性系列品牌推广活动走上高原、爬过雪山、穿越峡谷、翻越高峰、涉足戈壁、踏过极地、冲破荒野和国境线（表77），在各种极限环境中将户外、极限运动的专业玩家和普通运动爱好者号召和组织起来，通过线下户外体验活动和线上的传统、新媒体传播相融合，向更多的人群展示出新时期、新时代积极向上、勇于探索和迎接挑战的精神风貌，更是将雪花啤酒的个性品牌形象推上一个新的高度。在这一时期，雪花啤酒的品牌传播通过制造具有故事性、参与性、传播性和人格化的话题，充分利用移动互联时代随时随地可以分享、互动的信息传播特点，主动打造属于品牌自身的超级IP，引爆

① 冯嘉雪. 雪花啤酒“非奥运营销”[J]. 中国新时代，2007（12）：44-46.

持续的品牌传播效应。

表 77 “雪花·勇闯天涯”系列品牌推广活动

时间	活动主题
2005 年	“雪花·勇闯天涯”雅鲁藏布大峡谷探索活动
2006 年	“雪花·勇闯天涯”探源长江之旅活动
2007 年	“雪花·勇闯天涯”远征国境线活动
2008 年	“雪花·勇闯天涯”极地探索活动
2009 年	“雪花·勇闯天涯”挑战乔戈里活动
2010 年	“雪花·勇闯天涯”共攀长征之巅活动
2011 年	“雪花·勇闯天涯”穿越可可西里活动
2012 年	“雪花·勇闯天涯”冲破雪线活动
2013 年	“雪花·勇闯天涯”翻越喜马拉雅活动
2014 年	“雪花·勇闯天涯”挑战未登峰活动，征服 5075 米
2015 年	“雪花·勇闯天涯”大学生挑战未登峰活动，征服 5119 米
2016 年	“雪花·勇闯天涯”大学生挑战未登峰活动，征服 5116 米
2017 年	“雪花·勇闯天涯”大学生挑战未登峰活动，征服 5155 米

品牌传播 3.0 时代：跨界 IP 组合齐亮相。2018 年，伴随着“勇闯天涯 Super X”的上市，华润啤酒公司先后成为优酷网络综艺节目《这！就是街舞》第二季和腾讯网络综艺节目《明日之子》第二季的总冠名商，并通过活动广告冠名、赛中 logo 展示、产品植入、主持人口播、粉丝应援打榜等诸多环节进行宣传。作为爱奇艺网络综艺节目《热血街舞团》的唯一啤酒品牌赞助商，“勇闯天涯 Super X”还邀请节目中的人气偶像王嘉尔作为产品的形象代言人，邀请《明日之子》总冠军毛不易助阵产品发布会。在这一时期，雪花啤酒充分发掘已经在年轻消费群体中产生广泛影响力的人和事，在超级 IP 事件的受众与品牌的目标消费群体深度吻合的前提之下，不遗余力地抓热点、蹭热点、造热点，将“潮、酷、炫”等能够展现年轻群体追逐潮流、释放个性和寻求自我的元素深深地植入“勇闯天涯 Super X”的品牌属性中。此外，“马尔斯绿”邀请演员井柏然和国际超模何穗作为双代言人，以风尚、潮流、创造为传播诉求，瞄准 25~35 岁的消费群体；“匠

心营造”跨界合作腾讯美食纪录片《风味人间》，深度捆绑中国传统美食文化，突出“食刻有匠心”产品理念，圈定35岁以上的人群。在这一新的时期，雪花啤酒通过跨界营销、节目赞助、品牌代言等活动，并以移动互联为轴心，将内容通过各种新媒体进行整合传播，志在在启动中高端市场的同时，赋予各个产品品牌强大的IP属性。

追随消费升级脚步，激活品牌与消费者关系

很多品牌在创建之后，经过艰苦卓绝的努力迎来了发展的巅峰时刻。但是伴随着企业内、外部环境的持续变化或者短时间内的剧烈变化，由于没有能够顺应发展变化及时调整战略和运营方法，致使品牌在较长一段时间之内出现发展停滞、销量萎缩、份额下降甚至一蹶不振的窘境。这个时候，企业就遭遇到了“品牌老化”难题。此外，品牌老化与品牌创建时间之间没有必然的联系。纵观全球，创立已逾百年但依然纵横市场江湖的品牌并不在少数。

按照战略品牌管理大师凯文·莱恩·凯勒（Kevin Lane Keller）的观点，品牌老化的本质是品牌资产的贬值或者流失。而品牌资产的根基又是顾客资产。当越来越多的原先钟情于某一品牌的消费者对它“视而不见”，或者逐渐减少购买量甚至直到放弃它的时候，曾经在市场上呼风唤雨的成熟知名品牌可能突然发现：老顾客正在“抛弃你”而新顾客又不愿意“接受你”，那些曾经帮助自己过关斩将或者打下江山的打法统统失灵了。这个时候，一个公司的品牌开始出现老化迹象或者品牌已经老化——品牌虽然在市场上享有较高的知名度，但是目标顾客对它的认可度较低，最直接的表现就是该品牌的销量萎缩和市场份额减少。

品牌老化的表象原因有很多，例如产品形式过时显得不合时宜、终端渠道多样化程度不足、传播手法单一而无法到达目标顾客、品牌定位诉求无法打动新一代的消费者等。然而，究其根本，品牌老化的原因是企业的战略调整和营销组合工具没有针对市场竞争环境和消费模式的改变做出及时、有效的响应。简单来说，一轮又一轮的消费升级倒逼着包括营销管理在内的商业模式做出改变和创新，墨守成规的企业理所当然地会被时代抛

弃。海尔集团董事局主席张瑞敏先生对此就有这样一种深刻的认识：“没有成功的企业，只有时代的企业。所谓的成功都只不过是踏上了时代的节拍。”以特定时代为背景，在正确的时间做正确的事情，是企业生存和发展的王道。可见，企业只有随着时代节拍起舞，才能不被时代淘汰。

消费升级皆由经济发展推动，而国家实力发展的兴衰强弱周期决定着消费升级的轮次和速度。在全球范围之内，消费升级依然是一个可以预见的长期趋势，中国也不例外，并已经历了数轮消费升级（表78）。党的十九大报告指出，新时代我国社会主要矛盾是人民日益增长的美好生活需要和不平衡不充分的发展之间的矛盾。消费升级对市场的影响主要体现在3个方面:（1）经济增长提高了消费能力，消费者的钱袋子越来越鼓促使他们在市场上寻找更多形式、更高品质的产品或者服务;（2）技术创新改变了消费方式，互联网、移动互联和物联网在信息传播、物流分销、终端零售、电子商务等领域的广泛应用，让消费者能以更快速、更便捷的方式购买到更具性价比的产品和服务;（3）社会发展推动了消费观念转变，消费者从原先关注数量和价格向重视品质、绿色、健康和责任转化。总的来讲，消费升级不仅仅是消费能力的提升，更是消费观念、消费方式的转变，最终体现的是人们在衣食住行各个方面追求更高生活和工作品质的持续过程。简而言之，在不同的时代，由于消费者行为和习惯已经发生了深刻的变化，品牌需要从产品、价格、渠道和促销等方面全方位地做出改变，才能与时代形成共振，保证不被一轮轮的消费升级甩出赛道。

表78　改革开放以来中国经济发展带动的消费升级

消费升级阶段	消费特征
改革开放至20世纪80年代末	本阶段，人们的饮食消费不再仅仅以温饱为目标，粮食消费占比开始下降，而食品烟酒、服装类和生活日用品类等轻工产品消费显著增加。这也极大地拉动了轻工、纺织类行业的快速发展

续表

消费升级阶段	消费特征
20 世纪 80 年代末至 90 年代末	本阶段前期："老三件"（自行车、手表、收音机）和"新三件"（冰箱、彩电、洗衣机）分别是温饱和小康时期的标志性消费品；本阶段后期：家用电器等耐用消费品向高档化发展，更新换代加速。此外，电话、空调、家用电脑、DVD 等进入城镇家庭。这同时也驱动了电子、钢铁、机械制造业等行业的强劲增长
2000—2010 年	本阶段，住房商品化和城市化两大进程推动了乘用车、住房、家具家电、交通通信等消费的增长，同时文化教育、娱乐、交通旅游、通信、医疗保健等方面的消费也快速增长。这带动了 IT、汽车以及房地产等相关产业的迅猛发展
2011 年至今	本阶段：食品消费讲求膳食均衡和健康，水产品、鲜果类和乳制品消费增长显著等；以智能家电和智能家居为代表的耐用品消费讲求舒适度和智能化；此外，出境旅游、医疗保健、文娱教育等消费需求。这带动了公用服务、休闲娱乐、交通运输、通信、软件和信息技术服务等行业的快速发展

资料来源：

贾肖明 . 笑看未来三十年 [N]. **南方日报，**2010-08-09（12）.

陶金 . 消费升级如何影响中国经济周期 [EB/OL].〔2017-08-11〕. http://opinion.caixin.com/2017-08-11/101129090.htmL.

姜超 . 中国消费升级的三大主线 [N]. **佛山日报，**2018-12-07（F02）.

消费升级还具有以下两个特征：（1）消费分化。同一个国家、同一个城市的不同消费群体处于不同的消费升级阶段，而且每一个消费群体都在沿着自己的轨道进行着持续的升级；（2）消费迭代。产品或者服务的重度消费群体在持续发生代际交替，每一代际的消费者由于在时代成长背景方面的深刻差异，导致其对各类产品的需求结构存在着明显的差异。简而言之，整个市场在分化并呈现深度碎片化趋势，品牌在对各种市场变化做出响应时面临着更大的运营挑战。消费者的价值取向、审美品位和生活方式会随着经济发展和社会进步而发生深刻的变化。[①] 消费升级是消费需求的

① 刘发威．浅谈品牌老化的成因与对策 [J]．经济问题，2004（9）：41-42.

结构升级，消费者的购买决策变得越来越理性，而不是偏偏跟自己的钱包过不去。那些认为消费升级就等同于价格升级，然后把产品卖得更贵的想法和做法至少是片面的，并不值得提倡。

每一轮次的消费升级也推动着整个商业模式发生深刻的变化。品牌为了避免出现老化，就需要在不同的时代与当期的市场环境展开充分的互动来激活品牌，顺势而为方能显出英雄本色。因此，在消费升级或者消费者迭代的背景之下，企业开展持续的品牌强化或者周期性的品牌激活已经成为防止品牌老化的常规性做法。而在不同行业，企业旗下主流产品的生命周期长短迥异，也会对品牌激活的频次和力度提出不同的要求。品牌激活不仅仅是企业单方面的决策问题，还必须从消费者的视角来思考问题，要通过与消费者的持续互动重建品牌与消费者关系。① 因此，要激活品牌，需要分别从企业和消费者两个角度入手。从企业角度来看，技术创新、产品创新、重新选择目标市场、重理渠道结构和进行品牌再定位等都是常用的手段；从消费者角度来看，通过使用同时代的主流工具沟通与话语体系与他们深度沟通、让他们更便捷地获得产品等方法均是可行的。面对每一轮次的消费升级，企业须进行持续的品牌激活，这一任务实际上也是品牌与消费者关系建立、维护和提升的过程。

---

① 卢泰宏，高辉. 品牌老化与品牌激活研究述评 [J]. 外国经济与管理，2007（2）：17-23.

古越龙山，品类破局“静待花开”

古越传佳酿，

千年品滋养。

懂滋养，好享受，

品古越龙山。

古越龙山，国粹黄酒。

——“古越龙山”电视广告语（2005 年）

黄酒是中国独有的传统特色酒种，也是中国最古老的酒种，其与啤酒和葡萄酒一起并称为“世界三大古酒”。关于黄酒的起源，就有仰韶文化时期、龙山文化时期和河姆渡文化时期 3 种说法。[①] 自古以来，黄酒以其独特的产品特点，深受文人雅士和普通民众的喜爱。与白酒、啤酒和葡萄酒等其他酒类产品相比，黄酒具有以下 4 个特点：（1）高营养，黄酒富含氨基酸、蛋白质、功能型低聚糖、维生素等多种营养物质；（2）低酒精度，黄酒的酒精含量通常在 8%~17%vol 之间，属于低度酿造酒；（3）低粮耗，黄酒出酒率高，其生产的原料主要为糯米、水和小麦；生产 10000 吨黄酒约需糯米 0.56 万吨，水 25.4 万立方米，小麦 1000 吨；（4）多用途，除被饮用之外，黄酒还可以作为烹饪料酒、药酒或者补酒的基酒、中药辅料等。[②]

在现代科技与传统工艺的结合下，黄酒还具有不同的产品种类（表 79），以满足民众搭配不同饭食和口感诉求的多种消费场景需求。作为中国特有的酒种，黄酒与白酒、啤酒、葡萄酒和保健酒共同组成了中国酒类产业的品类板块图谱，也在社会经济发展的不同时期取得了一轮轮的阶段性发展。虽然在这个过程中，黄酒板块在中国酒类产业中并没有出现过类似于啤酒和葡萄酒在 20 世纪八九十年代之后的爆发式增长，也未能像白酒那样始终能够引领整个酒类板块的发展方向，但是黄酒一直以一种不急不躁、稳中带增的姿态立于市场。就像其产品特性一样，温而不烈、雅而不艳，黄酒在中国酒类消费市场上并没有经历过大幅的起落。然而，伴随着市场竞争格局的变化和消费升级潮流的推动，黄酒在品类价值挖掘、区域市场开拓、品牌传播和消费者培育等方面还需“百尺竿头，更进一步”。

---

① 傅金泉．中国黄酒的起源 [J]．酿酒科技，1992（4）：58.

② 会稽山绍兴酒股份有限公司首次公开发行股票招股说明书，2014-04-21.

表 79　黄酒的分类

按产品风格分类	按含糖量分类
传统型黄酒	干黄酒，俗称“元红酒”
清爽型黄酒	半干黄酒，俗称“加饭（花雕）酒”
特型黄酒	半甜黄酒，俗称“善酿酒”
	甜黄酒，俗称“香雪酒”

资料来源：《黄酒》国家标准（GB/T 13662-2018）。

《地理标志产品 绍兴酒（绍兴黄酒）》国家标准（GB/T 17946-2008）。

古越龙山领衔，黄酒市场循序发展

在中国，黄酒以浙江的绍兴酒最为知名。越王建都于会稽，所以绍兴酒古称“越酒”。绍兴酒以三千年悠久历史、传统酿酒工艺和鉴湖优良水质等优势闻名全国。1979 年的时候，浙江全省有黄酒厂 109 家，年产黄酒 17.5 万千升。再加上江苏、上海、福建、江西、安徽等地的黄酒厂，年总产量达到 30 万千升左右。[①]1997 年，全国共有黄酒生产企业 600 多家，且绝大多数企业位于“四省一市”——浙江、江苏、安徽、江西和上海，其中仅在绍兴一市就有 160 多家黄酒生产企业。[②]2000 年，浙江省黄酒产量占到全国总产量的 65.3%，与江苏省黄酒产量相加共占全国产量的 80%。[③]可以看出，长期以来黄酒在生产地域方面具有非常明显的集聚效应，而根据酿造工艺和外观口感的不同，还出现了浙派、海派、苏派、闽派、徽派、北派和湘派黄酒（表 80）的说法，其中出产于浙江省的浙派黄酒被尊为行业翘首。

① 朱宝镛．中国黄酒工业发展简史 [J]．黑龙江发酵，1980（4）：82-84.

② 浙江古越龙山绍兴酒股份有限公司（筹）招股说明书概要，1997-03-07.

③ 刘久年．中国黄酒产业发展探讨 [J]．食品工业，2000（4）：26-27.

表 80　全国主要黄酒生产厂家省市分布

所属省市	代表企业
浙江	浙江古越龙山绍兴酒股份有限公司 浙江塔牌绍兴酒有限公司 会稽山绍兴酒股份有限公司 绍兴县咸亨酒业有限公司 中粮绍兴酒有限公司 宁波阿拉酿酒有限公司
江苏	江苏张家港酿酒有限公司 南通白蒲黄酒有限公司 江苏省丹阳酒厂有限公司
上海	上海金枫酒业股份有限公司 上海石库门酿酒有限公司 上海冠生园华光酿酒药业有限公司
安徽	安徽海神黄酒集团有限公司 古南丰酒业有限公司 安徽宣丰酿造有限责任公司
江西	南昌团圆酒业有限公司 江西封缸酒业有限公司 江西麻姑酒业有限责任公司
福建	福建闽人酒业有限公司 福建宏盛闽侯酒业有限公司 福建惠泽龙酒业股份有限公司
山东	山东即墨黄酒厂有限公司 山东即墨妙府老酒有限公司
湖南	湖南胜景山河生物科技股份有限公司
陕西	陕西秦洋长生酒业有限公司

1994 年，绍兴市酿酒总公司与百年老字号沈永和酒厂共同组建“中国绍兴黄酒集团公司”，并发起成立“浙江古越龙山绍兴酒股份有限公司”。之后，古越龙山公司无论在产销量，还是销售收入方面，都一直占据中国黄酒行业的领头羊位置（表 81、图 30），同时还是中国最大的绍兴黄酒出口企业。

表 81　1996 年古越龙山公司主要产品销售情况

产品名称	产量（千升）	主要市场	销售额（万元）
加饭酒	46256	华东地区、出口	28200
元红酒	4134	华东地区、出口	720
花雕酒	25931	华东地区、出口	400
善酿酒	201	华东地区、出口	50
香雪酒	1854	华东地区、出口	200

资料来源：浙江古越龙山绍兴酒股份有限公司（筹）招股说明书概要，1997-03-07。

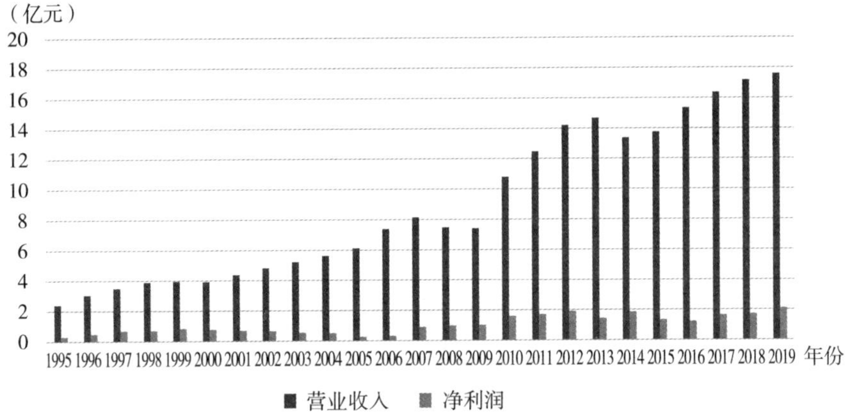

图 30　1995—2019 年古越龙山公司经营业绩

资料来源：古越龙山 1997—2019 年年报。

在中国黄酒企业中，还有另外两家分别来自上海和浙江的企业——金枫酒业和会稽山，它们也在行业发展过程中占据着重要的作用，并与古越龙山一起组成了中国黄酒行业的“三驾马车”。而且，这三大黄酒企业还均通过收购的方式来实现产能扩张或进入新的区域市场的目标：（1）2009 年，古越龙山收购本省的强势对手绍兴女儿红酿酒有限公司，在进一步坐稳了行业老大位置的同时，也获得了具有深厚历史底蕴的“女儿红”品牌；（2）2014—2015 年，海派黄酒的代表企业金枫酒业对浙派黄酒企业绍兴白塔、苏派黄酒无锡振太展开收购，在成功深度进入江苏和浙江市场的同时，也形成了公司以中高档黄酒（石库门、金色年华、和酒）为主，低档黄酒（金枫、锡山）为辅的产品组合；（3）2006—2017 年，会稽山主要针对浙江省内的黄酒企业进行了收购，先后将浙江嘉善黄酒、乌毡帽酒业、绍兴县唐宋酒业和绍兴咸亨股份纳于麾下，在产能扩张和销售收入提振方面表现亮眼。

根据中国酒业协会发布的数据显示：2019 年全国规模以上黄酒生产企业 110 家累计完成销售收入 173.27 亿元，实现利润总额 19.26 亿元。其中古越龙山、会稽山和金枫酒业三家龙头企业的销售收入之和为 38.74 亿元，全国总收入占比为 22.36%，如表 82、图 31 所示。2019 年，古越龙山的产量、销量分别为 28 万千升、15 万千升，其中上海和江浙地区销量占比接近 70%。而整个中国黄酒市场也一直处于稳中有升的增长态势（图 32）。

表 82　2016—2019 年度中国三大黄酒企业经营业绩

单位：亿元

	2016 年		2017 年		2018 年		2019 年	
	营收	净利润	营收	净利润	营收	净利润	营收	净利润
古越龙山	15.35	1.22	16.37	1.64	17.17	1.72	17.59	2.10
会稽山	10.49	1.41	12.89	1.86	11.99	1.73	11.71	1.66
金枫酒业	10.75	0.67	9.87	0.55	8.98	–0.68	9.44	0.29

资料来源：相关上市公司 2016—2019 年年报。

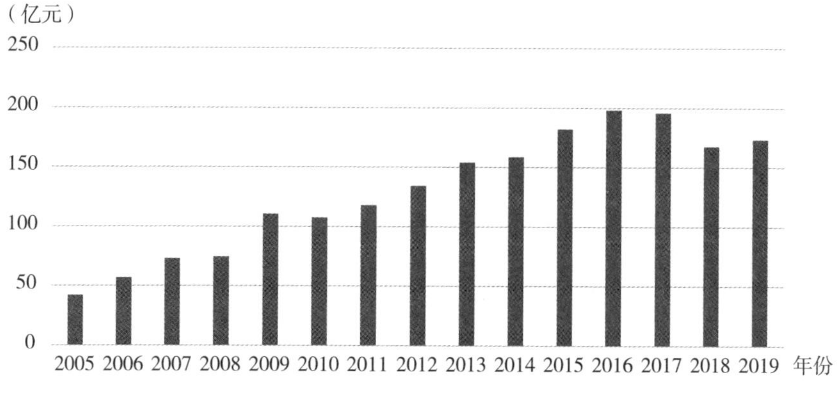

图 31　2005—2019 年中国黄酒行业销售收入

资料来源：国家统计局、中国酒业协会。

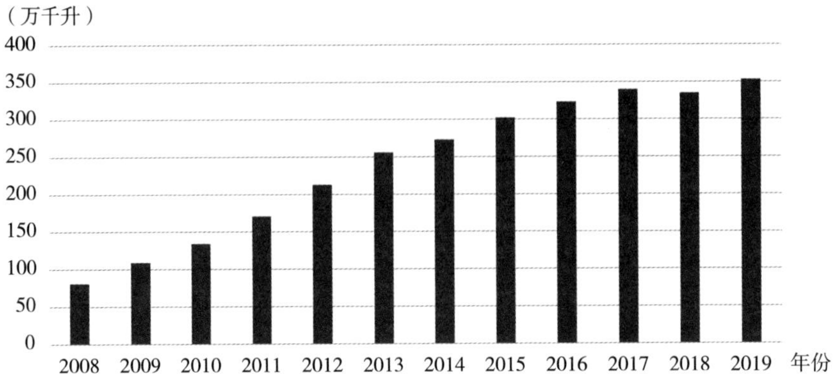

图 32　2008—2019 年中国黄酒产量

资料来源：国家统计局、中国酒业协会。

多品牌组合，覆盖不同消费场景

计划经济时期，由于没有自营进出口权，很多企业在面对国内、外市场进行产品销售的时候，采用的是两个不同的商标，例如内销茅台使用“五星”商标，外销茅台使用“飞天”商标。当时，绍兴市酿酒总公司（古越龙山公司的前身）内销黄酒产品使用“鉴湖”商标，外销黄酒产品使用“塔牌”商标，这两枚商标均由生产企业注册。20 世纪 80 年代初，商标注册到期面临续展，绍兴市酿酒总公司放弃了“塔牌”商标续注，这样之前仅拥有使用权的浙江省粮油食品进出口公司对该商标进行了注册。之后，绍兴市酿酒总公司于 1987 年申请注册“古越龙山”商标，绍兴东风酒厂（会稽山公司的前身）于 1990 年申请注册“会稽山”商标。至此，绍兴黄酒品牌还有了“两山一塔”的说法。

而关于古越龙山旗下的另一个著名品牌“女儿红”，还经历过一些曲折。1993 年，国营绍兴越泉酒厂向商标局申请注册“女儿红”，并于 1994 年被核准注册，核定使用商品为第 33 类饮料酒。随即，围绕该枚商标的注册产生了很大的争议：主要原因是 1988 年绍兴县咸亨酿酒厂就曾向商标局申请注册“女儿红”商标，商标局以“‘女儿红’为‘花雕’别名，而‘花雕’为黄酒品种的通用名称”为由予以驳回。[①] 之后，经由异议商标复审裁定，商标局核准绍兴越泉酒厂为“女儿红”注册商标的持有人。2005 年，“女儿红”商标被国家工商行政管理总局商标评审委员会认定为“中国驰名商标”，商标持有人为“绍兴女儿红酿酒有限公司”（绍兴越泉酒厂先后经若干次更名，于 2002 年正式定为此名）。至此，“女儿红”商标争议尘埃落定。2009 年，古越龙山公司完成对“绍兴女儿红酿酒有限公司”的全资收购，其品牌组合阵容中又增添一支重要力量。2019 年，绍兴女儿红酿酒有限公司实现的营业收入和净利润分别为 4.91 亿元、4820 万元，“女儿红”已经成为除“古越龙山”之外的另一个能够充当主力军的子品牌。

2006 年和 2010 年，“女儿红”“沈永和”“古越龙山”和“鉴湖”先后入选“中华老字号”，再加上“状元红”品牌，古越龙山公司面向不同细分市场的多品牌组合架构已然成型：（1）古越龙山：面向全国市场的中高端品牌；（2）女儿红：面向婚庆市场的中端品牌；（3）状元红：面向年轻时尚消费者的中端品牌；（4）沈永和：面向江浙沪等成熟市场的大众品牌；（5）鉴湖：面向浙江省内市场的大众品牌。[②] 可以肯定的是，就古越龙山公司目前的品牌组合架构来看，其已经对各种不同的黄酒消费场景做到了全面的覆盖。

2014 年，古越龙山旗下子公司上海女儿红喜庆酒有限公司成立，以“女儿红”“状元红”为主打品牌，针对喜庆消费场景推出喜庆对酒系列和喜庆储藏酒系列产品。公司希望将“女儿红”和“状元红”打造成为超级 IP。2015 年，“女儿红”与“同仁堂”达成战略合作，共同开发保健酒

① 慎海雄，傅丕毅．“女儿红”商标注册遭非议 [N]．人民日报（海外版），2002-04-25（2）．
② 陈烨远．古月凭龙山，酒是中国黄 [R]．北京：中信建投证券，2013.

市场。2017 年和 2019 年，由古越龙山投资拍摄的电视剧《女儿红》、电影《酒的味道》先后上映，对古越龙山品牌和绍兴黄酒产区品牌在更广范围之内的传播形成积极的推动作用。此外，公司还借助传统、新兴媒体组合来进行多频次、多途径的再次传播。2019 年，古越龙山公司推出“状元红”股权模式，面向经销商、第三方专业团队、战略投资者和员工开放股权合作。2020 年 4 月，“女儿红 · 首届封藏文化节”隆重开启，深度传播品牌文化。可见，由于“女儿红”具备深度话题性的 IP 传播属性打造和“状元红”市场开发模式的创新，未来古越龙山公司有可能会形成一个全新的市场增长点。

培育品类价值，促发“老树开新花”

早在元明清时期，黄酒的消费就已经遍及全国。一直到民国初年，黄酒在社交场所也具备了能够凸显身份和地位认同的功能。清末到民国时期，战乱不断导致粮食供应紧张，由于黄酒酿造所需原料为黍米或糯米，而白酒酿造主料高粱是不为人们当作主要口粮的耐旱、耐涝、耐盐碱、耐瘠薄且高产的作物，这也使得相对更加节约粮食的白酒在社会上得到了更多人的认可，由此白酒的酿造和饮用也被逐渐推广到了全国各地。之后很长一段时期内，黄酒在中国的生产和消费主要集中于江浙沪皖闽五省市，主要原因如下：（1）抗日战争时期，连年战乱导致交通不畅，主产于江浙沪一代的黄酒由于外运渠道受阻而出现明显的地域消费特性，即“南黄北白”现象；（2）改革开放之后，黄酒企业思维模式比较保守，在产品开发、价格设定等方面错失了很多营销机会①；（3）长期游离于政务、商务等主流消

① 苏青青，黄立军．古越龙山历千年，破茧成蝶待时飞 [R]．乌鲁木齐：宏源证券，2012.

费场景之外，在高端市场没有形成“领袖酒”“面子酒”消费气候[①]；（4）品类的市场价值始终未被充分挖掘，以致市场规模长期以来徘徊不前，难以取得根本性的突破。一言以蔽之，改革开放之后所带来的经济持续增长催生了一轮又一轮的生产和消费升级，只有在这个过程中顺势而为并与之形成共振的企业才能够获得与时俱进的成长。在中国酒类行业发展壮大的过程中，黄酒企业的经营创新活动也并没有停歇。

产品创新。传统上，黄酒产品的包装形式以大容量、陶坛容器和泥头封口为特征。1996 年，上海冠生园华光酿酒药业有限公司研制出低度营养型黄酒新品，并将其定名为“和酒”。在市场试销取得较好反响之后，和酒于 1999 年被正式推向市场，品牌口号为“品和酒，交真朋友”，并打出“新一代高级营养型黄酒”的产品概念来吸引年轻、时尚消费群体。和酒在餐饮渠道投入大量资源，市场逐渐启动，销售额从 1998 年的 882 万元迅速蹿升到 2004 年的 3.5 亿元。[②]以和酒的市场成功为启发，中国主流黄酒企业都开发出了一系列低酒度、口感淡爽、玻璃瓶包装的新型时尚黄酒，例如古越龙山的“东方原酿”系列和“年代”系列；会稽山的“水香国色”系列；张家港酿酒的“沙洲优黄”系列。现今，整个中国黄酒行业已经基本形成以“年份黄酒”“有机黄酒”和“手工黄酒”等为代表的中高端产品结构，还有以淡爽型口感为主的时尚中低端产品系列。此外，古越龙山、会稽山等企业还将浮雕、瓷窑工艺应用到产品的包装上，让传统文化以黄酒为载体焕发出新的市场魅力。

启动传播。20 世纪 90 年代以来，白酒首先成为开展大规模品牌传播的尝试者，而且商业回报丰厚，其中就不乏五粮液、茅台、汾酒、剑南春等龙头企业的身影。紧接着，啤酒和葡萄酒领导品牌也加入这一阵营，并

① 刘家伟，李德宝. 酒业时空转换，喜看古越龙山 [R]. 北京：东兴证券，2012.
② 张宁. 和酒突围，吹响进军全国的号角 [J]. 中国广告，2005（12）：186-188.

且这两大饮料酒子品类逐渐成为遍布全国的畅销品类。2005—2007年，古越龙山分别在中央电视台投放6000万元、7000万元和8000万元广告费，带领整个行业积极推动黄酒的全国化步伐。[①]为了实现更大的品牌传播效果，古越龙山于2005年邀请陈宝国作为品牌代言人。此外，2006年，会稽山又以7000万元广告投入成为央视广告招标的“黑马”。一时间，黄酒在中国酒类行业首次拉开了大规模品牌传播和全国化市场布局的序幕。此后，古越龙山还借助2008北京奥运会、2010上海世博会、习奥会美国白宫国宴招待用酒、G20峰会黄酒保障用酒、世界互联网大会接待专用黄酒、2019中国排球超级联赛官方合作伙伴等事件持续展开品牌传播系列活动。

攻打高端。高端产品的高毛利可以为企业在消费者培育和市场开拓的持续高投入提供强力的支撑。1993年，古越龙山推出五年陈方瓶黄酒，首开中国黄酒行业的年份酒先河。2007年，公司进一步与华泽集团合作开发出30年、40年和50年高端年份酒。围绕始建于1956年的古越龙山中央酒库，2008年公司推出黄酒年份原酒交易平台，一方面可以盘活酒库中的巨大原酒资产，另一方面还可以让更多的投资人和消费者认识到老酒的价值。2013年，古越龙山“中央库藏”系列新品上市，公司高端产品体系逐渐成形。目前，古越龙山中高档酒主要包括中央库藏和清醇系列，公司奉行大市场大单品战略——力推“古越龙山”品牌旗下中央库藏金五年和（5A级）库藏十年，打造亿元级别的区域市场和亿元级别的大单品；聚焦“女儿红”品牌旗下桂花林藏系列和绍兴老酒系列，打造扎实的腰部产品力量。2019年，为了纪念绍兴黄酒于1959年成为国宴用酒，古越龙山还推出面向超高端市场的“国酿1959”系列，意欲为黄酒品类树立新的价格标杆，其中“国酿1959白玉版”出厂价格和零售分别设置为1159元/瓶、

① 茹拥政，边晓丹．好酒勤吆喝，古越龙山又夺央视广告黄酒标王[N]．杭州日报，2006-11-21（18）．

1959 元 / 瓶，全国年投放量为 8000 瓶。

总体来看，以古越龙山为首的黄酒企业在全国化市场布局、品牌传播和产品开发设计方面做出了不少的努力。只不过，这一进程太过于缓慢，黄酒要想复兴，需要变得“现代”起来，进一步突破消费季节和消费区域的限制，走出“包邮区”（江浙沪地区），提升消费总量。2018 年，古越龙山公司在国内共拥有 1944 家经销商，其中江浙沪地区经销商数量为 1059 家，该三个省市的销售收入和销售量占比分别为 73.29%、75.89%。而 2018 年会稽山公司在江浙沪地区实现的销售额更是占到全年营收的 91.19%。对中国黄酒行业来讲，如果能够诞生一个甚至若干个真正意义上的全国性品牌，黄酒才能够迎来更为高远的增长空间。

挖掘品类价值是领导品牌的使命

品牌与品类之间存在着非常紧密的联系，如果品类的冰山融化了，那么品牌也会随之消亡。消费者在做出购买决策时，先考虑的是品类，然后用品牌来表达该品类中的具体商品选择。[①]试想一下，我们在聚餐需要喝点酒的时候，是先决定喝什么类型的酒（白黄啤红）还是先决定喝什么品牌的酒，还是对这两个问题同时做出决定。虽然消费者购买决策的黑匣子远没有这么简单，但至少可以说明两个问题：一是品类是否具备消费价值很重要，当消费者意识不到某一品类的价值，在他/她的购买备选清单里压根不会出现你的产品；另一个就是筑起分销渠道的护城河很重要，当消费者决定购买的时候，你的产品能出现在他/她的面前。

品类，顾名思义，指的是产品类别。在零售商的商品结构中，一个特定的产品类别往往能够代表消费者的某一种相似需求，例如饮料酒、化妆品、腕表和调味品等。能够满足消费者某种相似需求的所有产品的集合，可以称为一个品类或者一条产品线。而且，在特定品类的所有产品中，消费者往往认为产品之间具有一定的替代性。通常，品牌背后是品类，如果某一个品牌是能够在很多层面成为特定品类的代言人，那么这个品牌就是该品类的领导者。[②]从品类的崛起和扩张中获益最多的为领导者或者领导者群体，领导者对品类价值的挖掘和培育能够让整个品类生态更为合理健康。

对于品类领导者来说，发掘和培育品类价值，其实是在构建一种属于该品类的营销生态系统。在这个系统中，品类领导者不是“一个人在战

① 艾·里斯. 能代表品类的品牌才有价值[J]. IT时代周刊，2009（18）：70-71.

② 朱玉童. 品类与品牌定位究竟谁更牛？[J]. 销售与市场（管理版），2019（10）：22-24.

斗”，而是由扮演不同角色的竞争者群体组成；生产商和渠道成员拥有合理的利润空间用于消费培育和市场开拓；消费者对该品类项下的产品功能形成了较深的认知；品类领导者在品牌传播、产品结构调整等方面能起到持续的先锋作用。品类价值开发成功最直接的表现就是，消费者数量增加、消费频次提高和产品消费结构改善，使得品类领导者的销售量、销售额和净利润获得持续增长，而且整个品类成员的经营业绩也会得到较大的改善。在品类领导者的带领下，更多的人由于有利可图愿意参与到这场游戏中来，共同推动品类价值的增加并充分分享其红利。

1949年之后，白酒逐渐取代黄酒成为整个中国社会的主流饮料酒种类，主要原因为：(1)作为意见领袖，上层社会对白酒的认可与推崇对国内民众的酒类消费习惯产生了重要影响，白酒的消费场景也变得越来越多；(2)由政府和科研部门主导的数轮白酒厂技改项目顺利实施，推动了白酒酿酒技术在全国范围之内的推广和普及；(3)新工艺白酒技术的逐步成熟促使酿酒用粮替代品出现，带来了白酒生产成本的降低，白酒成为国内民众最常消费的饮料酒；(4)白酒厂作为各级政府的重要利税来源之一，受到政策、资金和公务消费层面的广泛支持。自20世纪80年代以来，中国市场的白酒、啤酒和葡萄酒在相同或者不同的时点都经历过品类价值持续增长的黄金发展阶段。1985年啤酒专项工程的实施，带来全国各地啤酒厂建设和啤酒消费的热潮，进入20世纪90年代之后几轮的行业大规模并购进而带来的激烈竞争提升了整个啤酒品类的管理运营水平。在政府部门鼓励公宴多喝果酒少喝白酒的倡议之下，1995年开始的干型葡萄酒消费热潮促使国内葡萄酒产品结构向中高端转变，之后更多进口葡萄酒运营商参与到了消费培育和市场开拓中，这进一步推动了中国葡萄酒品类价值的提升。2002年开始，白酒和葡萄酒两大板块开始集体向中高端、超高端市场演进，2016年白酒在经过深度调整之后，品牌企业的经营业绩屡创新高，而2012年之后国内葡萄酒板块由于受到进口葡萄酒的深度染指，至今整体产量和销售收入都在延续跌势，企稳之后或将重新进入上升通道。相对来讲，保健酒和黄酒的品类价值较为稳定，没有出现过较为明显的层层推进式的品类爆发现象，但也没有跟随整个行业调整出现较大程度的衰退，甚至还呈现出稳中有增的发展态势。除此之外，从 2014 年起以锐澳和冰锐两个品牌为代表的预调鸡尾酒品类开始在年轻消费群体中迅速崛起，引发众多业内外企业跟风，锐澳更是在 2015 年创造出 23.51 亿元的营业收入，之后进入为期三年的盘整期。现今，预调鸡尾酒品类处于稳步恢复增长的阶段。2019 年，百润股份旗下的锐澳预调鸡尾酒板块业务分别实现营业收入和净利润 12.79 亿元、2.14 亿元，毛利率更是高达 68.55%。

白酒是中国酒类行业中最为重要的子品类。根据国家统计局发布的数据显示，2019 年全国规模以上酿酒企业实现产量 5590.13 万千升，销售收入和利润总额分别为 8352.66 亿元、1611.67 亿元。其中，规模以上白酒企业所实现的销售收入和利润总额分别为 5617.82 亿元、1404.09 亿元，在酿酒行业中占比分别为 67.26%、87.12%。[①]2019 年，贵州茅台等 19 家上市白酒企业的营收之和为 2383 亿元，占全国规模以上白酒生产企业总营收之比为 42.42%。而就白酒板块来讲，除清香、浓香和酱香三大主流香型之外，其他子品类香型也一直面临品类扩张、突破和跃升的战略发展挑战。此外，同一白酒香型阵营中也在分化出新的子品类，例如从 2019 年开始舍得酒业致力于打造“中国老酒品类第一品牌”，提出“品质至上，唯有老酒”和“舍得酒，每一瓶都是老酒”的传播口号，围绕“经典老酒、藏品老酒、艺术老酒”三条主线扎实推进实施老酒战略。

作为整个中国市场饮料酒品类的领导者，茅台对该品类营销生态系统的主要贡献或者作用在于：（1）牢牢掌握着行业的定价权。产品持续提价和控量保价措施，在保证自身业绩增高的同时，也为五粮液、剑南春、泸

① 宋书玉．2020 中国白酒之结构 [Z]. 中国酒业协会（CADA）微信公众号，2020-04-22.

州老窖、汾酒和洋河等品牌预留出充足的高端、次高端市场空间，引领了整个白酒行业的运营空间转换；（2）带领整个酱香型白酒板块崛起。自20世纪七八十年代起，白酒行业经历过清香型品类和浓香型品类的崛起，2010年之后在茅台的带领下，酱香型白酒板块在市场上逐渐崛起，现今已经形成了由茅台、郎酒、习酒、国台、金沙窖、武陵、仙潭酒和珍酒等共同组成的酱香型白酒企业板块；（3）白酒的营业收入在中国酒类行业的各个子品类当中占据较大比重，其品类价值的规模同时也能够为其他饮料酒子品类的品类价值划定较为明晰的边界，所有饮料酒品牌之间既要展开竞争，又需要共同维护整个饮料酒品类的价值；（4）建设和维护整个中国酒类产品的价值体系。目前茅台酒的价格体系就像是整个中国酒业的定海神针，其稳定性和持久性在很大程度上将是决定整个行业走向的关键性指标之一。

2020年春节期间，新冠疫情开始肆虐，全国、全民、全力防控，力度空前，效果卓著。从2020年春节前一直持续到上半年，全国几乎所有地区的商务接待和民间宴请等餐饮消费和礼品消费大幅萎缩，甚至在部分时间、部分地区近乎下降至冰点。在此期间，酒类分销渠道和零售、即饮终端面临的巨大库存和销售压力引发整个行业关注，整个行业都在期待下一阶段的消费释放和价格维稳，行业再次调整的星火若隐若现。在产品动销逐渐恢复之际，众多主流品牌为稳价控盘而逆势提价。例如2020年7月，国窖1573经典装的建议零售价由1299元/瓶调高至1399元/瓶，与第八代经典五粮液的零售价完全持平。包括茅台在内的酒类品牌群体所共同搭建的产品价格分层体系一旦遭遇深度调整甚至瞬间崩塌，也将会带来中国酒类行业新一轮的激烈洗牌。因此，2020年注定是中国酒类行业在不确定中努力寻求确定性的发展、创新和挑战之年，如在后续出现部分企业产销量暴跌、渠道价格崩盘、区域市场串货泛滥等现象也理应不足为奇。而唯一需要关注的是可能出现的行业调整会持续多长时间以及未来的演进方向。

但有一点值得肯定，在企业复工延迟、民众外出聚饮受限的特殊环境下，各个酒类生产、流通企业均通过互联网络展开了“云发布”“云培训”“云会议”“云讲堂”“云配送”“云招商”“云店铺”“云会展”和“云封藏”等活动，以应对日常运营不畅所带来的挑战，各种“云业务”“云沟通”模式层出不穷且业已成为行业的一种共识和常规做法。因此，我们将 2020 年定义为中国酒类行业的“云营销”元年可谓恰如其分。而在此之前，酒类品牌的分销渠道和信息传播模式已经发生了深刻的变化（图 33）。“云营销”时代的到来，裹挟着中国酒业走进了一个看似已经不再熟悉的世界——顾客流量聚合场景在裂变，信息获取和传播渠道在迁徙，心智认知能力在提升，现实世界和虚拟世界在融合，商业价值体系在重构。“云时代”的到来让之前的世界变得不再熟悉，有的管理者在新的环境面前措手不及甚至不知所措，还有的在“不创新”和“盲目创新”之间左冲右突而不得章法。虽然数字化营销已然成为企业生存和发展的必选项，但关注各类顾客价值并提供相应需求的解决方案依然是不变的营销主题词。

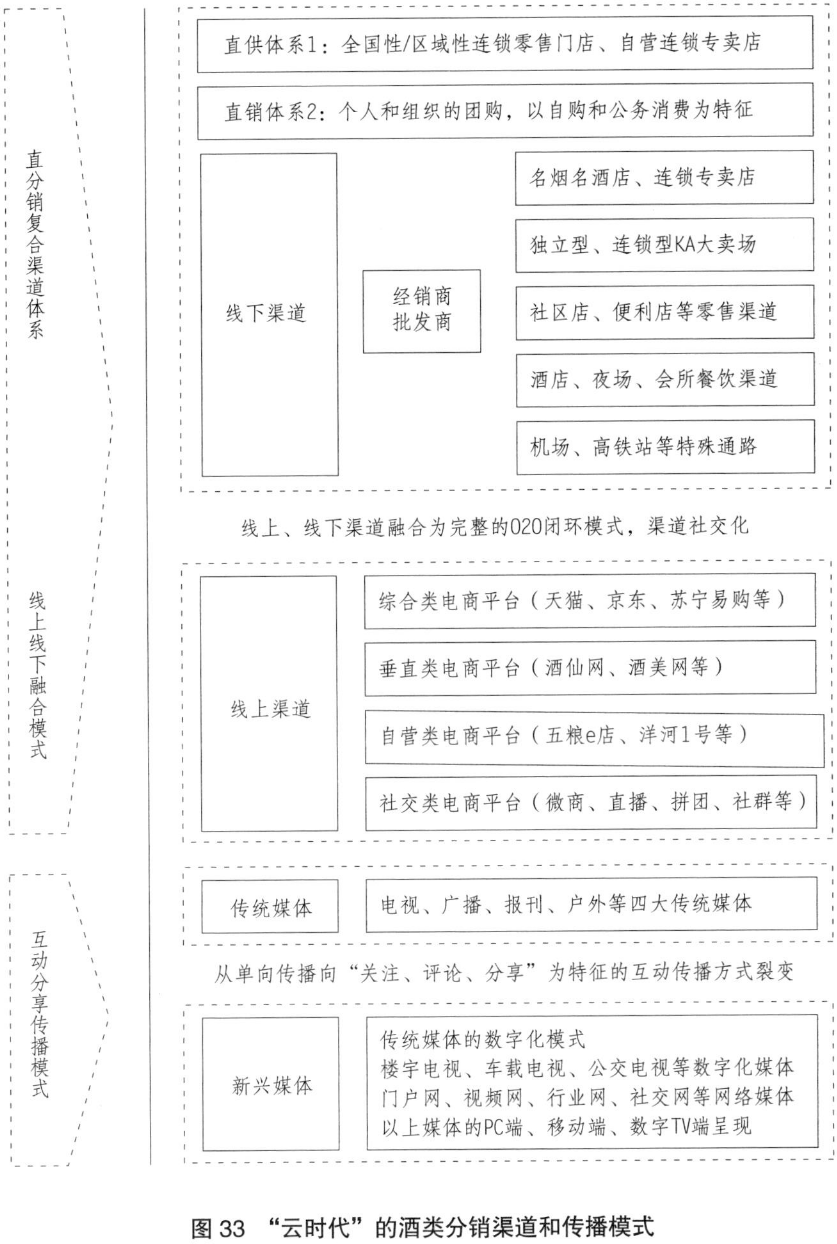

图 33 “云时代”的酒类分销渠道和传播模式

劲酒，“利基者”的健康逻辑

每一天，都坚定脚步。

每一次，都更进一步。

人生，就该不断向前。

劲酒，给生活加把劲。

劲酒虽好，可不要贪杯。

劲牌有限公司。

——“劲酒”电视广告语（2018 年）

“酒为百药之长”。在博大精深的中国传统健康养生文化中，酒和医、药之间的关系甚为密切。自古以来，人们就有制作保健酒（俗称“补酒”“药酒”）的习惯——将具有药用价值的动物、植物在酒中经过浸泡，汲取其中有效成分，然后饮用，最终达到滋补身体的养生保健目的。保健酒的形式和名称种类繁多、不一而足，丹参酒、枸杞酒、菊花酒、雄黄酒、蛇胆酒、鹿茸酒、蛤蚧酒和虎骨酒等又是其中的主要代表性产品。总体来讲，根据传统中医保健理念，正是由于保健酒具有补血、补气、补阳和滋阴等养生健康功能，古往今来一直受到中国民众的广泛欢迎和认可。

1953 年，“大冶县新建酒厂”成立，它当时只是湖北当地的一个主营白酒产品的小型酒厂。从 1978 年开始，酒厂进入保健酒领域，先后开发过“莲桂补酒”“长寿酒”“御品酒”“芙蓉玉液”“皇宫玉液”“曹府莲花白”等产品，但是市场销售始终不温不火。1987 年，吴少勋出任该厂（时称“大冶县御品酒厂”）厂长，成功研制出一款新的保健酒产品——劲酒，并于 1989 年将其推向市场。劲酒上市初期，产品主要投放到东南亚市场和广东市场，获得了初步成功。①1993 年，劲酒邀请著名相声演员姜昆作为品牌代言人，并在中央电视台投放广告，至此“劲酒虽好，可不要贪杯”的品牌口号开始为人们所熟知。这则没有直接强调产品功效而是倡导人们健康饮酒的广告反而深受人们欢迎。1997 年，劲牌带上“小蓝帽”，被原国家卫生部认定为“保健食品”，公司也于同年推出了容量为 125mL 的小包装产品（俗称“小方瓶劲酒”“小方劲”）。原本用于促销品尝的小包装产品，由于容量小、价格低，适合餐饮渠道的零点消费、偶然性消费和尝试性消费，市场销量在短时间之内大幅提升，又进一步促进了 250mL、

① 刘泳华，张瑰 .“劲酒”改革如是说 [J]. 经营与管理，2000（10）：8-10.

500mL 大容量产品的销售。[①]1998 年，湖北劲酒厂从国有改制为民营企业“湖北劲牌酒业有限公司”，当年的销售收入为 1.21 亿元。之后，劲酒公司又一次踏上了业绩增长的快车道，并在较短时间之内成功问鼎中国保健酒行业的领头羊位置。

2013 年，公司推出集浓香型、酱香型、清香型为一体的三香复合型白酒“毛铺苦荞酒”，并将之定位为第二大核心战略产品，借助劲酒之前的成熟销售网络和系统化运营，次年就实现了超过 5 亿元的销售收入。接着，凭借“中国劲酒”和“毛铺苦荞酒”两大品牌，劲酒公司通过产品品质控制、市场深耕和健康饮酒理念传播等系列管理方法和手段，在中国保健酒行业树立起了旗帜鲜明的健康品牌形象。

保健酒市场稳增长，湖北劲酒一家独大

根据中国酒业协会批准发布的《保健酒》团体标准（T/CBJ 5102–2019），保健酒的定义为:“以蒸馏酒、发酵酒或食用酒精为基酒，加入符合国家有关规定的原料、辅料或食品添加剂，经注册或备案，并声称具有保健功能的饮料酒，它适用于特定人群食用，有调节机体功能，但不以治疗为目的，并且对人体不产生任何急性、亚急性或慢性危害。”此外，根据国家标准《饮料酒分类》（GB/T 17204—2008）中的分类，人们俗称的“补酒”“药酒”或者“保健酒”均应归于配制酒的范畴，如表 83 所示。而就配制酒而言，其也被称为露酒，是集饮料酒和动、植物健康功能为一体的特殊饮料酒产品（表 84），在本书中我们采用了“保健酒”这一为人们广为接受的俗称。虽然业界对于保健酒是否应该获得保健食品批准文号这一做法还存在争议，但是政府部门为了规范企业的市场行为还是做出了相应

① 李宁．揭开劲酒成功的真正奥秘 [J]．销售与市场（评论版），2012（6）：70–73.

管理制度建设，而且在《保健酒》团体标准中也明确规定保健酒生产企业需要获得保健食品批文。中国保健酒生产企业的保健食品批文大体经历了由相关政府部门核准、注册或者备案等阶段，而不同时期的批准文号形式包括“卫食健字”“国食健字”“国食健注”和“食健备”。中国酒业协会披露的信息显示，截至 2018 年 4 月，获得配制酒生产许可证的生产企业共有 1265 家，其中获得保健食品批文的酒类生产企业有 431 家，涉及产品 506 个。保健酒属于中国大健康产业的一个分支，市场前景毋庸置疑。2018 年，全国保健酒产量达到 97.68 万千升，市场规模由 2010 年的 68 亿元增长至 2018 年的 356 亿元（图 34）。

表 83　饮料酒的分类

类别	具体种类	类别	具体种类
发酵酒	啤酒	蒸馏酒	白酒
	葡萄酒		白兰地
	黄酒		威士忌
	奶酒（发酵型）		伏特加（俄得克）
	其他发酵酒		朗姆酒
配制酒（露酒）	植物类配制酒（植物类露酒）		杜松子酒（金酒）
	动物类配制酒（动物类露酒）		奶酒（蒸馏型）
	动植物类配制酒（动植物类露酒）		其他蒸馏酒
	其他类配制酒（其他类露酒）		

资料来源：国家标准《饮料酒分类》（GB/T 17204—2008）。

表 84　配制酒的产品特征

酒基种类	调配、混合或再加工的成分
发酵酒 蒸馏酒 食用酒精	食用或者药食两用植物的花、叶、根、茎、果为香源及营养源 食用或者药食两用动物及其制品 同时利用植物、动物有用成分 水果的果实

资料来源：国家标准《蒸馏酒及其配制酒》（GB 2757—2012）、**国家标准《发酵酒及其配制酒》**（GB 2758—2012）。

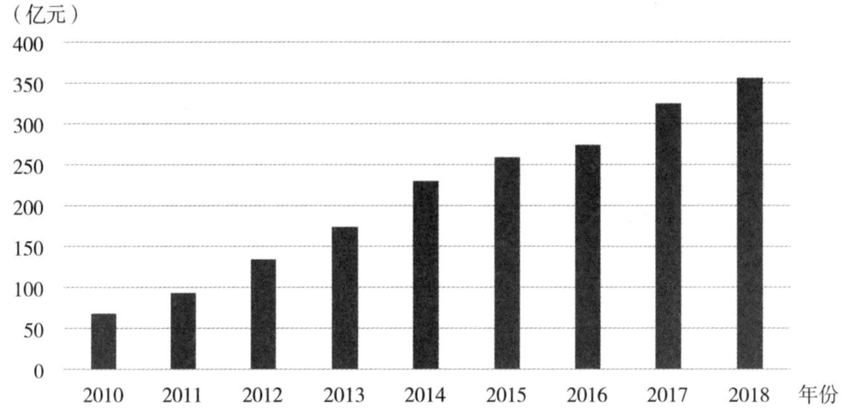

图 34　2010—2018 年中国保健酒市场规模

资料来源：中国保健酒行业产销需求与投资预测分析报告 [R]. **深圳：前瞻产业研究院**，2019。

如果要对中国保健酒市场进行细分，大体可以有三种类型：（1）以“药价值（保健）功能”为主要消费诉求的细分市场；（2）以“酒价值（文化）”为主要消费诉求的细分市场；（3）以“礼品价值（面子、情感）”为主要消费诉求的细分市场。[①] 而各个细分市场都有不同的竞争对手，并且还有的保健酒企业会将若干个细分市场都作为自身的目标市场。

海南椰岛（集团）股份有限公司在 2003 年的时候营收突破了 10 亿元，被称为中国保健酒市场的“一哥”，其时湖北劲酒的销售额仅为 4 亿元左右。2005 年之后，劲酒公司逐渐后来居上，在稳步超越海南椰岛之后，成功问鼎中国保健酒老大的宝座（图 35、图 36）。

① 冀亚楠. 劲酒：寒冬中的变革 [J]. 销售与市场（评论版），2010（2）：72-74.

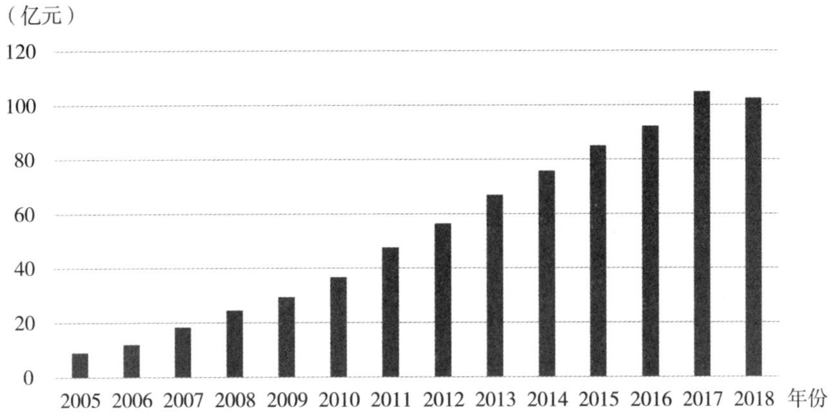

图 35　2005—2018 年劲牌有限公司销售收入

资料来源：根据劲牌有限公司 2014、2015、2016、2017 **年社会责任报告和其他公开资料整理。**

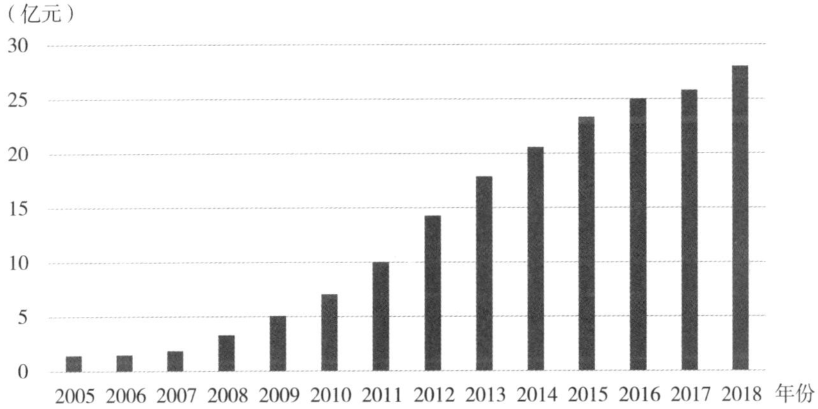

图 36　2005—2018 年劲牌有限公司上缴利税

资料来源：根据劲牌有限公司 2014、2015、2016、2017 **年社会责任报告和其他公开资料整理。**

长时间以来，位于湖北黄石的原酒基地为“劲酒”源源不断地提供着小曲清香型基酒。2012 年，劲牌公司投资建设宜宾六尺巷酒业，并将其作为企业的浓香原酒基地。2016 年，劲酒公司收购贵州台轩酒业 95% 股份，深度进入酱香酒领域，投产量在 2019 年达到 3.5 万千升，被业界看作是未来市场的“大玩家”之一。而其于 2013 年推出的“毛铺苦荞酒”，系列产品的销售收入也从 2015 年的 6.5 亿元迅速增长到 2018 年的 30 多亿元。此外，毛铺苦荞酒在黄石市阳新县枫林镇建造了全国最大的小曲清香型原酒基地。[①] 现今，劲酒公司形成了清、浓、酱为一体、以保健酒为主要产品形式的酒类产品结构，其每年的保健酒产销量超过 18 万千升。

2012 年之后，中国酒类行业由于受到三公消费限制等因素的影响而经历了 3 年的深度调整，而劲酒由于一直关注大众消费并未受此波及，还取得了不断的突破式增长。2017 年，劲牌公司的销售收入首次突破 100 亿元，成功进入中国酒行业“百亿俱乐部”阵营，更是成为中国保健酒行业独一无二的销售收入过百亿的企业，一直保持至今。当然，整个中国保健酒市场的稳步增长，也吸引着茅台、五粮液、汾酒和泸州老窖等白酒巨头在该领域开始投资或者加码投资，并使其取得了不俗的业绩表现。例如 2008 年，史玉柱掌控的巨人投资与五粮液公司建立合作关系，通过 OEM 经销买断方式推出面向礼品市场的保健酒系列产品“黄金酒”，将其定位为“中国礼品保健酒第一品牌”；2018 年，泸州老窖重新确立了养生酒板块的战略定位，着力打造公司除传统白酒业务之外的新增长点；2019 年，贵州茅台酒厂（集团）保健酒业有限公司实现了 11.5 亿元的销售收入，其中茅台不老酒销售收入近 2 亿元；2020 年，汾酒公司决定对旗下竹叶青营销公司增资 6 亿元以用于品牌建设和市场开拓等工作，并启动“事业合伙人计划”大力发展保健酒业务。新进入竞争的品牌与其他专注于保健酒运营的企业共同组成了中国白酒行业的竞争格局（表 85）。

---

① 原酒之秘——探访超级单品毛铺苦荞酒品质专题之一 [N]. 湖北日报，2018-11-19.

表 85　国内主要的保健酒生产企业

企业名称	主要产品系列
劲牌有限公司	劲酒、毛铺苦荞酒、追风八珍酒、皇宫人参酒
浙江致中和实业有限公司	五加皮酒、佛手酒、枸杞酒、青梅酒、黑枣酒
海南椰岛（集团）股份有限公司	椰岛鹿龟酒、椰岛海王酒
四川省宜宾五粮液集团保健酒有限责任公司	国勇酒、龙虎酒、天赋鸿运酒、黄金酒
贵州茅台酒厂（集团）保健酒业有限公司	茅台不老酒、华盛名酒、茅乡酒、茅源酒
泸州老窖养生酒业有限责任公司	滋补大曲酒、银杏酒、五行和合酒、桂花荘酒
山西杏花村汾酒集团有限责任公司	竹叶青酒
上海冠生园华佗酿酒有限公司	华佗十全酒、华佗八珍酒
烟台张裕集团有限公司	三鞭酒、金鸡铁树酒、灵芝酒、味美思
宁夏红枸杞产业集团有限公司	宁夏红枸杞果酒
广东顺德酒厂有限公司	红荔蛤蚧酒、红荔木瓜酒、红荔丰荷酒
广西古岭龙投资集团有限公司	古岭神酒、黑蚂蚁养生酒
河南省养生殿酒业有限公司	莲花酒、六味地黄酒
吉林大清鹿苑保健科技有限公司	鹿力保健酒、鹿司令保健酒
云南品斛堂酒业有限公司	“极斛”“品斛堂”和“品斛”系列石斛酒
南通颐生酒业有限公司	金奖颐生酒、颐生茵陈酒
内蒙古鸿茅国药股份有限公司	鸿茅药酒
广誉远中药股份有限公司	龟龄集酒
北京同仁堂股份有限公司	三鞭酒、鹿鞭酒、同仁御酒、大伸液酒、一世同仁酒

目前，劲酒公司旗下拥有三大核心业务板块：保健酒、白酒和生物医药，其中“中国劲酒”“毛铺苦荞酒”是为市场广泛接受和认同的两大品牌。2019 年 8 月，全国工商联发布了“2019 年中国民营企业制造业 500 强榜单”，本届榜单的营收入围门槛为 85.63 亿元。其中，“劲牌有限公司”以 102.5 亿元的营收位列第 446 位。此外，稻花香集团（湖北）、华泽集团（湖南）、浮来春集团（山东）和剑南春集团（四川）分别以 530 亿元、234 亿元、129 亿元、93 亿元的营收位列第 70 位、第 214 位、第 384 位、第 473 位。此外，凭借在保健酒领域的杰出表现，劲酒也已成为“鄂酒”板块的典型代表之一，与稻花香、枝江大曲、黄鹤楼、白云边、石花大曲、

霸王醉和关公坊等品牌一道在市场上演绎着商业精彩。不过，与鲁酒和豫酒等板块相类似，鄂酒板块的白酒品牌同样以地产名酒居多，本区域缺乏全国性或者泛全国性的领导品牌，倒是湖北白云边酒在 2019 年以 50.85 亿元的销售收入成为全国省酒板块的一抹亮色。

善用营销组合工具，全面夯实市场建设

保健酒具有三大属性：（1）食品属性，是一种可供人们入口食用的饮料酒；（2）功能属性，能够对人体起到调节特定机体功能的作用；（3）非药品属性，其并不以治疗疾病为目的。① 正是由于保健酒所具备的诸多产品属性，使得从事保健酒市场开发的企业格外重视产品的质量。当然，也是由于这个原因，很多保健酒企业在产品开发和市场宣传过程中也出现了夸大产品功效、虚假宣传、违规添加药物成分等不正当竞争手段。

针对中药材质量深受土壤、光照、气候等产地因素的影响，劲牌公司从 2000 年开始着手在宁夏、甘肃、广东和吉林等地建设药材种植基地，进而从最优产区中遴选出最佳的特色药材。此外，公司还通过技术创新，实现用渗流技术代替传统浸泡法进而让原酒与药材充分反复浸滋，通过实施单药提取工程达到剔除草药杂质和进一步纯化有效成分的效果，最终保证并持续提升了公司保健酒产品的品质。② 早在 21 世纪初，劲酒公司还提出了“按做药的标准生产保健酒”的生产经营理念，分别在 GAP 标准化药材种植基地建设和 GMP 高标准保健酒生产基地建设两个领域投入大量的人、财、物，在药材源头和生产过程中保证了公司产品的高标准和高质量。

---

① 黄书声，韩娜，佟晓芳. 中国保健酒的历史、现状和发展 [J]. 酿酒，2008（4）：16-21.

② 熊家余，周芳. 1591 项标准，造就一瓶劲酒 [J]. 中国酒，2008（11）：66-67.

劲酒早从1998年开始就遵循快消品营销模式，派驻大量销售人员到区域市场与经销商展开合作，围绕经销商考核指标体系和消费终端培育等方面进行持续的市场投入和建设。此外，还根据产品类型的不同，将营销组织机构分为劲酒事业部、健康白酒事业部、定制酒事业部和新产品事业部。[①] 劲酒将目标消费群体定位于年龄为30~40岁的男士，在销售终端的选择上以BC类酒店为主，以食杂店和中小超市为辅[②]。现今，劲酒公司在以“厂家控制为主 + 经销商配合为辅”为指导的深度分销模式之下，将饭店、大排档和夜市等大众终端牢牢掌控在自己手中，搭建起了遍布全国大街小巷的分销网络。[③] 正是由于长时间以来注重分销渠道网络的深度建设，再加上主推产品（125mL、258mL包装规格）价格亲民，让劲酒公司在与诸多竞争对手展开市场争夺的过程中牢牢地掌握着市场的主动权。

在品牌传播和市场培育方面，劲酒公司一直秉承健康饮酒理念的传播诉求，并通过一系列的主题活动巧妙地将这一理念传播出去，同时还起到了打造品牌 / 产品文化和消费市场培育的积极作用。例如，发起“劲牌健康体验行”“劲酒寻踪基地行”“跟着劲酒去旅行”和“健康饮酒中国行”等主题性工业旅游或者公益活动，让媒体和消费者走进劲酒、了解劲酒并成为其正面口碑的传播者；举办“劲酒健康社区行”和“劲酒健康美食周”等活动，将劲酒的产品知识向最终用户和餐饮终端进行普及传播；策划“春节团聚，把健康带回家”“有劲，才有可能”“为青春鼓劲”“美食美刻有劲酒”和“有劲更有味”等线上线下互动主题促销活动，制造话题激发出海量的营销传播信息，还极大地促进了终端销售；先后策划推出《劲牌健康饮酒手册》《中国民众饮酒健康状况调查报告》《饮酒指南》《请朋

① 沈永康. 浅析劲酒模式给黄酒业的启示 [J]. 中国酒，2014（1）：52–53.

② 子昱. 劲酒：渠道炼金术 [J]. 当代经理人，2009（9）：88–89.

③ 刘礼兰. 保健酒如何收割“小鲜肉”？——劲酒的品牌年轻化 [J]. 企业管理，2019（10）：76–78.

友少饮，让“敌人”多喝》《十大健康饮酒指引》[①]，旨在向更广泛的人群传播健康饮酒的生活消费主张。劲酒的健康逻辑体现在选料和酿造层面，还体现在品牌传播层面，更渗透在由公司发起的各种各样的营销活动中。

持续关注公益慈善，履行企业社会责任

在由《福布斯》中文版发布的“2019 中国慈善榜”上，吴少勋以 1.61 亿元的捐赠总额位列第 32 位，是本次榜单中唯一入选的酒业人士，而其早在 2013 年就曾进入过该榜单。此外，基于长期以来对公益慈善事业的关注和支持，劲牌公司还累计 3 次获得过由国家民政部颁发的“中华慈善奖”。而且自 2007 年以来，劲酒公司连续每年都会发布一份企业社会责任报告，向社会各界展示公司在各个领域履行责任的年度事项，同时也是对自身持续践行企业良好公民行为的一种鞭策。对此，劲牌有限公司董事长吴少勋这样认为：“企业是社会的经济细胞，应该承担起相应的社会责任，企业财富来自社会，也理应回报社会。”

劲酒公司在履行企业社会责任的过程中，主要坚持在 5 个方面的投入或者捐赠：（1）设立助学金、奖学金，定向资助贫困学生，帮助他们完成义务教育或者大学学业；（2）设立教育发展基金，支持教育基础设施的建设与完善；（3）以投资方式捐赠生态园、城市公园和体育公园，为市民拥有更为健康的生活方式贡献自己的力量；（4）赈济自然灾害，四川汶川地震、青海玉树地震、雅安地震和安徽洪涝灾害的捐赠名单中均有其身影；（5）助力社会弱势群体渡过难关，例如社会福利院、贫困 / 残疾老人、大病救助基金、患大病儿童就医治疗等都是其扶贫、救助的对象。根据《2019 年劲牌企业社会责任报告》，劲牌公司用于履行企业社会责任的各种捐赠

---

① 程飞. 劲酒特色营销：行业龙头的完胜模式 [J]. 销售与市场（评论版），2013（6）：74-77.

金额累计已经超过 21 亿元。而在 2020 年全国各界奋力抗击新冠疫情期间，劲酒公司也当仁不让。截至 2020 年 4 月底，劲酒公司以 1.64 亿元的总捐赠额（现金与物资）位列中国酒类企业的榜首，茅台和五粮液分别以 1 亿元、9200 万元紧随其后。

对产品品质的长期坚守与创新、在生产作业环境中遵守循环经济运营原则以及对社会责任的全面认知和投入实践，让劲牌公司能够以更健康、更持续的方式存在于愈发激烈的竞争环境，也为我们提供了一个现代企业的良好公民行为典范。

履行企业社会责任，助力品牌成为长跑冠军

在商业社会，企业究竟应该肩负怎样的责任？从最狭隘的角度来看，股东投入资金等各种资源创办企业的根本目的在于最大限度地为自己创造利润。从这一层面来看，企业首先要承担的是经济责任。然而，在通过满足顾客需求从而获得商业利润的过程中，如果没有恰当的监管，那么有的企业甚至是所有企业都可能会在产品质量、员工福利、税款缴纳、品牌宣传等方面出现一系列的失范行为。因此，世界各国政府制定了各种法律法规，用以规范企业的商业行为，进而建立和维护一个良好的商业生态系统。这就要求企业在承担经济责任的同时，还要肩负起必要的法律责任。企业的法律责任更像是一种强制性的义务，要求企业在获得商业利润的过程中，不能为所欲为，而是有所为有所不为。

当所有的企业都能够遵守法律法规，并在商业链条的价值创造过程中恪尽职守，最终基于内部资源和外部机会的持续/实时匹配、战略决策和执行操作层面的成本与效率差异，不同的企业形成了自身的竞争能力。这个时候，处于同一竞争能力层面的企业可能会发现，如果它们能够主动地履行或者承担一些当下看似没有必要承担的责任（例如捐助弱势群体、关注社会问题、提倡和践行环境保护等），那么会受到政府、消费者和公众等更多利益攸关者（图37）的欢迎和认可，最终为企业带来整体销售收入和利润的提升。这个时候，企业会明确意识到，它们除了要承担之前提到的经济责任和法律责任，还要积极主动地承担更多的社会责任。也正是因为处在由众多利益攸关者所组成的关系网络之中，一个卓越的企业必定会构建一种健康、可持续、共赢的品牌关系。

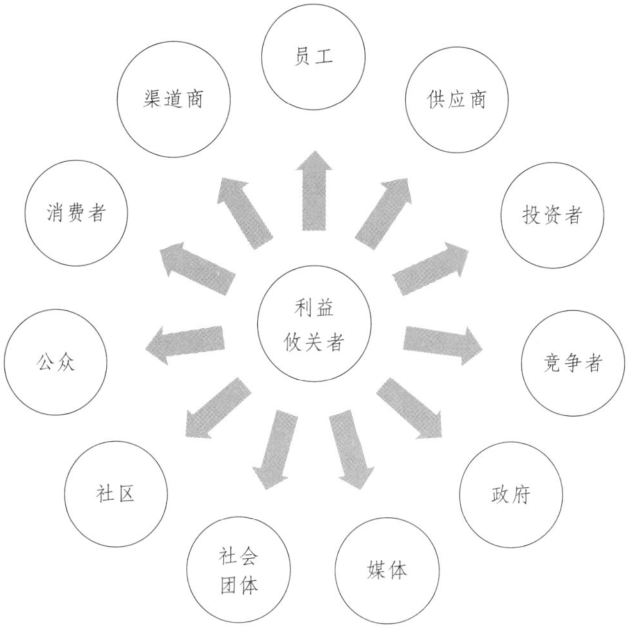

图 37　企业的利益攸关者

企业社会责任（Corporate Social Responsibility）要求企业在满足投资者或者股东的投资回报需求的同时，还要去兼顾更多或者所有利益攸关者的诉求。从短期来看，这会增加运营成本、降低盈利能力。但从长远来看，会提升企业社会声誉、增强员工对组织的归属感，最终降低企业总的经营成本，提升了企业价值[①]。企业将履行社会责任作为一种战略性投资，通过良好的信息沟通机制向利益攸关者和社会大众广泛传播相关信息，平衡企业的经济价值和社会价值，最终才能让多方利益群体形成共赢局面[②]。可见，企业可以通过"利他"的社会责任履行、践行良好企业公民行为规

① Bowman E, Haire M A. Strategy posture toward corporate social responsibility[J]. California Management Review，1975，18（3）：20–24.

② 何音，李健，蔡满堂，张曦．企业社会责任与企业价值：营销竞争力与顾客意识的作用机理 [J]．管理工程学报，2020（2）：84–94.

范，在提升整个社会长久福利的同时也能够极大地提升企业的竞争能力。这样，企业的“利他”和“利己”行为在更长远时间跨度内得到了高度的统一。

当然，中国酒类行业一直以来在履行社会责任方面都有所建树。除了众多酒类品牌在抗震救灾、资助贫困学生、关注弱势群体和节能减排等方面的持续投入与付出之外，中国酒业协会、中国酒类流通协会等行业组织还会定期或不定期地发起各种酒类企业践行社会责任的公益项目，例如中国酒业协会从2015年开始倡议并发起了“全国理性饮酒周”宣传活动，让消费者和整个社会充分认识到非理性饮酒的危害，让理性、文明饮酒成为全社会共识。2020年全国抗击新冠疫情期间，仅在1月23日至2月3日，全国酒类生产/经销企业和个人累计向社会捐赠的资金、物资总额就达到了11.01亿元。这充分显示出全国酒类企业在突发公共事件面前有作为、敢担当的企业公民精神。

一个品牌代表了企业与诸多利益攸关人之间的关系集合。企业以创新理念为引领，持续地履行社会责任，在力所能及的范围之内支持社会公益慈善事业，通过理念更新和技术创新手段在生产、包装、仓储和物流等环节实现绿色经营，主动作为并将之看作是推动整个社会长久健康发展和福祉积累的催化剂和动力源之一，从“小我”成长为“大我”，最终也能够通过持续不断地提升和优化竞争能力成为商业长跑的品牌冠军。恪守良好商业行为规范，积极履行社会责任做合格企业公民。

张裕，全球运营的“跃升”挑战

我一生去过全球数百个酒庄。

在我心目中，

张裕爱斐堡是令人震撼的世界级酒庄。

这里有我最喜爱的葡萄酒。

全球葡萄酒届大师专业推荐，

张裕爱斐堡北京国际酒庄。

——“张裕·爱斐堡国际酒庄”电视广告语（2008年，罗伯特·丁洛特代言）

中国近代葡萄酒的发展历程中，起到承上启下重大转折的历史事件当属“烟台张裕酿酒公司”的创建。张裕公司的创建与十九世纪晚清政府所大力倡导的“洋务运动”息息相关。1892 年，爱国华侨张弼仕先生选址山东烟台，并投入巨资建立“张裕酿酒公司”，中国葡萄酒产业也由此进入了工业化生产的崭新发展阶段。1914 年，张裕开始向外正式出售葡萄酒和白兰地产品。自公司创建之后，张裕先后经历了晚清时期、民国时期、日本军国主义时期和国民政府时期。1949 年新中国成立之后，张裕经过政府三大改造被正式收归为国有企业。

改革开放之后，随着国家对外交往频次逐渐增多与民众生活水平的显著提升，中国葡萄酒产业迎来了迅猛发展的新时期。根据 1987 年全国酿酒工业的“贵阳会议”精神，直接促成了低度白酒、果露酒在市场上的大发展。1990 年，中国国内市场出现了消费白兰地的热潮，为中国饮料酒行业在啤酒消费热潮之后的又一个发展良机。1993—1995 年，在葡萄酒产品质量管理标准发生新的变化之际（即从半汁酒向全汁酒过渡），中国葡萄酒产业的产品结构进入了调整、转变阶段，国内消费者相继出现了热烈追捧干白、干红葡萄酒的现象，至此干型葡萄酒逐渐成为中国消费市场的主要葡萄酒产品形式。2001 年之后，经济增长带来的消费升级促使以“高品质、小产量”为特征的酒庄酒成为市场热捧对象，张裕公司也在这个过程中重新夺回了高端市场的绝对龙头地位。三轮消费热潮的先后到来，极大地促进了张裕葡萄酒和白兰地业务在中国市场的增长，也进一步增强了公司的优势竞争地位。

20 世纪 80 年代末，国家停止产品调拨让张裕的经营陷入了困境。1991—2001 年，张裕先后经历了销售导向、销售管理导向和营销导向三个阶段[①]，通过直面市场竞争并在日后搭建起了更为完善的全国市场三级分销网络，这也成为现今张裕能够引领行业的核心竞争力之一。一直以来，张裕凭借深厚的品牌文化、健全的管理机制和强力的市场开发成为中国葡萄酒行业的领导品牌之一，至今仍占据着国产葡萄酒的龙头地位。2001 年中国加入世界贸易组织，中国市场的国际化程度越来越深。而张裕在新的竞争时期，也对自身的企业发展战略进行了深度调整和重大转变，其视野和格局也向着全球化看齐。2005 年，经过国有企业改制，烟台张裕集团由先前的国有独资企业变身为同时拥有中外合资企业和民营企业双重身份的企业，由此张裕再次进入了一个全新的发展阶段。尤其自 2013 年以来，张裕公司陆续完成了 6 次海外收购，此举也标志着张裕已经初步实现了通过海外收购进行全球化布局的战略意图。根据英国权威酒类杂志《饮料商务》发布的数据，2019 年张裕以 1070 万箱的销量位列全球葡萄酒企业第四。历经三个世纪时空转变的张裕公司，在全新的竞争环境之下，要做出怎样的战略选择才能继续驰骋赛道，领舞中国葡萄酒产业。

消费升级，中国市场迎来全球化竞争

以 1892 年烟台张裕公司创建为标志，中国葡萄酒产业进入工业化生产时代。自此，中国葡萄酒市场就一直处于一个消费不断升级的过程，只不过在不同的历史发展阶段消费升级的产品形式差异化较大。伴随着社会经济发展，国内民众收入水平和消费水平不断提高，市场对消费什么样的葡萄酒产品提出了一轮又一轮的新要求，也直接推动了中国葡萄酒企业不断转变运营思路和中国葡萄酒产业竞争格局的阶段性演变。

在中国葡萄酒市场，消费升级主要体现在产品的原汁含量（即是否为

---

① 周洪江．面对这杯酒，我如履薄冰 [J]．中外管理，2006（11）：85-87.

100% 酿酒葡萄酿造的饮料酒）、产品的风格特点（即是否具有年份酒、品种酒、产区酒等明显的风土特质）和产品的原产地域（即产品原产国的国内外之分别）等方面。在 1949 年之后，随着国家社会经济发展、对外开放程度加深和民众消费能力增强，中国葡萄酒市场先后经历了 5 次消费升级浪潮，如表 86 所示。张裕也在这个过程中成了中国葡萄酒行业的绝对龙头（表 87）。

表 86　1949 年至今中国葡萄酒市场的 5 次消费升级

时间	消费升级的主要表现方式
第 1 次消费升级（1949—1977 年）	以甜型葡萄酒和半汁葡萄酒为主要产品形式的低速发展时期。在这一时期，由于受到购买能力的限制，整个国内的葡萄酒产量较低，而且产品品种较少、质量也差强人意。整个市场上原汁含量低于 50% 的葡萄酒产品比比皆是，原汁含量低于 30%、20% 的产品是市场主流。甜型葡萄酒也是消费者获得热量的有益消费选择之一
第 2 次消费升级（1978—1994 年）	以半汁葡萄酒为主要产品形式的快速发展时期。改革开放让国内经济释放出巨大的发展能量，而受惠于消费能力的提高，更多的消费者加入消费行列。虽然以王朝和长城为代表的国内企业在这一时期开始较大规模地生产干型葡萄酒产品，但当时它们的产品主要以出口国外市场为主，在国内消费市场并非主流
第 3 次消费升级（1995—2002 年）	以全汁葡萄酒和干型葡萄酒为主要产品形式的转型发展时期。随着葡萄酒国家标准（GB/T 15037–94）的出台与实施，在张裕、长城和王朝等主要品牌的带领下，国内企业纷纷推出干型葡萄酒产品，再加上规模较大的市场推广和消费培育，中国葡萄酒市场先后迎来了干白葡萄酒消费热潮和干红葡萄酒消费热潮
第 4 次消费升级（2003—2008 年）	以全汁葡萄酒和酒庄酒为主要产品形式的提升发展时期。2001 年中国加入世界贸易组织之后，来自法国、意大利、德国、西班牙和澳大利亚等新旧世界葡萄酒生产国的葡萄酒产品开始更大范围地出现在国内市场。国内企业进一步未雨绸缪，先后投资设立以小规模生产和高品质产品为特征的精品葡萄酒庄，也让整个葡萄酒消费市场进入了更加注重产品品质与风格的崭新发展阶段
第 5 次消费升级（2009 年至今）	以国产葡萄酒和进口葡萄酒共同竞技的全球化发展时期。2001 年之后进口葡萄酒在中国市场实现了循序渐进的扩展，一直到 2009 年，进口瓶装葡萄酒产品在数量上首次超过进口散装葡萄酒，也由此迈向了新的快速扩张期。在这一时期，国内外葡萄酒在中国市场各有斩获，共同竞合发展，迎来了全球化竞争的新时期

表 87　2019 年中国部分葡萄酒生产企业业绩表现

单位：万元

企业名称	营业收入	净利润
张裕股份	503101	112974
通葡股份	97600	-3131
西部创业	79991	4479
威龙股份	66725	-2587
通天酒业	33315	452
王朝酒业	27639	-6342
中葡股份	24831	1492
莫高股份	17727	2743
楼兰酒庄	11821	728
怡园酒庄	7271	3
伊珠股份	3626	459
芳香庄园	3368	-1595
法塞特酒	2007	-934

资料来源：相关上市公司 2019 年年报。

注：（1）通葡股份葡萄酒业务板块的营收为 6055 万元，其余营收由以白酒销售为主的电商平台九润源贡献；（2）洋河股份旗下的进口葡萄酒代理业务实现营收 19423 万元；（3）贵州茅台集团旗下的葡萄酒生产和销售业务的营收超过 2 亿元。

现今，中国葡萄酒市场已经成为一个高度全球化的市场，也是众多国外葡萄酒运营商高度关注和重点开发的新兴市场。近 10 年，进口葡萄酒在中国市场取得了长足的进步，其中进口瓶装酒的数量增长了近乎 10 倍（如图 38、图 39 所示）。2018 年，中国市场进口瓶装葡萄酒金额为 27 亿美元，占葡萄酒进口总金额的 94%。在整个消费市场扩容的同时，也给包括张裕、长城、王朝、威龙等在内的国内主流葡萄酒企业制造了巨大的竞争压力。在全球化竞争的大背景下，新一轮的葡萄酒消费升级促使企业在市场细分、品牌组合、产品达到、传播诉求等方面做出更为艰苦卓绝的运营努力。例如消费者需要更为健康的消费理念引导、需要更为严格的品质安全保证、需要更为丰富的产品选择、需要更为便利的购买渠道、需要为其量身定做的持续的产品和品牌沟通、需要精准及时的服务，需要适合其特定消费场景的产品 / 价格 / 包装 / 品牌，等等。这一切也倒逼着国内葡萄酒企业重新审视和调整自身战略，对竞争环境做出适时的回应。

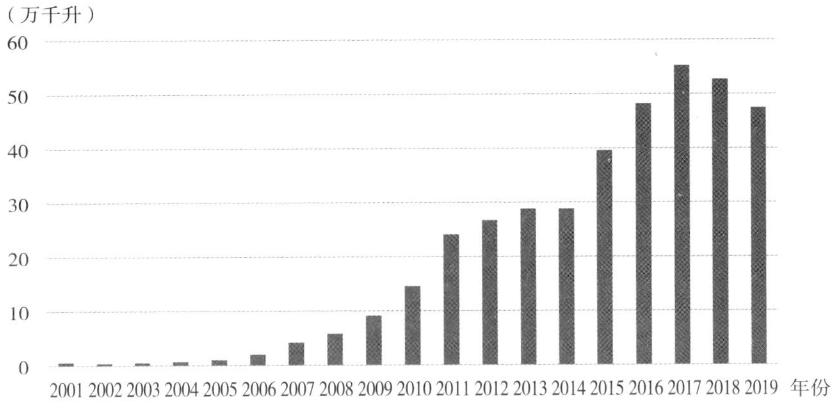

图 38　2001—2019 年中国市场进口瓶装葡萄酒数量

资料来源：海关总署、中国食品土畜进出口商会酒类进出口商分会。

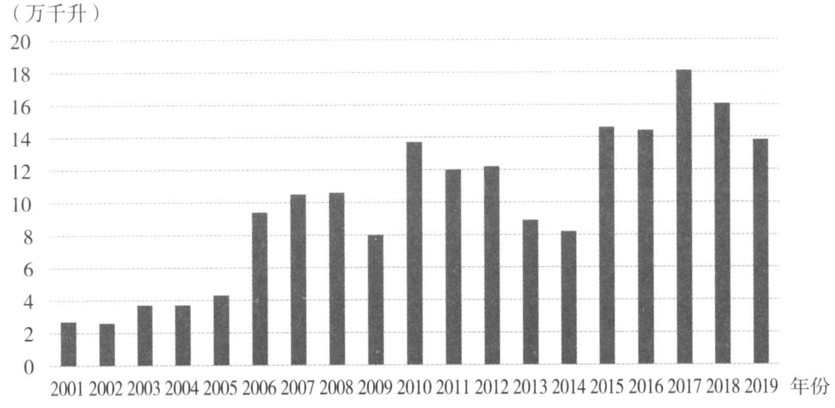

图 39　2001—2019 年中国市场进口散装葡萄酒数量

资料来源：海关总署、中国食品土畜进出口商会酒类进出口商分会。

顺势而为，张裕辗转进行全球化布局

从1892年创建至20世纪80年代，张裕逐渐形成了白兰地、葡萄酒、起泡酒和保健酒四大系列产品，其中白兰地产品系列更是一枝独秀，为公司的销售收入与利润实现做出了持续的贡献。可以这样说，在中国葡萄酒市场的第1、2次消费升级过程中，张裕凭借悠久的历史积淀与强大的品牌影响力，与众多国内葡萄酒企业共同分享了市场快速扩张的红利。20世纪90年代中期，由国内市场兴起“干酒消费热”而带来的第3次葡萄酒消费升级浪潮中，张裕公司葡萄酒业务单元的销售收入虽然在1998年超过了白兰地业务单元，但是张裕在干型葡萄酒方面的市场表现要远逊于长城和王朝等主要竞争对手，张裕的品牌形象和产品组合主要以中、低端为主。而在干酒市场消费突飞猛进的同时，张裕总是无法实现有效突破。

张裕在葡萄酒高端消费市场上的突围压力，迫使其必须找到切实可行的突破口，这也导致张裕首次尝试国际化合作。2001年，张裕和法国卡斯特集团在山东烟台合资创建“烟台张裕卡斯特酒庄有限公司”，公司希望借助法国在葡萄酒领域的强大国家品牌效应来推动张裕的品牌高端化转型，随后张裕通过长时间、大规模的品牌重塑传播活动无心插柳地促进了或者迎合了中国葡萄酒市场的第4次消费升级浪潮。之后，张裕陆续在辽宁（2003年）、北京（2005年）、新疆（2010年）、陕西（2010年）、宁夏（2010年）等国内东西部主要酿酒葡萄产区兴建了面向中高端目标消费群体的六大国内葡萄酒庄群，也由此成为这一时期中国葡萄酒市场高端化浪潮的领导者之一。

2005年，烟台张裕集团通过MBO方式成功实现企业改制，由原先的国有独资企业转变为由民营资本作为第一大股东（45%）的中外合资企业，意大利意利瓦隆诺投资公司和美国国际金融公司分别受让由烟台市国资委出让的 33%、10% 国有股权。2006 年，在张裕改制过程中遭遇出局的法国卡斯特集团，开始通过与中国代理商合作的方式独立运营进口瓶装葡萄酒业务，同张裕的国产酒直接展开市场争夺。虽然以代理国外进口酒为主营业务的“烟台张裕先锋国际酒业有限公司”早在 2005 年就已经成立，但是对于“做不做进口酒、花多大力气做进口酒”这一问题，张裕一直抱着怀疑和犹豫态度。主要原因是：（1）张裕既不愿意在国内市场再次培养出类似“卡斯特”这样的竞争对手，又担心由于进口酒代理业务的替代效应冲击到其原有的国产酒业务；（2）张裕还没有对进口瓶装葡萄酒的未来市场表现形成准确而明确的商业判断，不能贸然行事；（3）在中国葡萄酒市场的第 4 次消费升级浪潮中，张裕的国内六大酒庄还没有充分释放出其事先所预想的市场效应。因此，这一时期的张裕进口葡萄酒代理业务一直处于“雷声大雨点小”的浅尝辄止阶段。

接下来，有两个标志性事件代表着中国葡萄酒市场第 5 次消费升级浪潮的到来。2009 年，以进口瓶装葡萄酒在数量上首次超过进口散装葡萄酒为标志，更多的国内消费者可以更便利地购买到来自全球各地的优质葡萄酒产品。2012 年，中央“八项规定”的发布给原先支撑高端葡萄酒市场的公务消费造成了釜底抽薪式的打击。消费环境的剧烈变化让所有专注于高端市场开发的酒类企业措手不及，如何转型成了它们面临的巨大挑战。张裕也必须重新看待进口瓶装葡萄酒业务，再次审视、选择消费市场转型之下的方向。张裕于 2010 年开始在中国西部酿酒葡萄产区建设的三个高端 / 超高端酒庄均于 2013 年开业，这三家酒庄还没有开始享受高端市场持续增长的红利，就直接迎来了行业调整和转型所带来的市场寒冬期。2012 年，张裕改变了原先公司分别对葡萄酒、白兰地、起泡酒和保健酒 4 个酒种独立考核的机制，将营销团队进一步分为 3 个方向，在全国范围内形成了针对葡萄酒、白兰地和代理进口酒 3 个酒种的独立预算、考核和营销体系，张裕还提出未来这三大酒种各自要占到公司总营业收入的 1/3。而且，在频繁与国外葡萄酒生产商签订产品代理分销协议的同时，张裕还选择了收购海外资产这样一条发展道路，如表 88 所示。

表 88　2013—2019 年张裕海外收购事件

时间	出资额（万人民币）	持股比例（%）	被收购企业
2013 年	4000	100	法国富郎多干邑酒庄
2015 年	18800	75	西班牙爱欧公爵酒庄
2015 年	2600	90	法国蜜合花酒庄
2017 年	26100	85	智利魔狮酒庄
2018 年	10500	80	澳大利亚歌浓酒庄
2019 年	4480	55	法国拉颂酒庄

当然，在收购海外酒庄资产这一道路上，张裕并不算是独行者。从 2007 年开始，来自中国国内的业内外资本开始深度染指进口葡萄酒业务。例如贵州茅台、江苏洋河等白酒龙头生产企业通过收购 / 参股国外酒庄进入进口葡萄酒领域；新华联集团、汇源集团和海昌集团等业外资本也通过收购海外酒庄资产的方式进入市场；中粮集团、威龙公司、宁夏红集团等传统国内葡萄酒运营商也纷纷在国外收购酒庄。就连赵薇、姚明、刘嘉玲和郭德纲等明星人物也成了国外酒庄的所有者或者进口瓶装葡萄酒的代理商。此外，酒美网、挖酒网、红酒世界等专业经营进口瓶装葡萄酒的垂直类电商平台也开始在市场上崭露头角，发展趋势良好。

2012 年至今，张裕在进口酒和国产酒两条战线上同时作战，主动或者被动地被全球化竞争裹挟着进入了一个在时间和空间层面都前所未有的运营新阶段。而张裕也重新审视自身的企业发展战略，并迎难而上意欲打开一片新的运营天地。根据意大利米兰投资银行（Mediobanca S.p.A.）在 2020 年发布的一份葡萄酒行业报告显示，张裕公司凭借在全球范围内掌管着的 22910 公顷葡萄园，一举成为世界上最大的葡萄园拥有者。而依次排在其后的均为全球酒业巨头：澳大利亚富邑（Treasury Wine Estates）、智利干露（Concha Y Toro）、美国嘉露（E.& J. Gallo Winery）、美国星座（Constellation Brands）和法国保乐力加（Pernod Ricard）。假以时日，张裕在全球葡萄酒行业版图中所扮演的角色将愈发重要。

重新出发，全球运营须应对诸多挑战

与其他饮料酒子品类相比，中国市场的进口葡萄酒获得了更广范围、更多类型投资人的垂青。同时，长时间以来，进口瓶装葡萄酒也是所有进口饮料酒中数量和金额最大的子品类。2017 年，瓶装起泡葡萄酒和瓶装静止葡萄酒的进口金额分别达到 0.78 亿美元（约合 5 亿元人民币）和 25.55 亿美元（约合 166 亿元人民币），比 2005 年增长了 16 倍、64 倍。这一数据就可以直接反映出进口瓶装葡萄酒在近 10 年来的凶猛增长态势。在 2017 年，进口葡萄酒已经在中国市场占据了超过 40% 的市场份额，而且进一步扩大的趋势愈发明显。

与此形成鲜明对比的是，中国葡萄酒全行业的年产量在 2012 年达到创纪录的 138 万千升之后开始掉头向下，2019 年的产量业已经连续 7 年下滑（图 40），甚至与 2005 年处于相当的水平。除了年产量之外，中国葡萄酒产业的销售收入、净利润、税收等重要指标均出现了持续下滑（图 41）。2019 年，在获得生产许可证的全国 1005 家企业中规模以上葡萄酒生产企业数量从 2018 年的 212 家骤降至 155 家。而张裕的营业收入和净利润水平在 2011 年达到了顶点后，至今也没有恢复到之前的历史最好水平（图 42）。而同样经过深度调整的白酒行业主流品牌，其经营业绩都已在 2017 年前后恢复至历史最高水平并在之后屡创新高，啤酒、黄酒和保健酒行业的龙头企业虽未经受深度调整之苦，却也依然保持着业绩的持续增长。对此，有两点可以肯定：（1）在国内葡萄酒市场规模无法在短期之内获得爆发式增长的前提下，进口酒和国产酒之间确实存在较大的替代效应，因此国产葡萄酒产量持续下跌的同时进口酒却持续快速地增长；（2）葡萄酒在国际市场上属于过剩产品，通过价格战争达到大规模进入中国市场的目的已经成了一种有效而直接的竞争手段，这将会导致国产葡萄酒的利润水平整体走低。可见，整个中国葡萄酒产业面临着国外进口葡萄酒的巨大竞争压力。

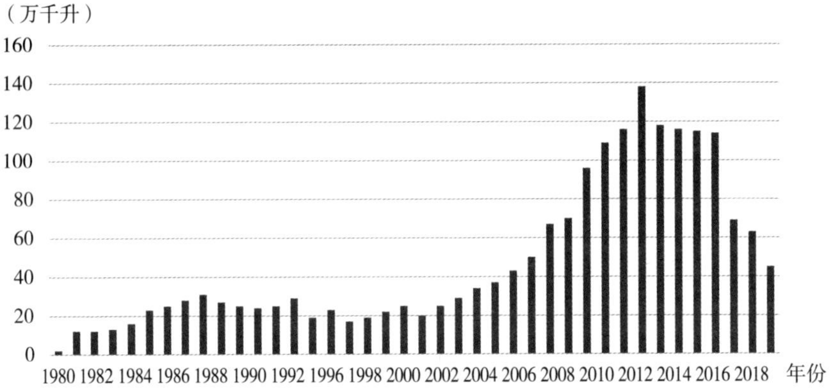

图 40　1980—2019 年中国葡萄酒行业年产量

资料来源：国家统计局、中国酒业协会。

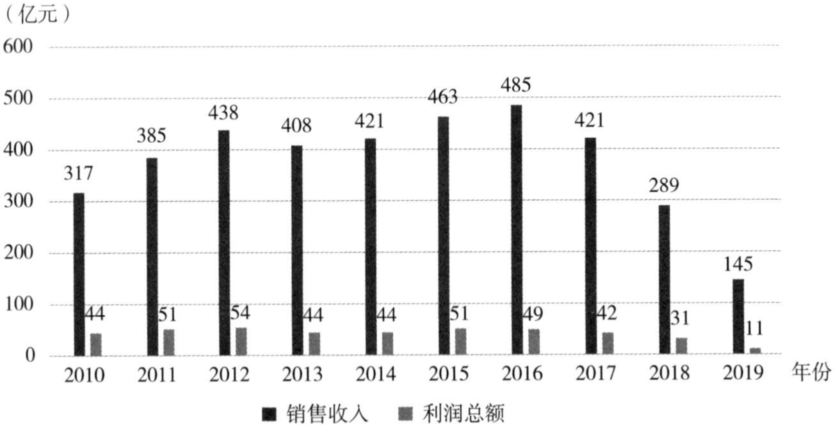

图 41　2010—2019 年中国葡萄酒行业销售收入和利润总额

资料来源：国家统计局、中国酒业协会。

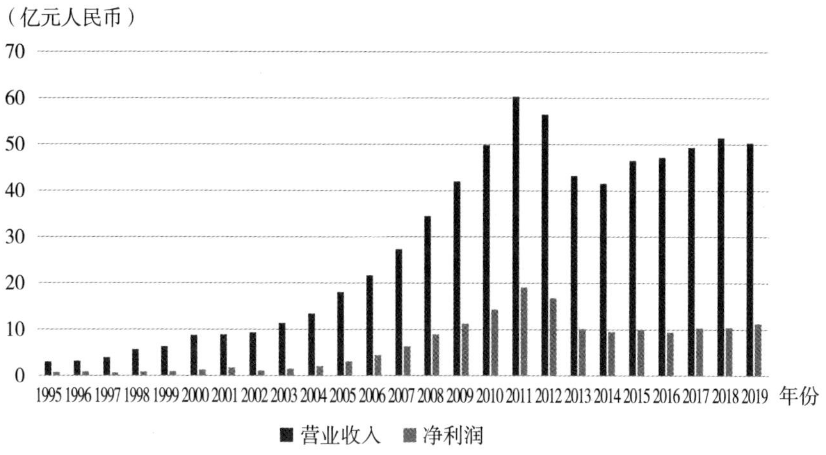

图 42　1995—2019 年张裕年度业绩表现

资料来源：张裕 A 1997—2019 **年年报**。

如何正确地看待这一愈发深入的全球化竞争趋势并做出恰当的回应，是每一家国内葡萄酒运营商都必须面对的商业挑战。2012 年，张裕公司对销售体系的组织结构进行了战略调整，同时组建了自有品牌葡萄酒、白兰地和进口葡萄酒三大销售公司。希望借助这“三驾马车”来拉动公司未来10 年的发展[①]。2018 年初，在通过海外收购进行全球化战略布局已经初具规模之后，张裕对公司的整体业绩构成规划又做出了全新的战略调整：在未来的销售业绩构成中，30% 来自国外市场（包括张裕自身产品在国外市场的销售和海外收购企业在国外市场的销售）；70% 来自中国市场（其中张裕自身产品销售占比 70%，张裕在海外收购企业的产品销售占比 30%，即自有品牌葡萄酒、白兰地和进口酒业务各占 30%）。要实现这一目标，张裕除了要加强建设自有国产葡萄酒业务和进口酒代理业务单元之外，更需要强化白兰地业务单元的市场表现。

① 孙健．张裕“三驾马车”驱动未来十年 [J]．中国酒，2012（8）：58–62.

自有国产酒业务单元

在很大程度上，张裕的发展历史代表着中国葡萄酒产业的近现代进化史。张裕在不同的行业发展周期，先后通过品牌与品类链接、市场细分与品牌区隔、品牌重塑与提升和拥抱国际化等手段及时调整战略，赢得竞争优势[①]。20 世纪 90 年代中期干酒消费热潮来临之前，张裕葡萄酒主要以甜型为主、干型为辅。2002 年开始，张裕凭借解百纳子品牌和酒庄酒系列品牌成功地转向高端市场，产品结构和品牌形象也发生了根本性转变。之后的很长一段时间，张裕在营业收入、净利润和市场份额方面均占据着中国葡萄酒市场的龙头地位，并在 2010 年位列全球葡萄酒企业四强。

现今，张裕已经形成了集高中低端为一体的多品牌组合结构：（1）百年酒窖，定位超高端市场；（2）爱斐堡、摩塞尔十五世、黄金冰谷、巴保男爵和瑞纳城堡等酒庄酒品牌，主要面向高端、次高端市场发力；（3）诞生于 1931 年的解百纳，作为面向中端市场的大单品，现已开发到第九代产品，截至 2019 年 2 月其在全球市场的销量累计已突破 5.32 亿瓶；（4）醉诗仙已经成为张裕在中低端市场的主打品牌；（5）拟推出以“多名利”命名的新品牌，主打中低端市场，并用“张裕出品”字样加以背书。只不过需要明确的是，张裕的自有葡萄酒业务需要与国外葡萄酒产品进行更为激烈的市场争夺。

进口酒代理业务单元

2017 年，中国市场上的进口葡萄酒总量达到 74.60 万千升，进口总额为 27.89 亿美元，均达到了峰值。其中，瓶装葡萄酒进口金额排在前三位的国家是法国、澳大利亚和智利，分别占到进口总额的 41.13%、26.71% 和 10.45%。紧随其后的西班牙和意大利进口瓶装葡萄酒在中国市场也有不

① 王赛．张裕品牌策略切换的背后 [J]．销售与市场（评论版），2012（6）：38-39.

俗的表现，进口金额占比分别为 5.87%、5.45%。之后，进口葡萄酒在中国市场的份额连续下降两年。2019 年，中国市场共进口葡萄酒 61.25 万千升，进口总金额为 24.34 亿美元。其中，瓶装葡萄酒进口金额为 22.89 亿美元，澳大利亚、法国、智利分列前三位（表 89）。从数量上比较，在中国市场上 2019 年进口葡萄酒（瓶装酒 47.44 万千升、散装酒 13.81 万千升）已经超过国产葡萄酒（45 万千升），并在价格、原产国认知等方面具有比较明显的竞争优势，双方的激烈市场竞争在未来还将持续很长一段时间。

表 89　2018—2019 年中国市场进口瓶装葡萄酒

	2019 年			2018 年		
	进口量（万升）	进口额（万美元）	均价（美元 / 升）	进口量（万升）	进口额（万美元）	均价（美元 / 升）
澳大利亚	12221	81763	6.69	11930	72327	6.06
法国	13734	68449	4.98	17384	105896	6.09
智利	7169	26921	3.76	7476	26976	3.61
意大利	3659	15567	4.25	3604	16849	4.68
西班牙	5389	13852	2.57	6123	16210	2.65
美国	898	3843	4.28	1283	7554	5.89
葡萄牙	752	2478	3.29	—	—	—
阿根廷	449	2430	5.42	523	2618	5.01
南非	676	2247	3.32	987	3299	3.34
德国	424	2233	5.26	518	2581	4.99
新西兰	235	2081	8.85	254	2878	11.4
格鲁吉亚	533	1923	3.6	—	—	—
摩尔多瓦	521	1197	2.3	—	—	—

资料来源：海关总署、中国食品土畜进出口商会酒类进出口商分会。

2016 年，在进口瓶装葡萄酒业务领域，长期在此市场进行深耕的“圣皮尔精品酒业”（ASC，1996 年建立）稳居第一的位置，运营着长城葡萄酒品牌的中粮集团通过旗下子公司“中粮名庄荟”占据第二的位置。张裕公司旗下子公司先锋国际酒业的进口酒规模排在第三位。此外，广州羊城食品、北京挖酒网等以不太明显的差距排在其后。也可以这样讲，目前在中国市场上的进口瓶装酒运营商当中，由于在产业链垂直一体化方面还没有出现具有绝对竞争优势的企业，因此这一领域的市场格局还会发生进一步的变化。但是，进口葡萄酒的未来市场发展空间是毋庸置疑的。现今，从产品形式和进口数量来看，几乎全球所有主流葡萄酒生产国的瓶装进口葡萄酒都能够在中国市场觅见踪影，而且进口葡萄酒的总量占比已经超越了国产葡萄酒，中国葡萄酒市场的国际化竞争程度非常激烈。

张裕对进口瓶装葡萄酒代理业务的持续深耕，也反映了公司在新的竞争时期对企业身份进行转换的决心。张裕在海外收购的 6 个酒庄分别地处法国、澳大利亚、西班牙和智利，这与中国市场上的进口葡萄酒来源国消费偏好保持着高度的一致性。此外，张裕可以凭借其遍布全国的分销网络快速将其代理或者海外收购企业的进口葡萄酒铺货入市，还可以借助张裕母品牌的背书方式增强其市场接受度。

白兰地业务单元

长期以来，张裕的白兰地在国内市场一枝独秀，整个国产白兰地市场几乎被其垄断，但是一直到现在其主要的根据地仍是中低端市场，在高端市场上表现乏力。中国白兰地高端消费市场主要为人头马、马爹利和轩尼诗等法国知名品牌所占据。2017 年，公司发布“张裕珍藏版五星金奖白兰地”，并打出全新品牌口号“不到四十喝不出的味道”，意欲将此产品打造成公司除解百纳之外的第二大单品。也由此形成了全新的白兰地产品组合：旗帜型可雅白兰地系列（桶藏 15 年 XO、桶藏 10 年 XO、桶藏 6 年 VSOP）、经典金奖白兰地系列（珍藏版五星金奖白兰地、新锐五星金奖白兰地）、主攻年轻消费群体的迷霓白兰地系列（188 毫升小支装、98 毫升小支装）和入门级派格尔白兰地系列（金马派格尔、银马派格尔）。2018 年，张裕珍藏版五星金奖白兰地和五星金奖白兰地系列分别实现 60 万瓶和 208

万瓶的销售业绩，初步在白兰地中高端市场取得了战略性突破。

根据海关总署发布的进出口数据，1993 年中国市场白兰地进口额为 418 万美元。进口白兰地在中国市场出现比较明显的攀升还是 2000 年之后的事情（图 43），并于 2015 年之后进入了新的发展阶段（图 44）。根据法国国家干邑行业管理局（BNIC）发布的数据，2017 财年（2016 年 8 月 1 日至 2017 年 7 月 31 日）法国干邑白兰地出口数量约 1.902 亿瓶，出口金额约 30 亿欧元（约合 235 亿元人民币），2019 财年，法国干邑白兰地出口总额高达 34 亿欧元，主要销售市场和销售数量如表 90 所示。此外，在全球所有的干邑品牌中，轩尼诗（Hennessy）、马爹利（Martell）、人头马（Rémy Martin）和拿破仑（Courvoisier）这 4 大品牌占据着约 50% 以上的市场份额。2017 年，中国市场的烈酒进口额首次突破 10 亿美元大关，达到 11.4 亿美元，占酒类进口总额的 18%。2018 年，白兰地和威士忌进口金额分别为 10.6 亿美元、1.7 亿美元，分别占烈酒进口总额的 75%、12%，而且来自法国的进口额占到白兰地进口总额的 99%。

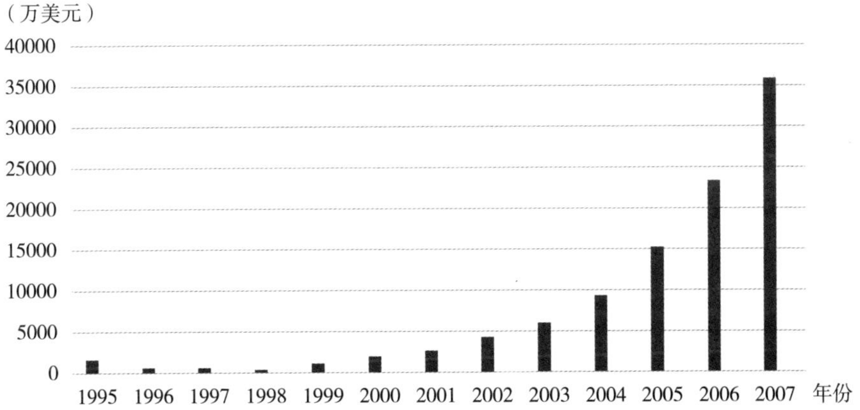

图 43　1995—2007 年中国市场白兰地进口额

资料来源：海关总署历年统计数据。

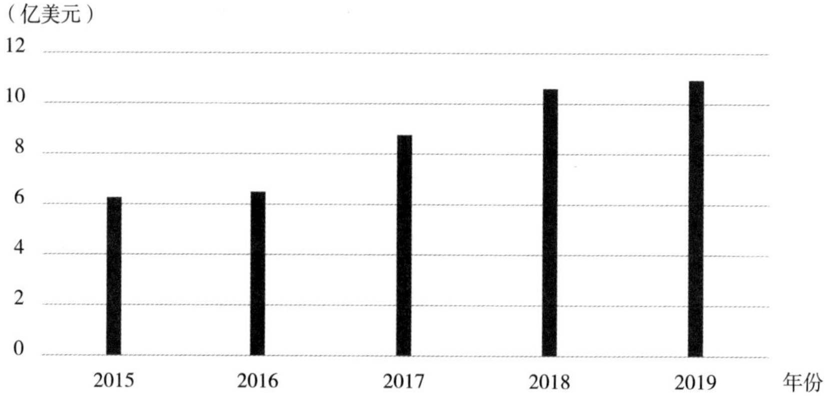

图 44　2015—2019 年中国市场白兰地进口额

资料来源：海关总署、中国食品土畜进出口商会酒类进出口商分会。

表 90　法国干邑全球十大消费市场

单位：万瓶

	2016.08—2017.07		2018.08—2019.07	
	国家 / 地区	**消费量**	**国家 / 地区**	**消费量**
1	美国	7870	美国	9430
2	新加坡	2360	新加坡	2660
3	中国	2260	中国	2468
4	英国	1030	英国	1000
5	德国	580	德国	450
6	法国	450	法国	470
7	中国香港	340	中国香港	430
8	荷兰	310	荷兰	260
9	拉脱维亚	270	拉脱维亚	380
10	南非	230	南非	330

资料来源：法国国家干邑行业管理局（BNIC）。

目前，原产自新西兰（2012 年 1 月 1 日起）、智利（2015 年 1 月 1 日起）、格鲁吉亚（2018 年 1 月 1 日起）和澳大利亚（2019 年 1 月 1 日起）的葡萄酒产品进口关税已经降为零。此外，自 2017 年 12 月 1 日起，中国政府对部分消费品的进口关税进行了调整，其中白兰地、威士忌进口关税均由原来的10%下调至5%，这将进一步降低进口白兰地的经营成本，提升其市场竞争力。近年来，张裕在中高端白兰地市场主推“可雅”和“珍藏版五星金奖白兰地”，意欲突围。2018年和2019年，张裕白兰地业务单元分别实现营业收入9.99亿元、10.72亿元，占总营收比重分别为19.43%、21.31%。由此可以看出，张裕想要将白兰地业务提升至总营业收入占比的1/3水平，首先要和来自法国的四大全球性干邑白兰地品牌展开正面较量。此外，也将同芝华士（Chivas）、百龄坛（Ballantine）、绝对伏特加（Absolut Vodka）、尊尼获加（Johnnie Walker）等其他国际烈酒品牌一同争夺国内的消费群体，进口烈性酒情况如表91所示。因此，张裕在品牌形象提升、产品风格和优化终端结构等方面的挑战可谓不小。

表91　2018—2019年中国市场烈酒商品进口数量与金额

商品名称	2018年		2019年	
	进口量（万升）	进口额（万美元）	进口量（万升）	进口额（万美元）
白兰地	4108.14	105508.22	4679.34	109440.15
威士忌酒	1893.64	17320.83	2154.74	20830.42
朗姆酒	252.24	785.27	332.95	936.35
杜松子酒	132.98	596.27	195.90	770.01
伏特加	590.69	1668.42	716.34	1976.95
利口酒	919.58	4635.15	2353.56	11832.72
龙舌兰酒	114.48	577.24	146.03	784.77
白酒	297.90	10220.54	389.86	13727.27
合计	8308.83	141311.95	10968.72	160298.64

资料来源：海关总署、中国食品土畜进出口商会酒类进出口商分会。

海外市场业务单元

如表92所示，从海外市场的销售收入占比来说，整个中国酒类品牌的国际化程度并不高，其主要的目标消费市场还集中在国内。而就国内企业通过海外收购来进行全球化布局和海外市场营收占比层面来看，张裕在中国主流酒类品牌中属于尝试最多、走得最远的。除此之外，张裕的海外市场业务单元，实际上要涉及国内国外两个分销渠道体系的对接与协调发展问题。一方面通过海外收购或者产品代理的方式将国外葡萄酒产品引入中国市场，另一方面通过直接出口或者借助海外被收购企业现有渠道将自有产品销售到国外市场。

表 92　2016—2019 年中国酒类企业海外市场表现

单位：万元

	2016 年		2017 年		2018 年		2019 年	
	海外收入	占比	海外收入	占比	海外收入	占比	海外收入	占比
张裕	28029	5.94%	43526	8.82%	65586	12.75%	54860	10.90%
贵州茅台	205869	5.30%	227009	3.90%	289303	3.93%	292041	3.42%
古越龙山	5403	3.52%	4880	3.04%	4585	2.73%	4382	2.52%
青岛啤酒	58817	2.25%	68747	2.62%	66114	2.52%	67243	2.40%

资料来源：相关上市公司 2016—2019 **年年报**。

2018 年 3 月，张裕又提出了“重新出发、二次创业”。张裕公司董事长周洪江认为，中国经济发展态势整体趋好，消费升级将会推动中国葡萄酒迎来黄金 10 年的发展期。而在未来的 10 年中，张裕意欲通过全球化布局实现企业的“二次创业”——用世界眼光做大张裕、用国际标准做强张裕、使张裕成为被更多消费者认可的国际品牌。目前，张裕正在围绕海外收购企业开展“国际营销平台”“葡萄资源平台”和“技术交流平台”三大平台建设工作，目的在于实现原料、市场、技术和生产领域的全球化协同。而对于一家典型全球化运营的企业来讲，在夯实国内市场的基础上，必然需要在资本输出、品牌输出、文化输出、管理输出等方面做出更多、更充分的准备，并在国际化扩张的过程中步步为营。张裕的全球运营，欲通过惊险的纵身一跳实现像凤凰一样的涅槃重生，这值得我们关注与期待。

开启品牌全球化的新征程

就像小苗要经历千百次的风雨锤炼才能长成参天大树，品牌也需要经过竞争的不断洗礼，其成长和进化才会水到渠成、瓜熟蒂落。按照品牌成长的一般路径，每个企业都是从区域性品牌起步，逐渐成长为全国性品牌。接下来，才有可能进入海外市场并成为全球运营的参与者甚至领导者。当然，并不是每一个品牌都能够沿着这一路线完成自身的持续进阶之旅，更多的品牌会在特定的进阶阶段被淘汰，之后或偏安一隅或卷土重来。因此，那些能够突出重围并具备国际化潜力的品牌，往往是残酷市场竞争中的佼佼者、幸运儿。通常一个企业的产品要进入国际市场，最直接的动因就是国内市场渐趋于饱和促使企业去寻找新的增长点或者国际市场拥有更为广阔的市场空间。按照企业进入国际市场的常有逻辑，大体可以分为三个阶段：（1）产品直接出口阶段。通过在海外寻找分销机构的方式进入国际市场。（2）海外设立分支机构阶段。通过在海外建立分公司或者办事机构的方式更加直接地面对国际市场的消费者开展运营。（3）海外投资设厂阶段。通过与海外合作伙伴创立合资企业、直接收购或者控股当地商业实体的方式深度切入国际市场。

然而，按照竞争战略管理学家迈克尔·波特（Michael E.Porter）所提出的价值链分析模型，企业的五项基础性活动（入厂物流、生产运营、出厂物流、营销与销售、服务）和四项支持性活动（基础设施、人力资源、技术开发、采购）都能够为企业的价值创造做出贡献。如果我们将全球看作是一个大市场，那么企业融入全球价值链之后所带来的各项商业活动的成本降低和效率提升，也能够为价值创造提供更多的运营探索空间。从这个角度来看，企业的全球化运营逻辑就会突破企业成长的时间、空间限制而进入一个全新的层面。中国作为“世界工厂”这一身份的确立过程，实际上也代表着众多中国企业加入了其他国内外品牌的全球价值链，成为其全球价值创造活动的一个重要组成部分。

进入21世纪之后，中国加速融入全球经济，中国企业的综合实力也获得了极大飞跃（图45）。根据《财富》杂志公布的2019年世界500强名单，有129家中国企业进入榜单，本年度入围企业的销售收入最低门槛为248亿美元。其中，全球范围内仅有两家酒类企业入围，百威英博公司（Anheuser-Busch InBev）和喜力控股公司（Heineken Holding）分别以3759.15亿元、1831.3亿元的营业收入位列第192、467位。2019年度，百威英博公司实现啤酒销量5614万千升、营业收入523.29亿美元（约合3652.56亿元人民币）、净利润91.71亿美元（约合640.11亿元人民币）；喜力控股公司实现啤酒销量2414万千升、营业收入284.43亿欧元（约合人民币2195.80亿元）、净利润21.66亿欧元（约合人民币167.22亿元）。而另一个全球啤酒巨头嘉士伯（Carlsberg）在2019年实现啤酒销量1125万千升、营业收入659亿丹麦克朗（约合690亿元人民币），其中中国地区为其贡献了95.26亿元的销售收入。再加上英国帝亚吉欧集团和法国保乐力加集团，业绩表现也很突出。在营业收入层面目前似乎只有茅台集团和五粮液集团能够与全球酒类企业一决高下。

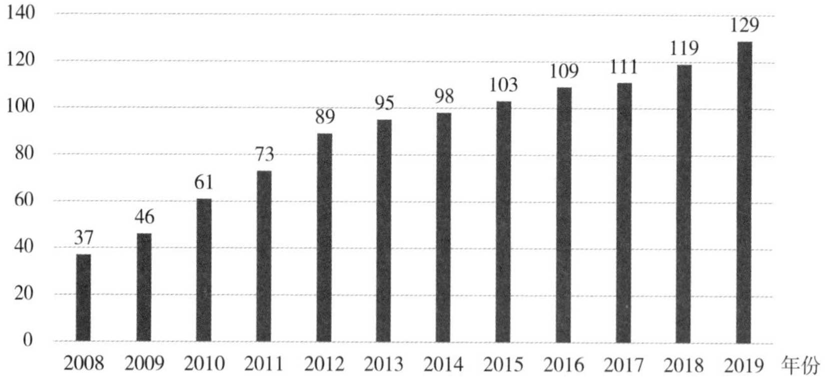

图45 2008—2019年《财富》杂志世界500强中国上榜企业数量

目前，在中国国内酒类消费市场，啤酒和葡萄酒这两个子品类的国际化程度最高。啤酒领域，无论是在资本、原料、品牌等方面全球资本均已深度染指中国市场。葡萄酒领域，茅台、洋河、张裕等酒类品牌通过入股或者控股的方式将多家国外酒庄收入囊中，并将其产品引入中国市场。目前，进口葡萄酒与国产葡萄酒在中国市场平分秋色。进口烈性酒在整个中国市场消费中所占的份额并不大。白酒和黄酒作为中国的特色酒种，其目标市场选择和投资并购行为几乎集中在国内市场，在国际市场的表现不是很突出。倒是汾酒于2018年启动加拿大清香型白酒项目，意欲在海外建设白酒酒庄，这可以认为是中国白酒品牌深度国际化的首次尝试。此外，中国酒类企业进军国际市场，还要注意国内的注册商标在海外是否受到保护的问题，例如张裕在国外市场就启用了“彩龙”(Noble Dragon)商标，雪花啤酒在进入韩国、日本市场时就遭遇了无法继续使用“Snow”商标的难题。

在全球经济加速融合的大背景下，中国企业想走出去，外国企业要走进来。众多国际酒类巨头看好中国市场，除了通过产品直接出口的方式登陆中国，还纷纷通过合资、独资的方式在中国投资设厂。例如：1980年，法国人头马君度集团与天津农垦集团合资成立王朝葡萄酒公司；2002年，法国卡思黛乐公司与烟台张裕公司合资成立葡萄酒庄；2011年和2012年，法国酩悦轩尼诗先后在宁夏和云南投资设立葡萄酒庄；2013年，英国帝亚吉欧集团完成对四川水井坊公司控股股东全兴集团股权的全资收购；继2009年在宁夏投资葡萄酒庄之后，法国保乐力加集团又于2019年在四川峨眉山动工建设麦芽威士忌酒厂；经过10年的投资建设，法国罗斯柴尔德男爵拉菲集团在山东蓬莱投资的“珑岱酒庄”于2019年正式开业；2019年，帝亚吉欧和洋河联合推出中式威士忌“中仕忌”；荷兰喜力集团、美国百威集团和丹麦嘉士伯集团早已是中国啤酒行业合资、并购案例的常客与熟手，等等。

还有一点值得我们注意，虽然消费有圈层而且市场也需要细分，例如中高端酒由于其独特的社交属性一直是商务接待、宴请和礼品赠送等消费场景的“刚需”产品，但是近年来很多国内酒类品牌的产品价格好像已经上涨到了“人民群众买不起”，甚至部分产品还出现了“一瓶难求”的现象。相比之下，原装进口瓶装酒的价格变得越来越“亲民”，进口白兰地的稳步增长和进口威士忌数量、金额在中国市场的连续明显上扬也许是市场最直接的一种选择和反应方式。中国市场的全球化竞争程度愈来愈深，消费群体的消费观念更为开放与包容，这是在未来相当长一段时间中国酒类市场的现实环境，而中外酒类品牌之间的市场厮杀与商战对决也终将拉开新的竞争帷幕。

通常，如果某个品牌在全球主流市场为目标消费群体所熟知和认可，其以自有品牌方式在国际市场中的营业收入能够占到总营收的一定比重，这个时候我们可以将该品牌看作是全球品牌。当然，也并不能排除以资本运营方式在全球范围内通过大规模并购行为缔造“酒业王国”的做法，帝亚吉欧、保乐力加、百威英博和星座等都是全球酒类运营商的典型代表。此外，从投资收益、成本控制等层面来讲，某一个产业的链条越长，涉及的参与方就会越多，往往来自同一个地区或者国家的参与者未必能够从效率、成本方面为企业带来较强的协同效应和竞争优势，这个时候企业开展跨区域甚至全球产业布局就成了必选项。而酒类企业的产业链条较短，几乎所有上游环节的替代性较强，因此对单个企业生产运营的全球化产业布局要求并不算高。再加上酒类消费的特殊文化属性，中国酒类品牌全球化的必要前提之一是中国文化在国际社会获得更广泛的尊重和认可。

美好的东西总是相通的，而全世界的消费者对美好生活的向往也是相同的。伴随着国家综合实力的强大，众多中国企业必然沿着产品输出、资本输出和文化输出的路径走向世界，届时中国酒类品牌也将绘制出业务遍布全球市场的华彩篇章。

图表索引

后记

一杯酒，一本书，一个行业。不觉间，《煮酒论品牌：中国酒业品牌管理评论》一书终于和读者见面了。想要通过一本书将中国酒类行业的所有典型品牌的营销现象与管理模式论述清楚、尽收其中，确属一件不可能实现之事。然心存拳拳，知难而未退。作者虽不自量力，仍欣欣然做此尝试。

本书之所以以“煮酒”为名，首先想要表达的是本书的写作过程就像作者在千回百转地酝酿一坛美酒的过程。此间，顺着阅读文献、梳理进程、总结模式和设计议题的逻辑，对于中国酒类行业演变脉络、营销模式和发展趋势的推敲求证、是非斟酌，犹如探寻一坛美酒佳酿魅力的醺醉之旅。写作的酸甜苦辣自不言表，百种韵味尽在其中。同时，作者也希望，对于广大读者来讲，读这本书就像是在品饮一杯佳酿：风格独特、酒体复杂、香气平衡、口感醇厚、余味绵长。阅读此书之后，如读者能有所收获且能引发出更多、更深的思考，实乃作者之一大幸事。

穿越酒香弥漫的时空隧道，“煮酒论品牌”。本书的写作过程，也是作者与历史对话、与行业对话、与品牌对话、与读者对话的一个过程。作者衷心希望，此书既是一本能够激发读者深刻思考的严肃读物，同时也是一本能为读者带来阅读享受的有趣的书。

2020 年 8 月 30 日